燻製
THE SMOKE COOKING
大全
COMPLETE MANUAL
燻製職人
服部 弘
山と溪谷社

はじめに

燻製をはじめたころ、レシピを見ながらつくろうとすると、
スパイスやハーブがなかったり、
各工程に十分な時間がとれなかったりして（当時は会社員）、
なかなかレシピどおりにつくることができませんでした。
そのため、次第にレシピを端折って時短でつくったり、
塩漬けは塩だけで漬けこんだりと、
自分の環境に合った燻製をつくるようになっていきました。

レシピを端折ることで、食材が腐ったり、
煙臭くなったりと失敗もたくさんしましたが、
そのつど改善をし、試行錯誤を繰り返してきました。

たまに「よくそんなに燻製できたね」と言われますが、
基本は晩酌用につくっていたので、
「買うくらいなら自分でつくるか」というノリです。

それから15年ほどたち、
いまも変わらず日々燻製を楽しんでいます。

そしてこうして完成したのが、「服部式燻製レシピ」です。
服部式燻製は、シンプルな工程と味をモットーにしており、
シンプルゆえに汎用性も抜群です。

服部式燻製をマスター（というほどのものでもないですが）したら、
ぜひあなた自身のスタイルで自分好みの燻製をつくってみてください。
新たな発見や楽しみが待っていることでしょう。

Contents

はじめに……2
服部式燻製の基本の基本……6
レシピページの見方……8

第1章 基本の燻製レシピ4選……9

ベーコン……★★★ 10
スモークチーズ……★★ 24
スモークサーモン……★★ 30
鶏ハム……★★★ 38
燻製工程のまとめ……50

第2章 肉の燻製レシピ……55

ロースハム……★★★ 56
ベリーハム……★★★ 58
ボンレスハム……★★★ 59
ビーフジャーキー……★★★ 60
スモークささみ……★★★ 62
スモークラム……★★★ 64
生ハム風……★★★ 66
燻製チャーシュー……★★★ 67
黒毛和牛の燻製……★★★ 70
パストラミビーフ……★★★ 71
燻製ローストビーフ……★★★ 74
牛ももの肉の冷製……★★★ 74
パストラミポーク……★★★ 75
豚レバーの燻製……★★★ 75
豚トロジャーキー……★★★ 78
燻製スペアリブ……★★★ 78
豚干し肉……★★★ 79
せせりの燻製……★★ 79
燻製ドラムチキン……★★ 82
燻製ローストチキン……★★ 83
手羽元の燻製……★★ 84
手羽先の干物……★★ 85
ささみジャーキー……★★ 86
砂肝のオイル漬け……★★ 87
スモーク丸鶏……★★★ 88
燻製卵……★★ 90
卵黄の燻製……★★★ 91

第3章 魚介の燻製レシピ……93

ニジマスの燻製……★★★ 94
刺身ジャーキー……★★ 96
ワタつきイカ燻製……★★ 98
タコのソフト燻製……★★★ 99
エビの燻製……★★ 99
カツオたたき風……★★ 102
漬けマグロの燻製……★★ 102
中トロジャーキ……★★ 103
マグロ生ハム……★★ 103
塩サバの燻製……★★ 106
ニシンの燻製……★★ 106
イワシの燻製……★★ 107
シシャモの燻製……★★ 107
燻製カキ……★★ 110
燻製ホタテ……★★ 111
カツオ荒節……★★★ 111
カラスミ風明太子……★★★ 114
マグロのオイル漬け……★★ 114
燻製筋子……★★★ 115
魚介マヨディップ……★★★ 115
カサゴの燻製……★★★ 118
渓流魚の燻製……★★★ 118
ウナギの燻製……★ 119
アユの燻製……★★★ 122

ページ番号の上の★印は難易度を示しています。 ★★★＝難しい ★★＝普通 ★＝簡単

燻製大全
THE SMOKE COOKING
COMPLETE MANUAL

第4章 惣菜・野菜の燻製レシピ …… 125

練り物の燻製 …… ★ 126
いぶりがっこ風 …… ★ 126
豆腐の燻製 …… ★★★ 127
くんたまミニ …… ★ 127
燻製柿ピー …… ★ 130
キャラメルナッツ …… ★ 130
燻製チョコ菓子 …… ★ 131
燻製スナック …… ★ 131
燻製ポテトフライ …… ★ 134
焼きいも …… ★ 134
燻製枝豆 …… ★ 135
燻製そら豆 …… ★ 135
燻製調味料 …… ★ 138
ニンニクしょうゆ …… ★ 138
燻製納豆 …… ★ 139
ピーナッツバター …… ★ 139
サラミ風 …… ★ 142
玉こんにゃくの燻製 …… ★★★ 143

第5章 チャレンジ燻製レシピ …… 145

猪ベーコン …… ★★★ 146
猪ハム …… ★★★ 147
合鴨ハム …… ★★ 150
マグロ兜の燻製 …… ★★★ 151
生卵の燻製 …… ★★★ 154
ネギトロ燻製 …… ★★ 155

第6章 燻製器大研究 …… 157

オーブン燻製器大解剖 …… 158
燻製器のタイプと特徴 …… 161
段ボール燻製器のつくり方 …… 162
バケツ燻製器のつくり方 …… 168
一斗缶燻製器のつくり方 …… 170
鍋でつくる燻製器 …… 173

第7章 燻製づくりの総まとめ …… 175

燻製の仕組みと工程 …… 176
燻製の味つけ方法 …… 178
燻製工程の手段と考え方 …… 180
温度管理と適切な加熱処理 …… 184
乾燥と脱水・熟成でうまみをアップ …… 187
燻製Q＆A …… 188

コラム

01 燻製づくりのスケジュール …… 54
02 燻製にあると便利な道具一覧 …… 92
03 スモークウッドは冬限定？ …… 124
04 燻製の保存性の実際 …… 144
05 一番簡単な燻製のつくり方 …… 156
06 製品としてのスモークチーズを量産する …… 174

この本を使う前に

服部式燻製の基本の基本

燻製は元々、保存食をつくる調理方法でした。ただ冷蔵庫がある現代では、保存食という意味合いは薄れ、副産物的要素であった「香り」や「味」を楽しむ趣向品要素の強いものとなってきました。服部式の燻製は、最低限押さえる所を押さえて、「なるべく少ない道具と材料でつくる」、「時短でつくる」など、シンプルな燻製をコンセプトとした、「汎用性の高い」レシピになっています。ある程度慣れてきたら、自分好みにアレンジをして、好みの燻製を楽しんでください。

服部式燻製のタイプ

一般的に燻製は、温度帯の違いで「熱燻」、「温燻」、「冷燻」に分けられます。服部式も同様ですが、身近な道具で手軽に実践できるよう、右表のような方法にアレンジしています。実際には、どんな燻製にしたいか？　目的によって、下記のように使い分けています。タイプによって、適した道具やつくり方が違ってきます。

→詳細は P180

温度別燻製のタイプ

熱燻	高温で短時間燻す、おもに香りづけだけをしたいときに行うタイプ
温燻	中温で長時間燻す、最も多くの燻製に向くタイプ。保存性の高い燻製をつくることができる
冷燻	低温で30分～2時間ほど燻す、食材に火を通さない燻製に向くタイプ。後工程で保存性を高められる

＊つくりやすさを重視した服部式のタイプ分け。一般的な燻製の区分けとは異なる。

目的別燻製のタイプ

『色と香りだけをつけたい』

熱燻　温燻　冷燻

◎色・香りづけだけなら、30分程度の熱燻、冷燻でも十分おいしくできあがる

◎食材によっては燻製後に脱水をすることで、保存性を高めることもできる

◎やわらかい煙にこだわるなら、やはり温燻がベター

『色、香り、保存性にこだわりたい』

温燻

◎中温でじっくり燻すため、加熱処理、色・香りづけのコントロールが可能

◎脱水が進み、煙のコーティングができるので、保存性がアップする

◎やわらかい煙で、エグみのない燻製をつくることができる

＊つくりたい燻製の種類によって、どの燻製を選ぶかが決まる。熱燻、温燻、冷燻のどれでも、食材に燻製に風味(色や香り)をつけることはできるが、保存性を重視する場合は、温燻でじっくりと脱水しながら煙をコントロールするのが基本となる。

本書のレシピに向く燻製器

市販の燻製器にはさまざまな種類がありますが、本書では「鍋型燻製器」、「縦型燻製器」、「段ボール燻製器」の3つに分類。これらを使って本書のレシピをつくることができます。汎用性を重視する場合は、高さ30～40㎝の縦型燻製器、直径25㎝以上の鍋型燻製器やオーブン燻製機が適しています。

→詳細は P158

鍋型

市販の燻製器のなかではポピュラーなタイプ。煙のまわりが早く、短時間の燻製が得意。右は、あらゆる燻製に向く汎用性の高い「オーブン燻製機(P158)」。

縦型

高さ30～40㎝以上あれば、温度管理が必要な温燻に使いやすい。さまざまなレシピに対応する。

段ボール

可燃素材なので、熱源はスモークウッド限定。安価で手軽に自作でき、サイズも自由自在。市販品もある。

燻製づくりの流れ

燻製づくりには、食材の下処理から完成まで、おおよそ6つの工程があります。つくる燻製によって行わない工程もありますが、⑤～⑥の燻製と乾燥（寝かせ）は、すべての燻製に共通の工程です。たとえば、スモークチーズは⑤～⑥のみでつくることができ、ベーコンは①～⑥まですべて行います。さらに鶏ハムでは、⑤のあとに加熱処理としてボイル・冷却という工程が加わります。それぞれのくわしいつくり方は、10ページから解説しています。ここでは、全体の流れと、どんな工程があるのかをざっくりチェックしておいてください。

→詳細は P176

服部式燻製工程

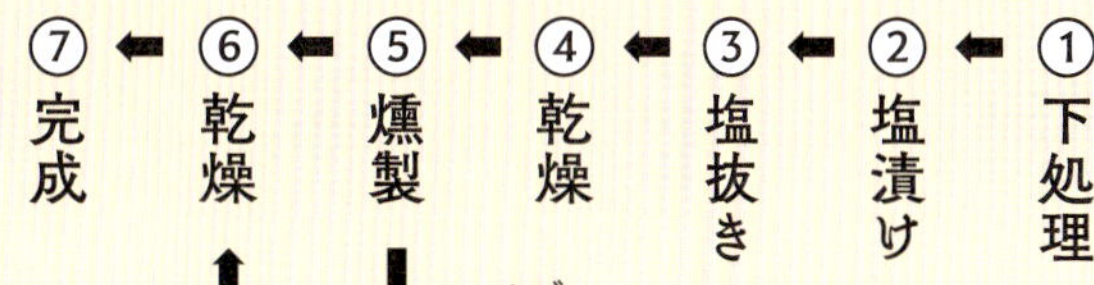

基本的な燻製の流れ。使う食材、求める仕上がりによって、省く工程もあるが、基本的な流れはどの燻製もこのようになる。

スモークチップはサクラに決まり

スモークチップは、香りのある樹木の木片。これを熱することで出る煙で食材を燻します。服部式燻製では、ほぼすべての燻製にサクラのチップを使っていますが、香りには好みもあるので、ブナやナラ、リンゴなどを試してみるのもOK。数種を混ぜてオリジナルブレンドチップをつくるのも楽しいです。

→詳細は P26

燻製の味つけはどうする？

燻製では塩漬けの工程で食材に味を入れます。服部式燻製は、味つけもシンプル。塩だけ、しょうゆだけ、市販のだしやタレを使うこともあります。燻製の味つけに決まりはないので、ここはお好みでOK。レシピに「しょうゆ」とあっても「塩」に変更してもまったく問題ありません。塩漬けの段階では塩分濃度を高くし、塩抜きで味を決めます。高い保存性を求める場合は、塩分濃度をある程度高いまま仕上げます。

→詳細は P178

本書のレシピでは、ベーコンには岩塩、スモークサーモンには白だしを使っている。

温度と加熱処理

熱々のフライパンで焼いたり、沸騰した汁で煮たりする、ふだんの料理と違って、服部式の燻製で一番使われる温燻の温度は「70～75℃」です。だから多くの人が、これで火が通っているのか？　この肉は食べられるのか？に迷っています。低温でも時間をかけることで食材に火は通ります。たとえばベーコンは中温で2～3時間燻して、かたまり肉の中まで加熱します。ただし、条件によっては同じ時間をかけても、中が生ということもあります。そのため本書では、

◎**切り分けてみて生っぽければ、必ず、フライパンで焼くなどして食べる**（→P16）

◎**確実な方法として、燻製の工程が終わった段階で、食材の中心部の温度を測る**（→P14）

ことを推奨しています。

とくにかたまり肉では、温度を測るのが間違いありません。また、ハム類のように燻製の段階で火を通さずにボイルで仕上げるレシピもあります。

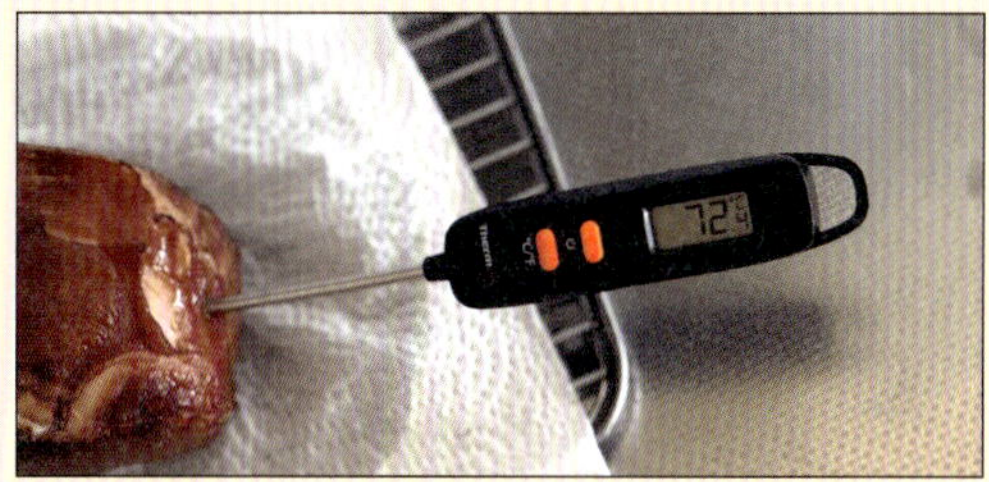

ボイル後のロースハムの温度を計測。
加熱処理の適正温度は、14ページへ。

→詳細は P184

レシピページの見方

Ⓐ料理名

このページでつくる燻製の名前。

Ⓑ燻製方法

本書のレシピで行う3タイプの燻製「熱燻」、「温燻」、「冷燻」のいずれの方法かを記載。それぞれのタイプの基本のつくり方は、第1章で詳しく解説しています。

Ⓒ所要時間

下準備から完成までの最低日数を表示。塩漬けや乾燥時間に幅があるので、実際にはもっと長くなるケースもあります。また後ろに、それぞれの工程の時間の目安も記しました。

Ⓓ材料

肉や魚の重量は目安なので、ぴったり同じでなくてかまいません。材料に対する調味料の分量は、記載の割合（%）を参考に調節してください。＊大さじ1＝15㎖、小さじ1＝5㎖、塩は自然塩（岩塩または海塩）、黒こしょうは粗びき黒こしょうを使用しています。

Ⓔつくり方

完成までの手順を記載。各工程でのコツやポイントは、第1章と第7章で解説しているので、初めに読んでおくと、燻製づくりへの理解が深められます。

Ⓕ調理手順の写真

調理中の写真です。写真内の番号が「●つくり方」の番号とリンクしています。

Ⓖポイント！

このページの燻製のつくり方のコツや、違う手順でのつくり方、おすすめの食べ方やアレンジの方法などを紹介しています。

Ⓗ完成写真

完成した燻製の写真です。かたまり肉などは断面の写真もできるだけ掲載したので、仕上がりの参考にしてください。燻製器に入っているものは、調理中のものもあります（最後の乾燥工程前）。色づきなどは、写真とまったく同じには仕上がらないこともあります。

Ⓘ詳細NAVI

使用する道具や工程などがわからなくなったときは、こちらで確認してください。

第1章

基本の燻製レシピ4選

燻製と聞いて真っ先に思い浮かぶのは、
ベーコン？　それともスモークチーズ？
王道メニューと呼ぶにふさわしい
4つの燻製をピックアップして、
そのつくり方を順を追って解説していきます。
それぞれ燻製方法が違うので、
この章の燻製をマスターすれば、
ほかのさまざまなレシピのつくり方も、
すんなり理解できます。

王道メニュー①
ベーコン
Bacon

温燻

60～80℃の温度帯で食材に加熱処理をする「保存性アップと香りづけを目的とした燻製」

◎ベーコン、ジャーキー、魚の燻製など、多くの燻製に用いられる基本の方法。
◎電気コンロを熱源にサーモスタットで温度管理をする方法を推奨。

燻製でつくりたいものナンバーワン、といえば、やっぱりベーコン。燻製のベーシックな手順を知るにも最適なメニューです。日本ではバラ肉でつくるのがポピュラーですが、欧州では背肉や肩（腕）肉を使用します。肉の部位を変えるとショルダーベーコン（肩肉）やカナディアンベーコン（ロース肉）がつくれます。

基本レシピ

ベーコン

塩だけで味つけする最もシンプルなベーコンのレシピ。塩漬けにした肉を煙で燻すだけで、こんなにもおいしくなるなんて！　ごくシンプルなレシピですが。実はとても奥が深く、つくるたびに発見があります。ぜひ、何度もつくってみてください。

◉材料
- 豚ばら肉 ―――― 500g
- 岩塩 ―――― 25g（5%）

【燻製方法】
温燻

【調理時間】
5日

〈手順〉
- 塩漬け3日
- 塩抜き3～4時間
- 燻製2～3時間　サーモスタット70～75℃
- 乾燥1日

使用する燻製アイテム
- 電気コンロ
- サーモスタット
- サクラのスモークチップ
- 鍋型（オーブン燻製機）、または縦型燻製器

ベーコンの基本レシピ

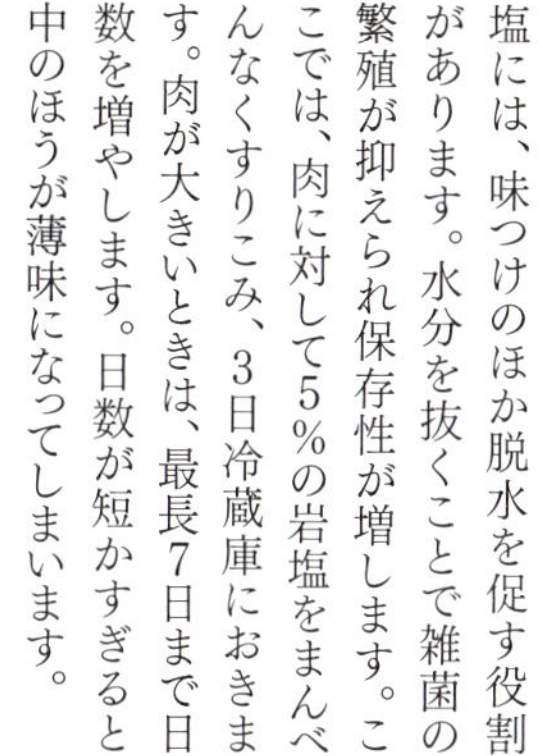

1 塩漬け

塩には、味つけのほか脱水を促す役割があります。水分を抜くことで雑菌の繁殖が抑えられ保存性が増します。ここでは、肉に対して5%の岩塩をまんべんなくすりこみ、3日冷蔵庫におきます。肉が大きいときは、最長7日まで日数を増やします。日数が短かすぎると中のほうが薄味になってしまいます。

1

ばら肉を使うベーコンには岩塩がおすすめです(ここではピンク岩塩を使用)。肉をバットにおき、1/4ほどを肉にまぶします。

2

肉の表面全体に塩をすりこみます。作業は清潔な手で行い、道具類も清潔なものを使ってください。

3

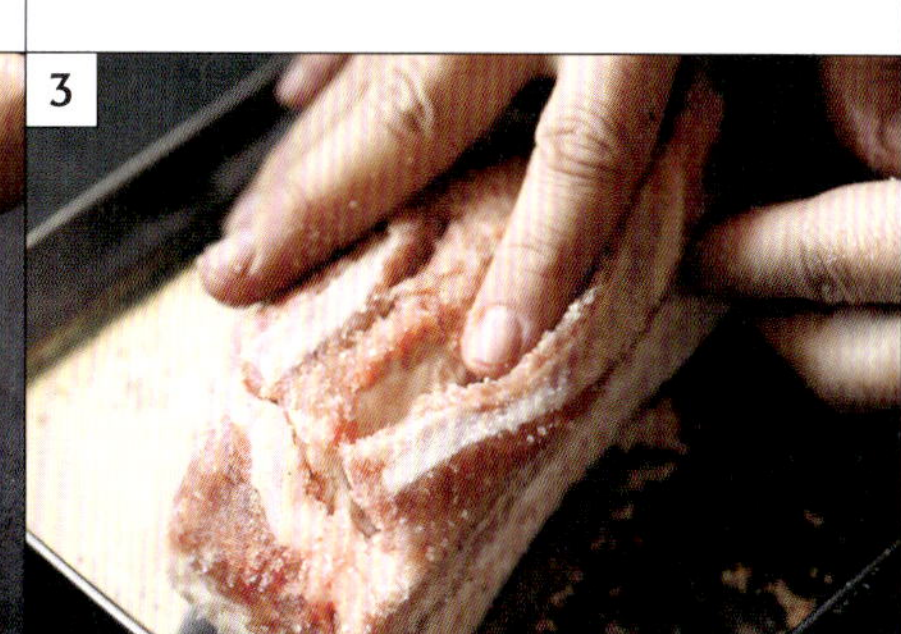

肉がデコボコしている所は、窪みの部分にも、できるだけ塩をすりこみます。

4

肉の4面と側面に同様に塩をすりこみます。それぞれの面への分量は目分量で大丈夫。

5

味にむらがでないように、1面ずつなるべく均等にすりこみます。

6

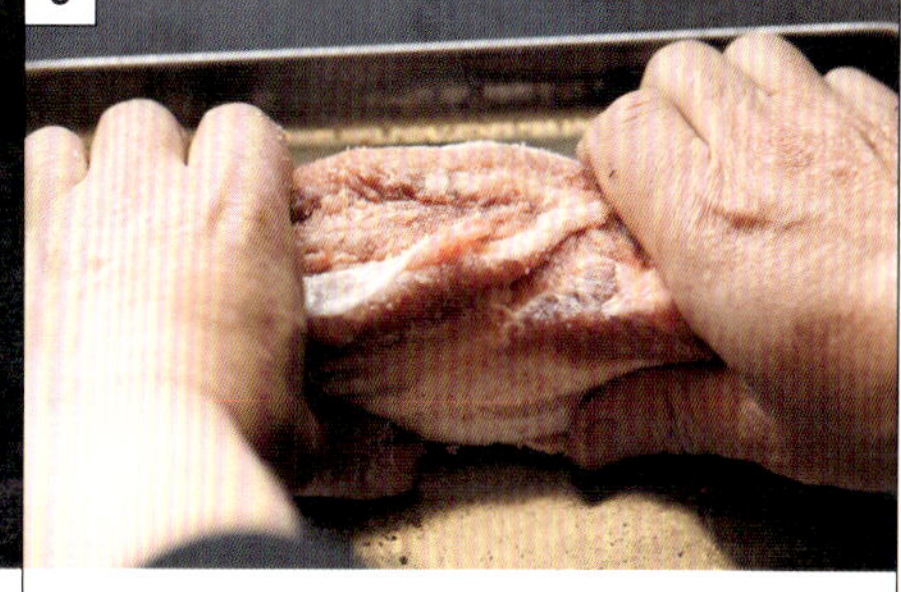

塩を肉に密着させ、中にも浸透させるように、軽くもみこみます。

7

保存袋に入れて、できるだけ空気を抜いて口を閉じます。食品用の袋やラップなど、汁が漏れなければ、何でもOKです。

8

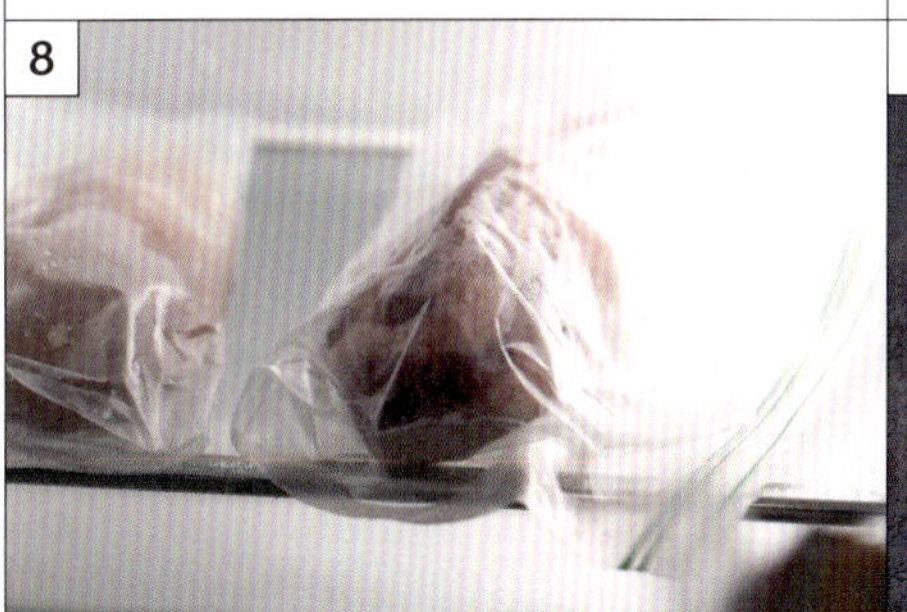

冷蔵庫に入れ、1日ごとに上下を返して3日おきます。時間とともに水分が出て、脱水されているのがわかります。

ベーコンの味つけに使う調味料

ベーコンは、シンプルに塩だけでつくるのが、肉と煙の香りをストレートに感じられます。ほかにも砂糖や黒こしょうを加えたり、市販の白だしや麺つゆをソミュール液(濃い塩水)として使うこともあります。これらは、ほかの燻製でもよく使う基本の調味料です。

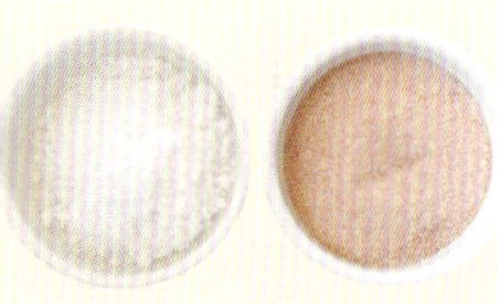

レシピで使用した岩塩(右)でも海塩(左)でもお好みで。仕上がりの味の違いを楽しんで。

三温糖や黒こしょうもベーコンでは定番の調味料。風味が加わる。ハーブ類を加えてもいい。

白だし、麺つゆ、各種タレなど塩けのある液体調味料を味つけに使うと、また違った味わいに。

詳細ページNAVI
熱燻 P50
温燻 P51
冷燻 P52
各工程 P176
加熱処理 P14

2 塩抜き

ちょうどよい塩味にするための塩抜きを行います。塩を抜きすぎると味がなくなり、足りないと塩辛くなってしまうので、3時間ほどおいたら、一度味見をします。肉の端ほど塩が入っているので、少し薄いかな？くらいがちょうどいい塩かげんです。

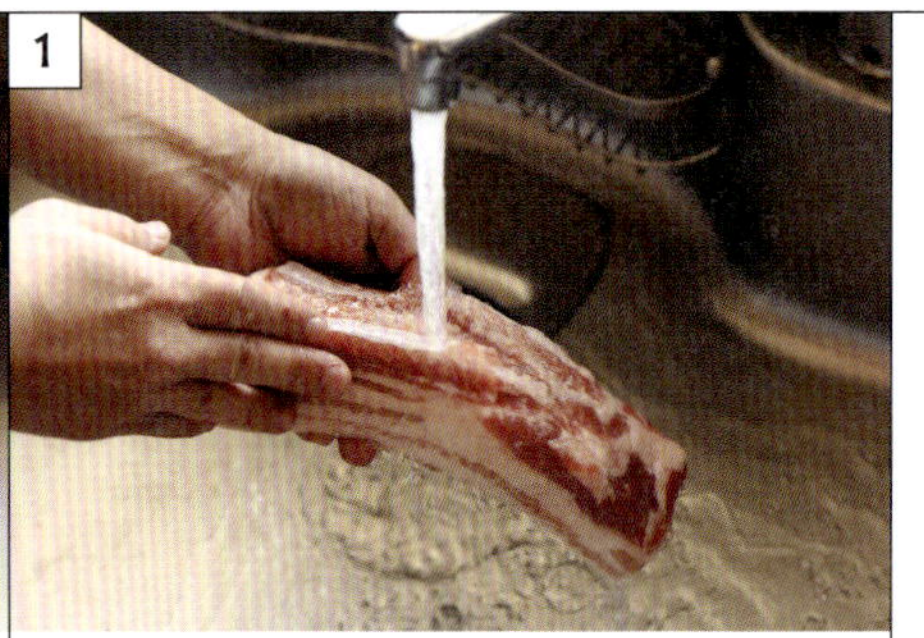

1 たっぷりすりこんだ塩は、ほぼ溶けていますが、表面に残った塩を流水で洗います。

2 大きめの鍋かボウルにたっぷりの水をはり、肉を入れて3〜4時間おきます。冬の寒い部屋以外は、冷蔵庫に入れます。

3 3時間後いったん肉を取り出し、味見用に端を小さく切ります。

4 切れ端を焼いて食べてみます。まだ塩辛ければ、再び水につけます。保存性を重視する場合は、やや塩辛いくらいがベストです。

5 いい塩かげんになったら、キッチンペーパーで水けをしっかり拭きとります。水けを残さないのが、成功のポイントです。

肉の加熱処理について〜中心温度を計測する

ベーコンやロースハムなど、分厚いかたまり肉を使う燻製では、どうやって肉の中心部にまで、きちんと火を通すかがが難しいところです。このページの肉の大きさなら、レシピどおりの温度と時間で火が通るのですが、うまくいかないケースも多々あります。サーモスタットの精度が悪かったり、温度センサーの位置の関係で、表示の温度ほど食材の温度が上がっていなかったり、理由はさまざまです。肉の中心部まできちんと火が通っているかを確認するには、燻製、またはボイル後の肉の中心温度を測るのが確実です。右表の数値を参考に、肉の中心部が所定の温度に達してから、それぞれの時間、加熱を行います。さらに食べるときには、断面が生っぽくないか目でも確認します。

肉中心部の温度	加熱時間
75℃	1分
70℃	3分
69℃	4分
68℃	5分
67℃	8分
66℃	11分
65℃	15分
64℃	30分以上
63℃	

厚生労働省による、食中毒防止のための加熱条件では、肉の中心部を75℃1分、またはそれと同等されている。表は、温度ごとの必要加熱時間を示したもの。

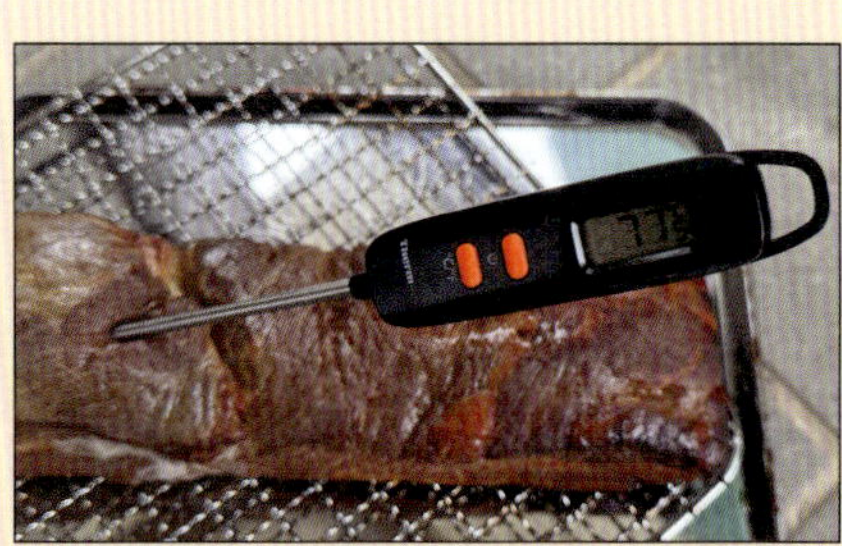

燻製やボイル後に、温度計で肉の中心温度を計測。左表の温度と時間を参考に、加熱の具合を確認する。本書の温燻は70〜75℃で燻製をするので、左表の68℃5分〜75℃1分あたりを目指す。慣れないうちは高めの温度をクリアしたほうが安心（P184）。

肉の断面を見て、生っぽいようなら、必ず加熱をして食べること。きれいなピンク色に見えるベーコンでも、これは少し生っぽい状態。

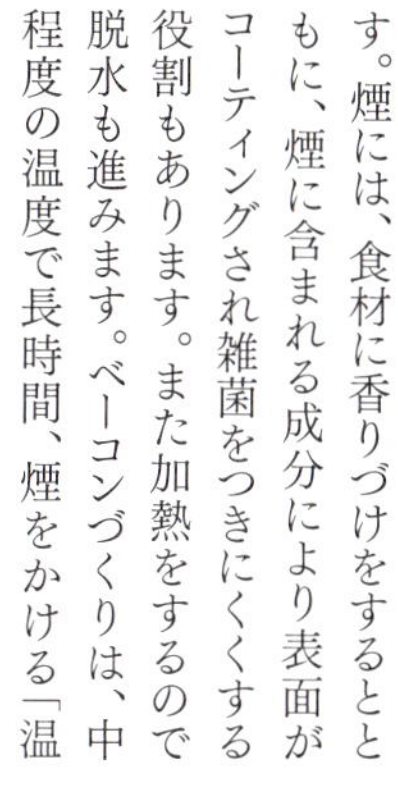

3 燻製

塩抜きが終わった肉を、燻していきます。煙には、食材に香りづけをするとともに、煙に含まれる成分により表面がコーティングされ雑菌をつきにくくする役割もあります。また加熱をするので脱水も進みます。ベーコンづくりは、中程度の温度で長時間、煙をかける「温燻」という方法で行います。燻製時間は、肉の大きさによっても変わるので、まずはレシピどおりにつくって、様子をみてください。肉の中心部の温度を75℃なら1分、70℃なら3分以上など、右ページ下の表を参考に確実に加熱処理をします。

詳細ページNAVI
熱燻 P50
温燻 P51
冷燻 P52
各工程 P176
加熱処理 P14

1

今回はオーブン燻製機（P158）を使いますが、縦型燻製器も向いています。燻製器にスモークチップを、ふた握り入れます。

2

燻製器の底に均等になるように、平らにならします。燻製中に煙が出なくなったらチップを追加します。

3

中ぶたをセット。脂を受け止める部品で、あると便利です。付属していない燻製器なら、アルミホイルなどで代用できます（P51）。

4

肉を網にのせて、燻製器にセットします。肉は脂身を下にすることが多いですが、どちらでもかまいません。

5

サーモスタットの温度センサーをセット。燻製器は温度計を入れる穴があるものがベスト。サーモスタットは70～75℃に設定します。

6

電熱器のスイッチを300Wに合わせます。気温が低く、温度が上がらなければ600Wを使用します。

7

サーモスタットの温度計を確認し、内部の温度が70℃に上がったところから2～3時間、燻します。

8

ときどきふたを開けて、色づき具合を確認。肉の表面に出てくる水は、結露によるものや加熱によって脱水された水分です。

9

表面の水けは、そのつどキッチンペーパーで拭きとります。色むらが出ていたら、肉の位置を変えて均等に燻製処理ができるように調整します。

10

2時間経過。いい色に仕上がっています。ここで肉の中心温度を計測し、加熱処理を確認します。足りなければ延長します。

4 乾燥

最後の工程は、乾燥です。風を利用できる外干しがおすすめですが、気温の高い時期は冷蔵庫で行います。時間をおくことで煙の成分が肉に浸透し、旨みが凝縮し、おいしいベーコンになります。また、乾燥工程でさらに水けが抜けるので、保存性も増します。

燻製器から網ごと取り出し、冷蔵庫に移す場合は粗熱をとり、網つきバットにのせてラップはしません。今回は冬だったので、フックを刺して外干しに。風通しのいい日陰が適しています。いずれも最低でも1日。もっと干してもいいです。長期間、干す場合は、冷蔵庫なら上下を反転させる、外干しなら向きを変えると均等に脱水が進みます。

完成

焼いて食べるのが一番おいしい!!

火の通り具合は、肉の大きさや気温などの条件によってバラつきができます。温度を測って加熱処理を確認した場合でも、慣れるまでは、焼く、ゆでるなど加熱調理をして食べると安心です。まずは、シンプルに焼くだけで、自作のベーコンのおいしさを味わってみましょう。酒のつまみにもご飯のともにも、パンと食べるのも最高です!!

やっぱり自家製ベーコンは焼いて食べるのが、一番おいしい！　もちろんパスタやスープの具にも、よく合います。

ベーコンを焼いて溶けでた脂で目玉焼きをつくると、スモーキーなベーコンエッグが楽しめます。これは、おすすめ!!

詳細ページNAVI
熱燻 P50
温燻 P51
冷燻 P52
各工程 P176
加熱処理 P14

ベーコンのアレンジレシピ

肉の部位を変えてつくる

ばら肉以外の豚肉でベーコンをつくると、また違った味が楽しめます。塩以外を使う味つけも紹介しますが、すべて基本レシピと同じ味つけ(塩分割合)でつくれば、間違いありません。

豚肩肉でショルダーベーコン

ショルダーベーコンは、名前のとおり豚の肩の肉でつくります。一般的には、ばら肉よりも脂が少ないので(写真の肉は脂が多め)、サンドイッチなどにも使われます。

【燻製方法】
温燻

【調理時間】
5日

〈手順〉
- 下準備10分
- 塩漬け3日
- 塩抜き3～4時間
- 燻製2～3時間
  サーモスタット70～75℃
- 乾燥1～5日

◉材料
- ■豚肩肉 ―― 500g
- ■塩 ―― 20g(4%)
- ■三温糖 ―― 10g(2%)
- ■黒こしょう ―― 大さじ1

◉つくり方

【下準備】
①調味料を混ぜあわせる。

【塩漬け】
②豚肉の全面に、まんべんなく調味料をすりこむ。
③保存袋に入れて、できるだけ空気を抜いて口を閉じ、冷蔵庫で3日おく。

【塩抜き】
④表面を洗い流してから、たっぷりの水に3～4時間つける。
⑤キッチンペーパーで水けを、しっかり拭きとる。

【燻製】
⑥燻製器をセットし、70～75℃で2～3時間燻し、加熱処理をする。

【乾燥】
⑦粗熱をとり、網つきバットにのせ、ラップはしないで冷蔵庫で1～5日おく。冬季ならフックで吊るすなどして外干しもいい。

豚ロース肉でカナディアンベーコン

ロース肉でつくるベーコンを、カナディアンベーコンとかバックベーコンと呼びます。塩で味つけするロース肉なので、ハムに近い仕上がり……というよりも、ほとんどロースハムと同じで、厳密な違いはありません。ここではベーコンはボイルなし、ハムはボイル工程を行うことで区別しています。ベーコンとしては、ロース肉を使ったもののほうが歴史が古いようで、イギリスやアイルランドでは、こちらが一般的です。

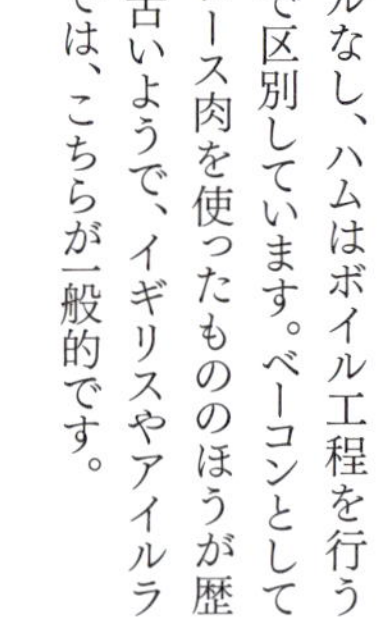

【燻製方法】
温燻

【調理時間】
7日

〈手順〉
- 塩漬け5日
- 塩抜き4〜5時間
- 燻製4〜6時間
  サーモスタット70〜75℃
- 乾燥1〜5日

◉材料
- ■豚ロース肉 —— 1kg
- ■岩塩 —— 50g(5%)

◉つくり方

【塩漬け】
① 豚肉の全面に、まんべんなく塩をすりこむ。
② 保存袋に入れて、できるだけ空気を抜いて口を閉じ、冷蔵庫で5日おく。

【塩抜き】
③ 表面を洗い流してから、たっぷりの水に4〜5時間つける。
④ キッチンペーパーで水けを、しっかり拭きとる。

【燻製】
⑤ 燻製器をセットし、70〜75℃で4〜6時間燻し、加熱処理をする。

【乾燥】
⑥ 粗熱をとり、冷蔵庫か外干し(冬季限定)で1〜5日おく。

豚肉の部位の中でも脂の少ないひれ肉を、ベーコンの手法で燻製にしてみました。脂身がほとんどないので、ベーコンとはちょっと違った仕上がりですが、肉の旨みがぎゅっと詰まった、ツマミ度の高い一品。ポークジャーキーと呼んでもよさそうです。繊維に沿って裂きながら食べると、ビールとハイボールが止まりません。くれぐれもご注意を!

【燻製方法】
温燻

【調理時間】
5日

〈手順〉
- 下準備10分
- 塩漬け3日
- 塩抜き3〜4時間
- 燻製2〜3時間
  サーモスタット70〜75℃
- 乾燥1〜5日

豚ひれ肉で裂けるベーコン

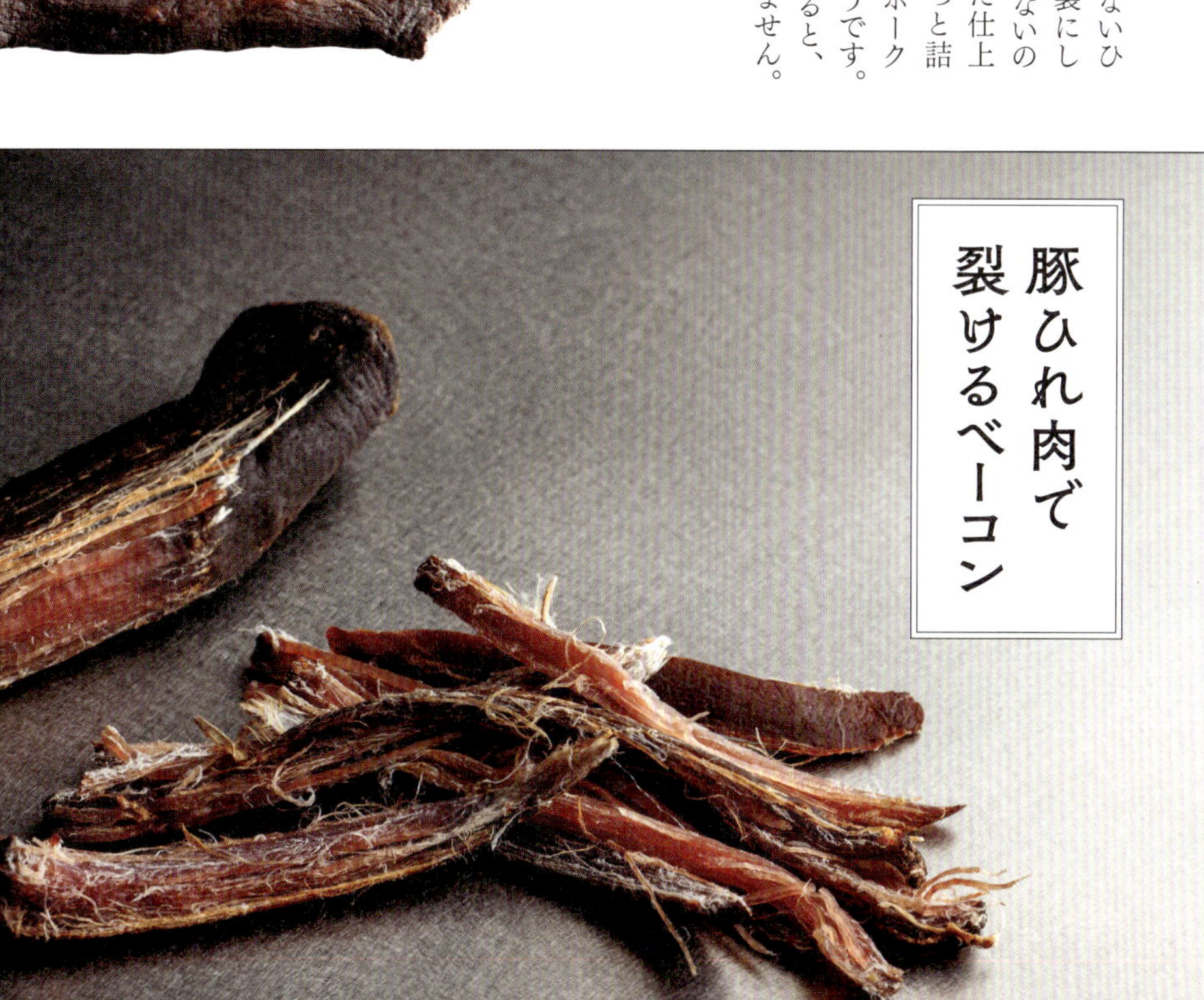

◉材料
- 豚ひれ肉――500g
- 塩――20g(4%)
- 三温糖――10g(2%)
- 黒こしょう――大さじ1

◉つくり方

【下準備】
① 調味料を混ぜあわせる。

【塩漬け】
② 豚肉の全面に、まんべんなく調味料をすりこむ。
③ 保存袋に入れて、できるだけ空気を抜いて口を閉じ、冷蔵庫で3日おく。

【塩抜き】
④ 表面を洗い流してから、たっぷりの水に3〜4時間つける。
⑤ キッチンペーパーで水けを、しっかり拭きとる。

【燻製】
⑥ 燻製器をセットし、70〜75℃で2〜3時間燻し、加熱処理をする。

【乾燥】
⑦ 粗熱をとり、冷蔵庫か外干し(冬季限定)で1〜5日おく。

詳細ページNAVI
熱燻 P50
温燻 P51
冷燻 P52
各工程 P176
加熱処理 P14

工程を変えてつくる

燻製をしないパンチェッタと、長期間、外干しで熟成する本格的なベーコンのつくり方を紹介します。長期の外干しは難易度が高いので、毎日様子を見て、最初はあわせて1週間ほどの熟成からはじめるのがおすすめです。

ベーコンの燻製しないバージョンがパンチェッタです。イタリア料理に登場する塩漬け肉で長期間乾燥・熟成させてつくります。加熱をしていないので生ベーコンと呼ばれることもあります。火を通していないので必ず加熱して食べます。

【燻製方法】
なし

【調理時間】
20日

〈手順〉
・塩漬け5日
・塩抜き1~2時間
・乾燥2~4週間

◉材料
■豚ばら肉 ―― 600g
■岩塩 ―― 48g(8%)

燻製なしでパンチェッタ

◉つくり方

【塩漬け】

① 豚肉の全面に、まんべんなく塩をすりこむ。

② 保存袋に入れて、できるだけ空気を抜いて口を閉じ、冷蔵庫で5日おく。

【塩抜き】

③ たっぷりの水に1~2時間つける。

＊長期熟成させるため、塩は抜きすぎないようにする。味見をして、市販の生ハムくらいの塩辛さがベスト

④ キッチンペーパーで水けを、しっかり拭きとる。

【乾燥】

⑤ 外干し(冬季限定)で1週間、表面を乾燥させてから、網つきバットにのせてラップはしないで冷蔵庫で1~3週間、熟成する。

＊乾燥を抑えたい場合は途中から布や紙を軽く巻いて調整する

詳細ページNAVI
熱燻 P50
温燻 P51
冷燻 P52
各工程 P176
加熱処理 P14

本格外干しベーコン

不思議なことに、燻製後の乾燥工程を屋外で行うのと冷蔵庫とで行うのとでは、味が違って感じられます。一説には、天日干しのほうが、アミノ酸などの旨み成分が増すともいいますが、ベーコンにそれが当てはまるのか、本当のところは調べていないのでわかりません。でも味の違いは食べてみれば、きっとわかってもらえるはず。時間とともに色が濃い褐色に変わっていき、いかにも熟成された!という見た目になるのも楽しいです。

【燻製方法】
温燻

【調理時間】
13日

〈手順〉
・下準備10分
・塩漬け5日
・塩抜き3～4時間
・燻製2～3時間
　サーモスタット70～75℃
・乾燥1週間～

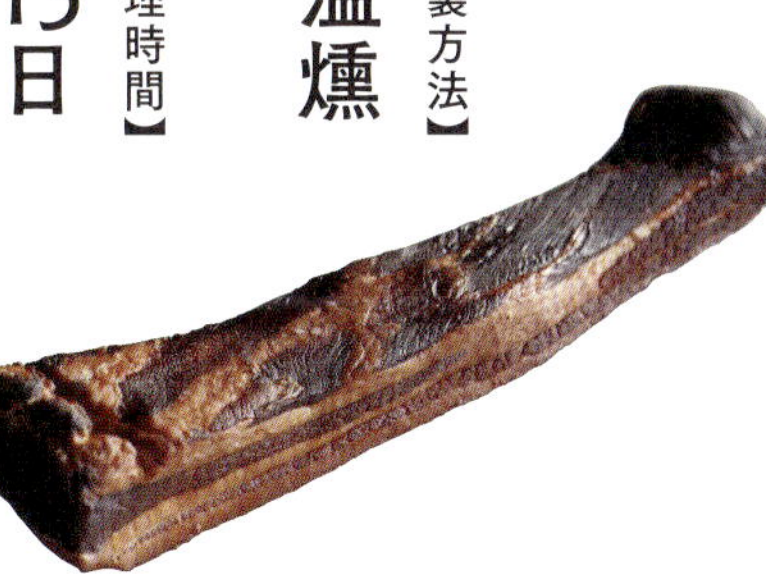

◉材料
■豚ばら肉――500g
■塩――20g(4%)
■三温糖――10g(2%)

◉つくり方
【下準備】
①調味料を混ぜあわせる。
【塩漬け】
②豚肉の全面に、まんべんなく調味料をすりこむ。
③保存袋に入れて、できるだけ空気を抜いて口を閉じ、冷蔵庫で5日おく。
【塩抜き】
④たっぷりの水に3～4時間つける。
⑤キッチンペーパーで水けを、しっかり拭きとる。
【燻製】
⑥燻製器をセットし、70～75℃で2～3時間燻し、加熱処理をする。
【乾燥】
⑦外干し(冬季限定)で1週間以上おく。
＊外干しは外気温10℃以下が目安。冬季以外は冷蔵庫で熟成させる

味を変えてつくる

塩を市販のあわせ調味料やタレに変えたり、風味づけに酒を加えたり、これまで試したなかで、おいしかったものをずらり紹介します。ベーコンに限らず、いろいろな食材にも使える味のアレンジ法です。

ヨーグルト漬け

ヨーグルトを合わせて塩漬けにするベーコンです。ヨーグルトには肉の繊維質を分解してやわらかく、保水力を高めてジューシーに仕上げる効果があるといわれています。ばら肉のベーコンはもちろん、かために仕上がるひれ肉で試してみるのもよさそうです。また、パサつきがちな鶏むね肉もヨーグルト漬けに向いています。

【燻製方法】
温燻

【調理時間】
5日

〈手順〉
・下準備10分
・塩漬け3日
・塩抜き3～4時間
・燻製2～3時間
サーモスタット70～75℃
・乾燥1日

◉材料
■豚ばら肉——700g
■岩塩——28g（4％）
■プレーンヨーグルト——140g

◉つくり方
【下準備】
①岩塩とヨーグルトを混ぜあわせる。
【塩漬け】
②豚肉の全面にまんべんなく①をすりこむ。
③保存袋に入れて、できるだけ空気を抜いて口を閉じ、冷蔵庫で3日おく。
【塩抜き】
④表面を洗い流してから、たっぷりの水に3～4時間つける。
⑤キッチンペーパーで水けを、しっかり拭きとる。
【燻製】
⑥燻製器をセットし、70～75℃で2～3時間燻し、加熱処理をする。
【乾燥】
⑦粗熱をとり、冷蔵庫で1日おく。

詳細ページNAVI
熱燻 P50
温燻 P51
冷燻 P52
各工程 P176
加熱処理 P14

白だし・麺つゆ

最もよく使う液体調味料。味が完成されていて、肉、魚、どんな食材にも合う市販のソミュール液です。

〔分量例〕
■豚ばら肉など ――― 500g
■白だしまたは麺つゆ ― 200ml

塩麹

塩麹は、肉をやわらかくし、旨みを引き出すといわれています。風味豊かでジューシーなベーコンに仕上がります。

〔分量例〕
■豚ばら肉など ――― 500g
■塩麹 ――― 200g

＊塩麹とみりんを1：1の割合で合わせて漬けてもおいしいです。

ミックスソルト

ハーブやスパイスがミックスされた市販のハーブソルトなら、豊富な種類の中から自分に合った風味をつけられます。

〔分量例〕
■豚ばら肉など ――― 500g
■ハーブソルト
――― 塩分量5％になる分量

＊商品により塩分量が違うので、肉に対して5％くらいの塩分量になるように量を調整する

味噌だれ

味噌で漬けこむと和風味に仕上がります。焼いて食べると絶品です。

〔分量例〕
■豚ばら肉など ――― 500g
■液体味噌 ――― 100g
■岩塩 ――― 15g

ビール

ビールが肉をやわらかくし、風味がアップします。ビールのほか、赤ワインや日本酒で漬けるのもおすすめです。

〔分量例〕
■豚ばら肉など ――― 500g
■ビール ――― 200ml
■岩塩 ――― 25g

ポイント！

市販調味料を使うなら

- 完成までの工程は、12ページからのベーコンと同様
- 栄養成分表示の「塩分相当量」を確認する。肉に対して4～5％の塩分量になるように、分量を決める
- 塩抜き後、必ず味見をして塩かげんを確認する。塩分量がわからなくても、ここで味を調整できる

サーモスタットの使い方

サーモスタットとは、対象物の温度を一定に保つための装置。センサーで温度を感知して、接続した加温・冷却装置のスイッチを制御します。燻製では、サーモスタットを電気コンロにつないで使うことで、燻製器内の温度を目指す温度に近い温度を保つことができます。本書の基本的な温燻の場合、サーモスタットのオフ設定の数値は「75℃」、オン設定の数値を「70℃」にして、燻製器内の温度をコントロールします。これを手動でしようとすると、つきっきりで燻製器の温度計を見守り、そのつど電気コンロのスイッチをつけたり消したりしなければなりません。それが自動でできるサーモスタットは、電気コンロとともに、温燻には必需品といえます。

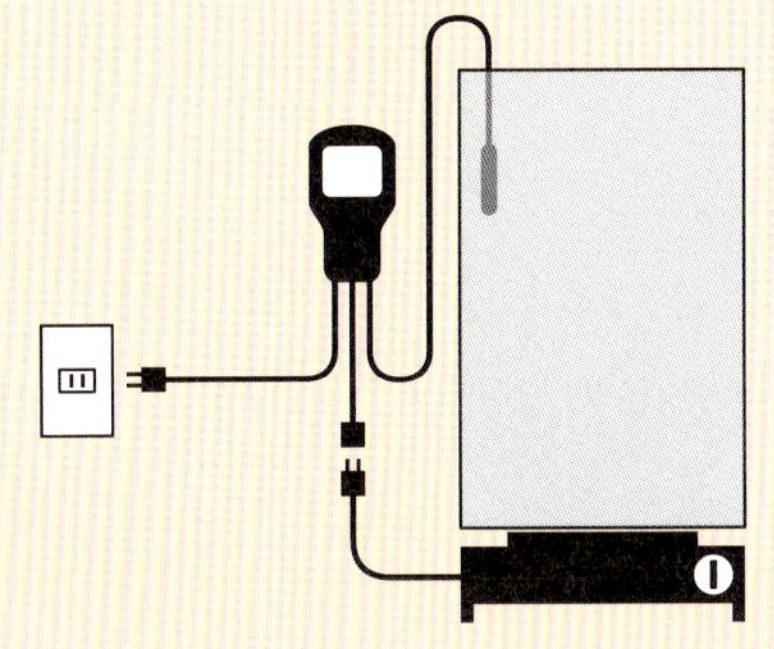

サーモスタットをコンセントに、電気コンロをサーモスタットにつなぎ、温度センサーを燻製器内に入れる。燻製器内の温度が75℃になったらスイッチオフ、70℃まで下がったらスイッチオン。サーモスタットを使うと、これを自動で行うことができる。

サーモスタットの種類

大きく分けると、機械式とデジタル式がある。機械式は電源が不要なところが便利な半面、使いこなすには、ある程度、専門的な知識が必要になる。電子式は取り扱いが簡単で、多くの場面で使われている人気のタイプ。

おすすめのサーモスタット

品質にこだわるなら国産の温調器だが、こちらも専門的な知識が必要で、しかも高価。配線不要で使いやすく入手しやすいのは、海外製デジタル式の「一体型サーモスタット」。600Wの電気コンロに使用するなら、定格電流10A以上のものを選べばいい。

サーモスタットの設定方法

設定方法は製品により異なるが、基本的には、オンにする温度とオフにする温度の2点を設定すればOK。具体的な方法は、付属の説明書を参考に。

燻製をする前に試運転を！

初めて使うときには、いきなり燻製をするのではなく、湯を沸かすなどで試運転をするのがおすすめ。画面に表示される数字や、スイッチのオン・オフの具合を目で確認し、設定や動作の仕方を理解してから実践にうつろう。

王道メニュー②

スモークチーズ

Smoked Cheese

手軽につくることができて間違いなくおいしい！　味つけや加熱処理の必要がないので、失敗知らず。初めての燻製におすすめなのがスモークチーズです。きれいに色をつけるのが少し難しいのですが、繰り返すうちに上手にできるようになります。

熱燻

加熱処理、保存性を重視しない「香りづけを目的とした燻製」。

◎スモークチーズ、お菓子、練り物など加熱処理が必要ない食材、または短時間で火が通る食材に向く。

◎ガスコンロでの調理を推奨。

基本レシピ

スモークチーズ

香りがつけばOKですが、ちょうどいい、きれいな色づきにするのには、少しテクニックも必要です。強い煙で一気に燻すのではなく、やわらかい煙でじっくり燻すという、おいしい燻製づくりの基本テクニックが詰まった燻製の方法です

◉材料

■プロセスチーズ――お好みで

＊ここでは「ファミリアチーズ」半分を使います

【燻製方法】

熱燻

【調理時間】

2日

〈手順〉

・燻製0.5〜1時間

・乾燥1日

使用する燻製アイテム

・カセットガスコンロ

・サクラのスモークチップ

・ステンレスボウルのDIY燻製器
　または鍋型燻製器

詳細ページNAVI
熱燻 P50
温燻 P51
冷燻 P52
各工程 P176
加熱処理 P14

スモークチーズの基本レシピ

1 下準備

熱燻には、ガス火にかけられる燻製器なら何でも使えます。今回は100円ショップで購入したステンレスボウルと丸網でつくる簡易燻製器を使います。このようなDIY燻製器は、安価で手軽ですが、製品(今回の場合ならステンレスボウル)本来の使い方とは異なる使い方になります。安全性を重視する場合には、市販の燻製器を使ってください。燻製の方法は、ほかの燻製器を使っても同じです。これらの準備の間、チーズは冷蔵庫から出して30分ほどおきます。チーズを常温に近い温度にすることで燻製時の結露が緩和されます。

1

直径20㎝のステンレスボウルを2個、ボウルよりも大きな直径(写真は22㎝)の丸網を1枚用意します。スモークチップはお好みの種類でOK。

2

スモークチップはひと握り。煙が出なくなったら、途中で追加します。

3

風があるときは、炎が揺れないように風防をセットします。風がなければ不要です。

4

チップは、コンロの火の当たる部分に合わせて置くと、むだなく燃やせます。ガスコンロの場合は、写真のように中央をよけた形になります。

2 燻製〈前半〉

チーズが常温になったら燻製をはじめます。ここでのポイントは、もくもくと煙が出てきたら火を消すこと。チップを加熱しすぎず、やわらかい煙で燻すテクニックです。途中、色を確認するためにふたを開けるときは、ボウルが熱くなっているので気をつけて！

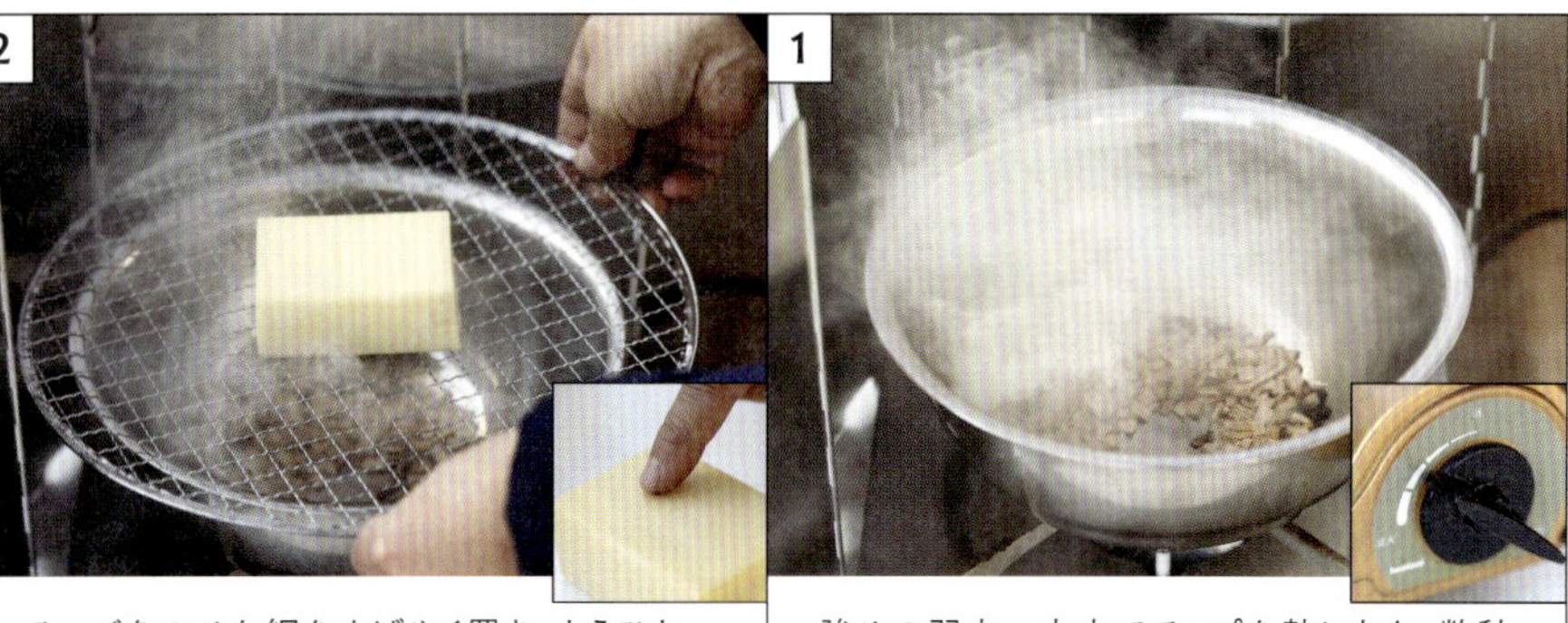

1 強めの弱火〜中火でチップを熱します。数秒で煙が上がってきます。モクモクと煙がいっぱいになったら火を止めます。

2 チーズをのせた網をすばやく置き、もうひとつのボウルでふたをします。チーズ表面は乾いているが、しっとりているくらいが理想です。

3 チーズに煙をかけている間は、コンロの火はつけません。余熱で燃えるチップの煙で燻す感覚です。

4 煙が出なくなるまで放置します。中の様子を気にしてふたを開けてしまうと、煙が逃げてしまうので、煙が消えるまでガマンして！

5 完全に煙が止まったら、ふたを開けます。軍手をするなど火傷に注意！　ボウルに取っ手をつけると便利です（P169）。

6 1回目の色づきはこんな感じ。見た目はほとんど変わりません。ここでチップの残り具合も確認し、全部燃えていたら追加します。

7 いったん網を外して、再びコンロを着火。①と同様に煙がモクモク出てきたら、火を消し、チーズをセットしてふたをします。

8 この状態で、また煙が出なくなるまで放置します。この工程を、好みの色になるまで繰り返します。

スモークチップの種類と特徴

燻製には欠かせないスモークチップは、香りのいい木を細かく砕いたもの。市販のチップは広葉樹がほとんどです。本書のレシピは、すべてサクラのチップを使っていますが、香りの好みで、何を使ってもかまいません。一般的なチップの種類と特徴を挙げておきます。燻製の際、チップが湿っていると酸みが出やすいので、湿気を避けて保管します。数種類をブレンドして使うこともできます。

サクラ	本書で使っている定番のチップ。香りも色づきも強めで、いかにも燻製らしい仕上がりになる。イチオシ！
ブナ	ベーコンやハムなど肉との相性抜群。サクラ同様、定番のチップ
ナラ	オールマイティーに使える定番のチップ
リンゴ	ライトな香りでエグみが出にくく初心者にもおすすめ
ヒッコリー	クルミ科の樹木。欧米でポピュラーなチップ
ブレンド	市販のブレンドチップもあるが、自作してもいい

詳細ページNAVI
熱燻 P50
温燻 P51
冷燻 P52
各工程 P176
加熱処理 P14

3 燻製〈後半〉

回数を重ねるごとに、色が濃くなっていきます。チーズをセットしてから煙が出なくなるまでの時間は気温によっても違いますが、おおよそ20分前後。色づき具合も条件により変わります。好みの色がついたら、冷蔵庫において、煙の成分をなじませます。

1 
2回目終了後の色づき具合。少し色がついてきました。

2 
表面に水滴がついていたら、キッチンペーパーで拭きとります。水がついたままだと、色づきがまだらになってしまいます。

3

3回目終了後の色づき具合。色が薄く感じますが、このくらいで完成でもOKです。色が濃い＝おいしいというわけでもありません。

4

4回目の色づき具合。あわせて1時間強、煙をかけました。あと1回行うか行わないかは、お好みで。

5
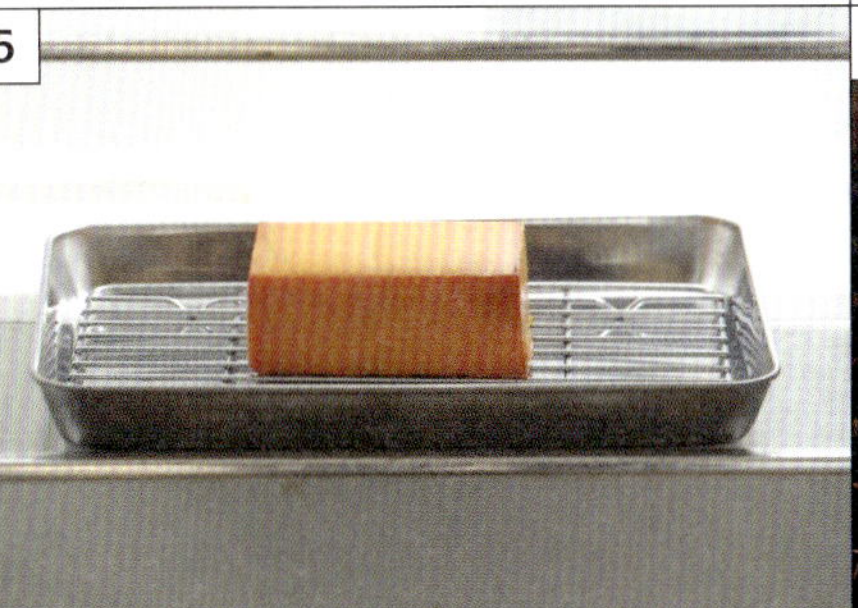
網つきバットにのせて冷蔵庫に1日おきます。しっとり仕上げにしたいなら、ラップをかけます。

完成

もっとスモークチーズ

前ページまでの方法でつくるなら、プロセスチーズやカマンベールが向いています。色や形を変えたり、トッピングをしたりして、見た目や味の変化を楽しめます。

プロセスチーズの燻製

6Pチーズやキャンディチーズなどのプロセスチーズなら、つくり方は前ページまでと同じで、手軽につくれます(写真上)。

グラデーションスモークチーズ

燻す時間を変えるとグラデーションをつくることができます。燻製時間による香りや味の違いを知ることができるので、スキルアップにもつながります。黒こしょうやチリペッパーをふりかけて色を変えるのもおすすめです(写真左上)。

型抜きスモークチーズ

製菓用の抜き型で抜いてから、時間を変えて燻したり、大小の丸を抜いてトムとジェリーのチーズをつくったり楽しみ方は自由(写真左・右)。

カマンベールの燻製

ナチュラルチーズなら、一番簡単につくれるのがカマンベールの燻製です。黒こしょうトッピングしたり、ナッツやフルーツ、はちみつをのせるのもおすすめ。ワインに合います(写真左・中)。

温燻スモークチーズ

65℃で8時間、じっくり燻したスモークチーズ。見た目ではあまり違いがわかりませんが、断面を見ると、煙が浸透してグラデーションになっているのがわかります。艶、香り、味もワンランク上のスペシャルバージョンです(写真左・左)。

詳細ページNAVI
熱燻 P50
温燻 P51
冷燻 P52
各工程 P176
加熱処理 P14

王道メニュー③

Smoked Salmon

スモークサーモン

食材に火を通さない燻製の代表格が、スモークサーモンです。本格的なものは、低温で何時間も燻す「冷燻」でつくりますが、ここでは、食材に火を通さずに香りをつけるテクニックを使った、手軽でシンプルなつくり方を紹介します。この冷燻のテクニックは、刺身をはじめ、さまざまな食材に使えます。

冷燻

あえて加熱処理をしない「香りづけの燻製」。

◎スモークサーモン、刺身、調味料など、生を楽しむ、火を通したくない食材に向く。

◎スモークウッドでの調理を推奨。

◎燻製後に脱水をすることで保存性も高められる。

基本レシピ

スモークサーモン

白だしで味つけするスモークサーモン。身に火を通さず、煙だけをかけるのが最大のポイントです。そこで今回は、段ボール燻製器を使い、熱源はスモークウッド、熱を遮断するために「水」を使うテクニックも必見です。冬季限定の方法です。

◉材料

■刺身用サーモン ―――― 1さく（200g）

■白だし ―――― 120㎖

＊市販の白だしは、100㎖あたりの塩分量が10〜15gのものを使用

【燻製方法】

冷燻

【調理時間】

2日

〈手順〉

- 塩漬け1日
- 塩抜き30分
- 燻製2時間
- 乾燥3時間

使用する燻製アイテム

- カセットガスコンロ
- サクラのスモークウッド
- 段ボール燻製器

1 塩漬け＋塩抜き

10gほどの塩を直接すりこんでもよいですが、今回は白だしで漬けこみます。白だしはソミュール液として使うと、間違いない味に仕上がるのでおすすめです。また好みで、白こしょう、ローリエやディルなど魚に合うスパイス、ハーブ類を加えてアレンジしてもいいです。

1
保存袋にサーモンと白だしを入れます。サーモンはとくに下処理は不要ですが、気になる骨などがあれば取りのぞいておきます。

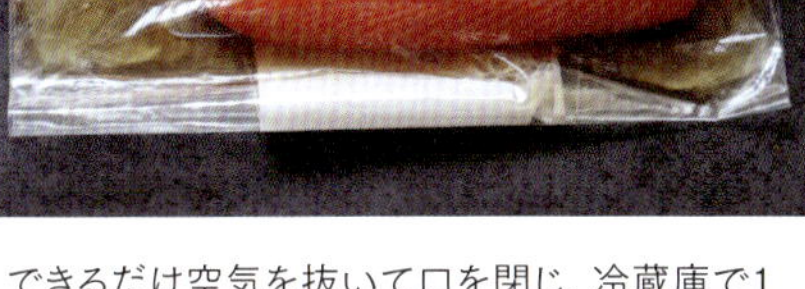

2
できるだけ空気を抜いて口を閉じ、冷蔵庫で1日おいて味をつけます。

3
大きめの鍋かボウルにたっぷりの水をはり、サーモンを入れて30分ほどおきます。室温が高いときは、冷蔵庫に入れます。

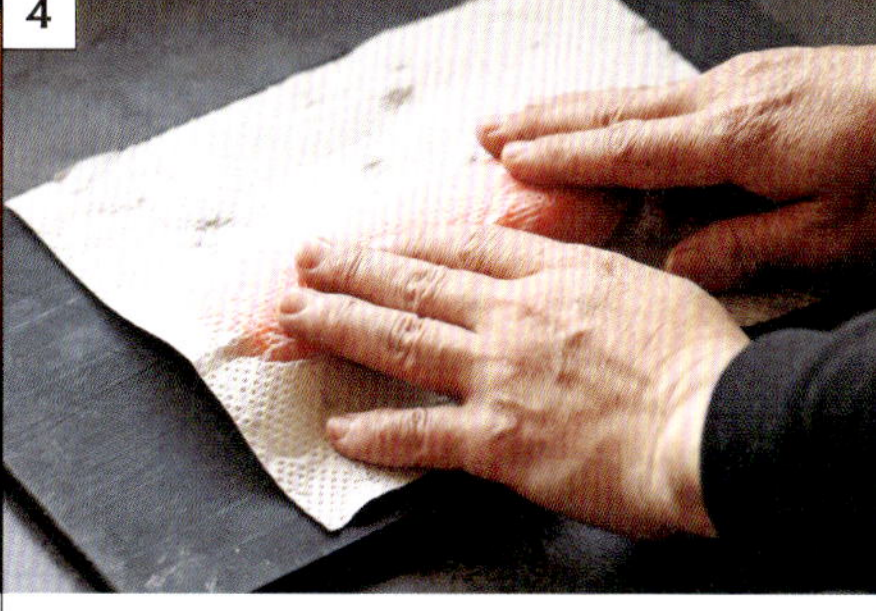

4
身を崩さないよう、上から押さえるようにして、キッチンペーパーで水けをしっかり拭きとります。

5
表面に水けがなく、乾いてもいないしっとりした状態が理想。水けがあると煙ののりが悪く、乾きすぎていると煙が浸透しません。

スモークサーモンの基本レシピ

2 下準備

今回は段ボール燻製器を使いますが、加工などは必要ありません。段ボール箱のほかに、コンクリートブロックを2個用意します（レンガなどで代用しても）。162ページの段ボール燻製器でも同じようにつくれます。火をつけたスモークウッドは、網つきバットにのせるのが使いやすく便利です。

1
使う道具は、120サイズ程度の段ボール箱、ブロック2個、スモークウッドと網つきステンレスバット、着火用にバーナーがあると便利です。

2
バーナーを使ってスモークウッドに火をつけます。バーナーがなければ、火の扱いに注意してガスコンロであぶっても。

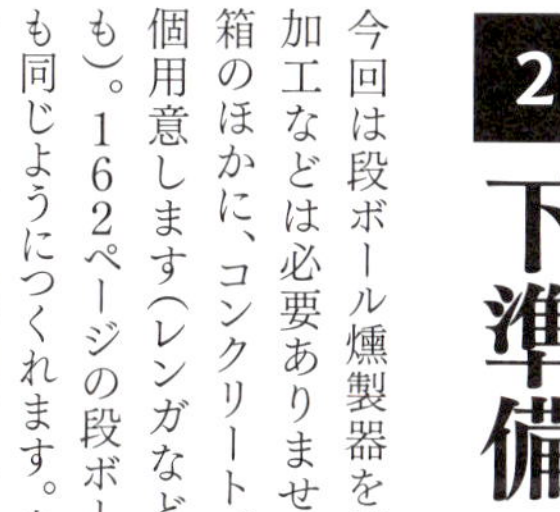

3
一面が黒くなり、端が炭化して白くなるくらい、よくあぶっておかないと、途中で火が消えてしまいます。ライターだと困難です。

4
ブロックを2個並べて、その真ん中にスモークウッドをのせたバットを置きます。地面に熱が伝わるので、安全な場所で行います。

5
ブロックの上部には、サーモン用のバットを置きます。ブロックの間隔は、段ボールとバットのサイズに合わせます。

詳細ページNAVI
熱燻 P50
温燻 P51
冷燻 P52
各工程 P176
加熱処理 P14

3 燻製

段ボールは、2個並べたブロックにかぶせて使います。風で段ボールが動いて燃えてしまうおそれがあるので、必ず重石をします。スモークウッドなので、寒い冬季であれば段ボール内の温度は、それほど上がりませんが、熱を遮断するために、サーモンの下に水を入れたバットを置くのも忘れずに。

1

サーモン用のバットに水を注ぎます。この水で、サーモンに熱が入るのを遮断します。トレイが深ければ氷を使ってもいいです。

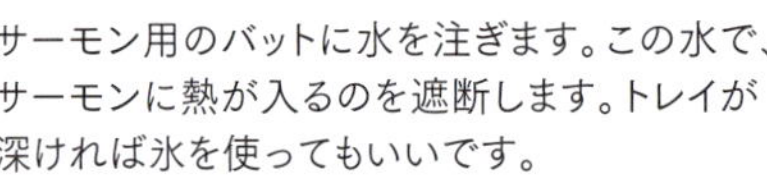

2

サーモンをのせた網を、バットに斜めに渡します。斜めにするのは、サーモンが水につからないようにするためです。

3

このようなセッティングになります。ブロックの用意が難しければ、162ページの段ボール燻製器を使うのがおすすめです。

4

上から段ボールをすっぽりとかぶせます。もうひと回り大きい段ボールでもいいですが、小さすぎるものは向きません。

5

上のふたを閉じ、重石をのせます。ふたが開かないようにするのと、段ボールが風で動かないようにする役割もあります。

スモークサーモンのアレンジレシピ

味を変えてつくる

スモークサーモンの味つけの違うバージョン。燻製・乾燥工程はこれまでと同じ手順です。

岩塩

シンプルに塩だけで味つけをするのも、間違いなくおいしく、おすすめです。塩抜き後にドライハーブをまぶしてから燻す、ハーブサーモンも試してみて！

【分量例】
- 刺身用サーモン――200g
- 岩塩――10g

【塩漬け】3時間
【塩抜き】さっと水洗い

しょうゆ＋塩昆布

昆布で旨みがアップして、ご飯が進む和風味。個人的には、スモークサーモンの味つけのなかで、一番うまい!!

【分量例】
- 刺身用サーモン――200g
- しょうゆ――100㎖
- 塩昆布――ひとつまみ

【塩漬け】1日
【塩抜き】さっと水洗い

白ワイン

ワインが香る、リッチな風味のスモークサーモンです。ワインの酸で、表面が少し白くなります。

【分量例】
- 刺身用サーモン――200g
- 白ワイン――100㎖
- 塩――10g

【塩漬け】1日
【塩抜き】さっと水洗い

西京漬け風

サケの西京漬けがおいしいのだから、と試したレシピ。やっぱりおいしかった！　和風スモークサーモンです。

【分量例】
- 刺身用サーモン――200g
- 塩――10g
- 西京漬けのタレ――50g

＊塩をすりこんで1日塩漬け。水洗いをしてから西京漬けのタレで、さらに1日漬けてから燻製工程へ。

4 乾燥

食材の中まできちんと火を通す必要のある温燻と違い、生で食べられる食材に煙の香りをつけるのが目的の冷燻なので、燻製時間はあまり気にしなくても大丈夫。写真のサイズ(約5×10×2.5㎝)のスモークウッドで1.5～2時間、煙が出ますが軽めの香りに仕上げたいなら1時間で終わってもOK。燻製後、冷蔵庫で3時間ほど乾燥させます。余分な水分が抜けて煙が浸透し、強い煙の香りがなじみます。長くおくと乾燥が進みかたくなるので、3時間をすぎたらラップで覆うと、乾燥しすぎるのを防げます。

1

スモークウッドが燃えつきるまで燻したら、段ボールを外します。燃えつきる前に1時間ほどで終えてもOKです。

2

粗熱がとれたら、冷蔵庫で3時間ほどおき表面を乾燥させます。こうすることで、長時間燻した本格的なスモークサーモンに近い仕上がりになります。

ポイント！

スモークウッドの後処理

燃えつきてしまえば灰になりますが、燃えつきる前に燻製をやめた場合は、まだ煙が出つづけるので放置しておくと危険です。金属製のバケツや火消し壺で密閉して火を消す、水をかけて火を消すなど、安全に処理をしてください。燻したい時間に合わせて、スモークウッドを割って使うのも方法です。

詳細ページNAVI
熱燻 P50
温燻 P51
冷燻 P52
各工程 P176
加熱処理 P14

工程を変えてつくる

サケは煙の香りと相性がいいので、火を通さずに仕上げるスモークサーモンはもちろん、温燻で火を通したものも、とてもおいしくできあがります。ここでは工程の違うふたつのアレンジを紹介します。

温燻でホットスモークサーモン

朝ごはんやお弁当のおかずの定番、塩サケを使った燻製です。刺身用サーモンと違い生食用ではないので、温燻で火を通します。身が薄いのでベーコンやハムよりも短い時間で火が通ります。乾燥させる日数を長くするとジャーキーのような仕上がりになります。生サケの切り身やハラス、アラなどに塩やしょうゆなど、好みの味つけをしてつくるのもおすすめです。

【燻製方法】
温燻

【調理時間】
4日

〈手順〉
- 燻製1～2時間
  サーモスタット70～75℃
- 乾燥3～5日

◉材料
■塩サケ――――――――お好みで

◉つくり方
【燻製】
①燻製器をセットし、70～75℃で1～2時間燻し、加熱処理をする。

【乾燥・熟成】
②粗熱をとり、冷蔵庫か外干し（冬季限定）で3～5日おく。7日ほどおいてジャーキー風に仕上げてもおいしい。

詳細ページNAVI
熱燻 P50
温燻 P51
冷燻 P52
各工程 P176
加熱処理 P14

外干しでセミドライスモークサーモン

燻製の方法は、34ページと同じで、味つけと乾燥時間を少し変えました。乾燥時間を長くとっているので、少しハードな仕上がりです。冷たい風に当てて乾燥させたほうが断然おいしい(と感じる)ので、寒い季節につくってほしいレシピです。味つけは、前ページと同じく白だしを使っても、そのほかの味つけで試してみてもOK。どの組み合わせにしても間違いなくおいしいです。

【燻製方法】
冷燻

【調理時間】
3日

〈手順〉
- 塩漬け1日
- 塩抜き5分
- 燻製2時間
- 乾燥1〜3日

◉材料
- ■刺身用サーモン——1さく(200g)
- ■塩——10g(5%)
- ■はちみつ(お好みで)——小さじ1

◉つくり方

【塩漬け】
①サーモン全体に塩、はちみつをやさしくすりこむ。
②保存袋に入れて、できるだけ空気を抜いて口を閉じ、冷蔵庫で1日、塩漬けにする。

【塩抜き】
③さっと水洗いする。
④キッチンペーパーで水けをしっかり拭きとる。

【燻製】
⑤スモークウッドで2時間、燻す。

【乾燥】
⑥外干し(冬季限定)なら網つきバットにのせて干しかごに入れ、風通しのいい日陰で1日脱水。冬季以外は冷蔵庫で1〜3日おいて、少しハードに仕上げる。

王道メニュー④ 鶏ハム

Chicken Ham

高タンパクでヘルシーな、鶏ハムやサラダチキンが人気です。市販品もありますが、自分でもつくることができます。燻製にすると、鶏ハムのあっさり淡白な味に、煙の香りがアクセントになって、おいしさがアップします。脱水を進めれば、旨みが凝縮するうえに保存性も増します。鶏ハムの基本のつくり方と、アレンジレシピを紹介していきます。

温燻＋加熱処理

燻製後、別工程で食材に火を通す、おもにハムづくりで行う方法。

◎燻製後のボイルで加熱処理をするのは、鶏ハムやロースハムなどのハム類。

◎煮る、オーブン焼きで加熱処理をするレシピもある（チャーシュー、ローストチキンなど）。

基本レシピ

燻製鶏ハム

塩だけでつくる鶏ハムです。あっさりしすぎるのでは？と思いますが、燻製にすることで煙の香りがつくので、その心配はありません。温燻で燻しますが、そのあとボイルをして肉の中まで火を通すのが、鶏ハムづくりの大きな特徴です。ボイルは、豚肉でつくるハムでも行う工程です。

◉材料

■鶏むね肉 ——— 360g
■塩 ——— 18g（5％）

【燻製方法】
温燻

【調理時間】
3日

〈手順〉
- 下準備10分
- 塩漬け1日
- 塩抜き30分～
- 燻製1～1.5時間
  サーモスタット65～70℃
- ボイル3時間
- 乾燥1日

使用する燻製アイテム
- 電気コンロ
- サーモスタット
- サクラのスモークチップ
- 縦型燻製器

詳細ページNAVI
熱燻 P50
温燻 P51
冷燻 P52
各工程 P176
加熱処理 P14

1 塩漬け

鶏むね肉を1日、塩漬けにします。ほかの燻製と同じく、この塩漬けには味つけのほかに、脱水を促し保存性を高める役割もあります。塩分の目安は、肉の重量の4～5％。今回は塩だけでつけていますが、三温糖（塩の半量）や黒こしょう（塩の1/4量）、ハーブ類（適量）を加えてもいいです。

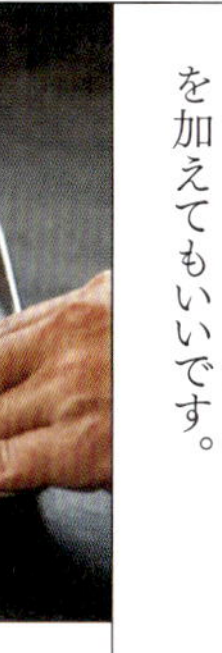

1 鶏ハムでは、皮は取りのぞきます。端から引っ張れば簡単にはがれます。

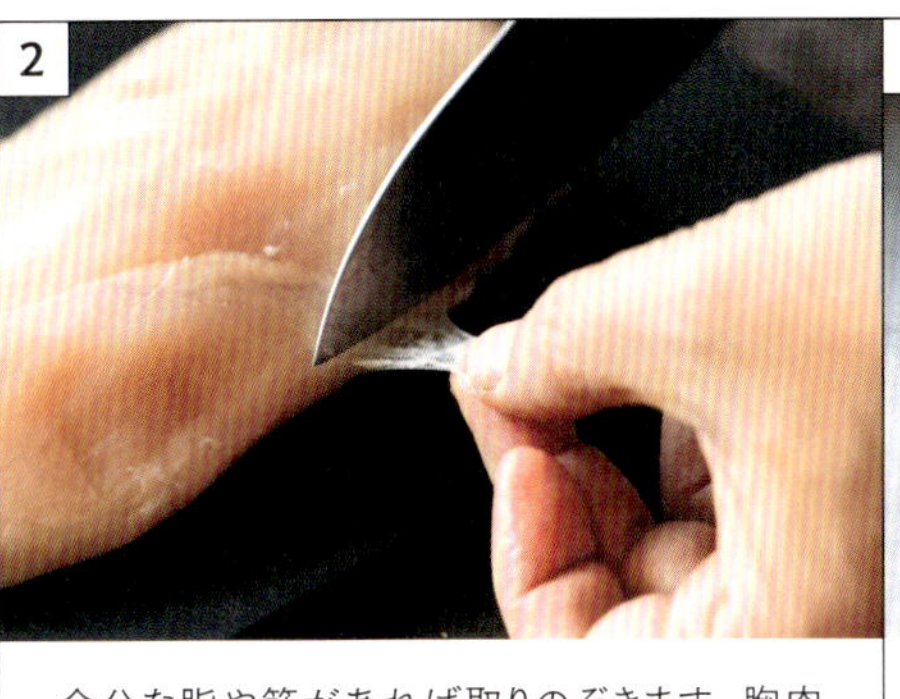

2 余分な脂や筋があれば取りのぞきます。胸肉についている筋膜（薄い膜のようなもの）も取りのぞくと、仕上がりがきれいです。

3 肉の全面に塩をまぶし、すりこみます。まず半量程度を片面にふりかけます。

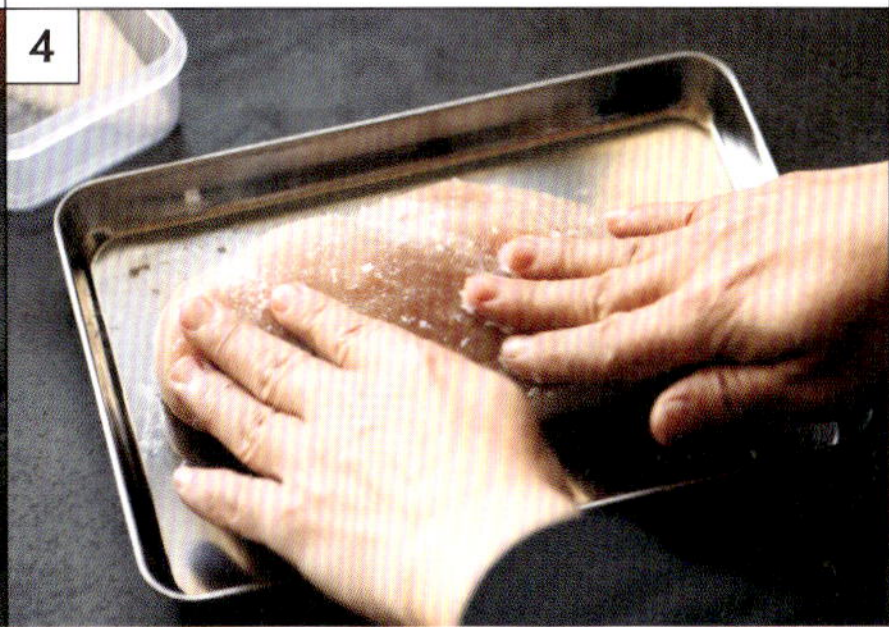

4 できるだけ均等になるように塩を広げて、端までしっかりすりこみます。

5 肉を裏返して、残りの半量を振りかけて、同じように均一になるように広げて、すりこみます。

6 塩を浸透させるように、上から押さえるように、もみこみます。塩を肉にまんべんなくいきわたらせます。

7 保存袋に入れます。食品用の袋なら、ジッパーつきでなくてもよいですが、水分が出るので、水漏れにだけは気をつけて。

8 できるだけ空気を抜いて口を閉じ、冷蔵庫へ。そのまま1日おきます。

塩とソミュール液は、どちらを使えばいい？

ベーコン（P12）や鶏ハムには塩を直接すりこんでいますが、スモークサーモン（P32）はソミュール液（白だし）に漬けました。この使い分けにかんしては、実はどちらでもOKで、塩漬けの効果に大きな差はありません。個人的な使い分け方は、ベーコンやハムをつくるブロック肉や丸ごとの大きな魚には、直接塩をすりこむことが多く、ジャーキーやホタテ、カキなどの小さくて量の多いものにはソミュール液を使っています。ソミュール液にはしょうゆや白だし、麺つゆのほか、浅漬けの素や焼肉のタレを使うこともありますし、ゼロからつくることもあります。

ソミュール液は、塩分濃度が高い（5～15％）の液体のこと。自分で簡単につくるなら、300mℓの湯に塩30gを溶かし、冷ましてから使う。ハーブやスパイスを加えて、こだわりのオリジナル風味をつくることもできる。

2 塩抜き

1日後、ちょうどよい塩かげんになるまで塩抜きをして、水けを拭きながら肉の表面をきれいにします。塩かげんは、小さく切って焼き、味見をして確認するのが確実です。燻製後のボイル工程でも塩けが抜けるので、それを見越して、少し強めの塩かげんにしておくと完璧です。

1 たっぷりすりこんだ塩は、ほぼ溶けていますが、表面に残った塩を流水で洗います。

2 大きめの鍋かボウルにたっぷりの水をはり、肉を入れて30分ほどおきます。室温が高いときは、冷蔵庫に入れます。

3 水から取り出しキッチンペーパーで表面の水けを、しっかり拭きとります。塩抜き後、切れ端を焼いて味見をすると安心です。

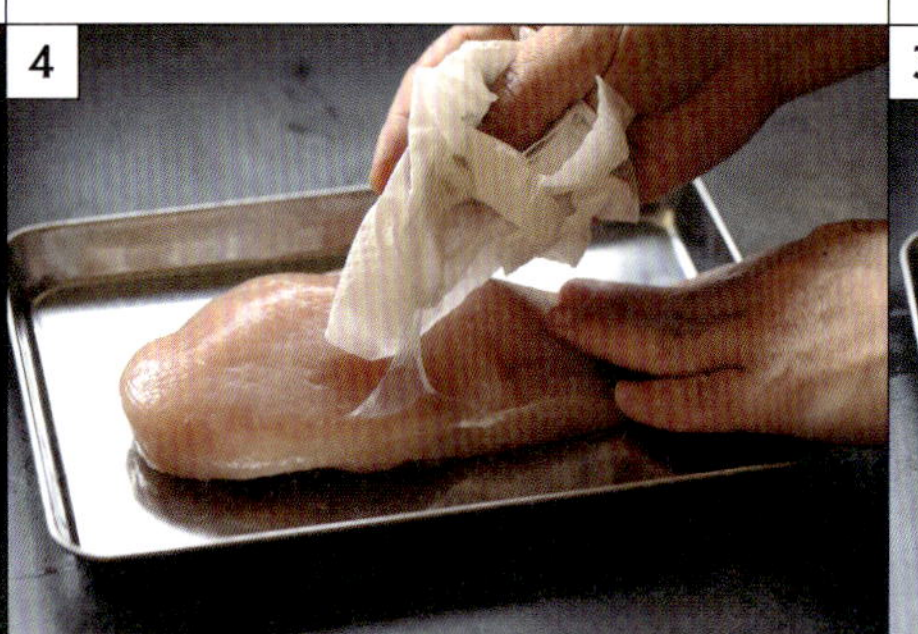

4 ぬめりや薄い筋膜もきれいに取りのぞきます。筋膜は、少しこするような感じで拭いていくと、取りやすいです。

5 表面に水けがなく、乾燥しすぎず、しっとりとした感触が、煙がのりやすい状態です。水けが残っていると酸みが出やすくなります。

塩分濃度と塩抜き時間の目安

1kg以下の肉を使ったレシピが多いため、塩分濃度は4～5％としていますが、肉が大きければ塩の量を増やし、そのぶん塩抜き時間も長くします。肉の重量、使う調味料別の塩分濃度と塩抜き時間の目安は、右のようになります。あとはお好みで、微調整してください。保存性をより高めたい場合や長期熟成する場合は、塩抜きを時間を短く、塩分濃度を高めのまま仕上げます。いずれも、燻製前に少量を焼いて味見をし、塩かげんの確認をするのが確実です。

500g～1kg程度の肉・魚

◉塩＝4～5％（ソミュール液も同様）
◉塩漬け＝3日
◉塩抜き＝ 表面を軽く洗い流してから3～4時間

1日目：下処理・塩漬け｜2日目：塩漬け1日目｜3日目：塩漬け2日目
4日目：塩漬け3日目・塩抜き・燻製・乾燥（寝かせ）
5日目：乾燥（寝かせ）1日目～→完成

＊時短でつくりたい場合は、塩漬け1日、塩抜き0.5～2時間でも（500gまで）

完成まで 最短5日 時短で3日

薄物（ジャーキー系）

◉自作のソミュール液、しょうゆ、白だし、麺つゆなど＝（塩分濃度）8～12％。
◉塩漬け＝1日（味がしみこみやすい）
◉塩抜き＝表面を軽く洗い流してから30分（薄いので抜けやすい）

1日目：下処理・塩漬け
2日目：塩漬け1日目・塩抜き・燻製・乾燥（寝かせ）
3日目：乾燥（寝かせ）1日目～→完成

＊500gでソミュール液200mℓが目安

完成まで 最短3日

長期熟成系 1kg～

◉塩＝5～10％
◉塩漬け＝5～7日
◉塩抜き＝表面を軽く洗い流してから0.5～2時間

1日目：下処理・塩漬け｜2日目：塩漬け1日目｜3日目：塩漬け2日目
4日目：塩漬け3日目｜5日目：塩漬け4日目
6日目：塩漬け5日目・塩抜き・燻製・乾燥（寝かせ）
7日目：乾燥（寝かせ）1か月～数か月→完成

＊塩漬け日数は重量に応じて。中心部まで塩を浸透させるため重ければ長くする。また一日ごとに肉の上下を反転させると塩が均等に浸透しやすくなる
＊あまり塩を抜きすぎると腐りやすくなるが、かなり塩辛いのである程度抜いてOK
＊塩抜き後、切れ端を焼いて味を確認する。味の目安は市販の生ハム程度。

完成まで 最低1か月

詳細ページNAVI
熱燻 P50
温燻 P51
冷燻 P52
各工程 P176
加熱処理 P14

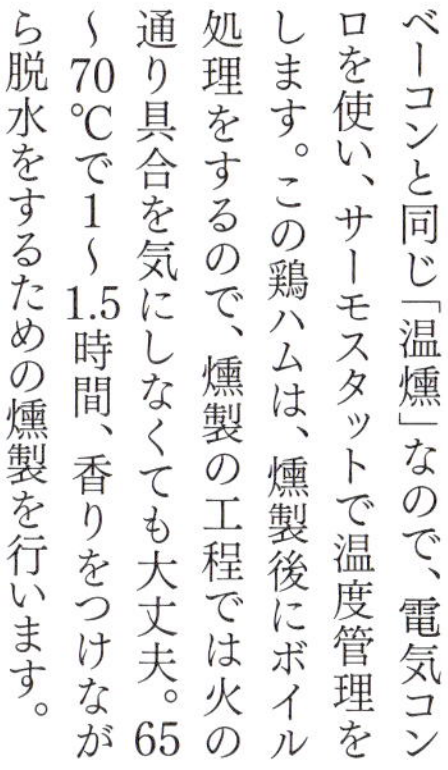

3 燻製

ベーコンと同じ「温燻」なので、電気コンロを使い、サーモスタットで温度管理をします。この鶏ハムは、燻製後にボイル処理をするので、燻製の工程では火の通り具合を気にしなくても大丈夫。65〜70℃で1〜1.5時間、香りをつけながら脱水をするための燻製を行います。

1 燻製器にスモークチップをひと握り入れます。

2 電気コンロの熱線に合わせて、チップを丸く広げます。深型の燻製器だと少し難しいです。

3 鶏肉を網にのせ、燻製器にセットします。今回は筒形の燻製器を使用します。サーモスタットは65〜70℃にセットします。

4 ふたをしてコンロのスイッチを300Wにオン。65℃以上になってから、1〜1.5時間、燻します。寒くて温度が上がらなければ600Wに。

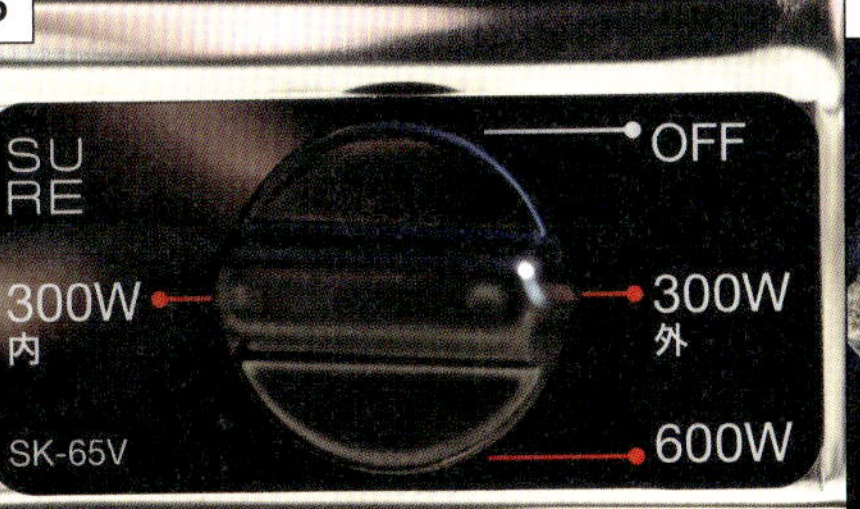

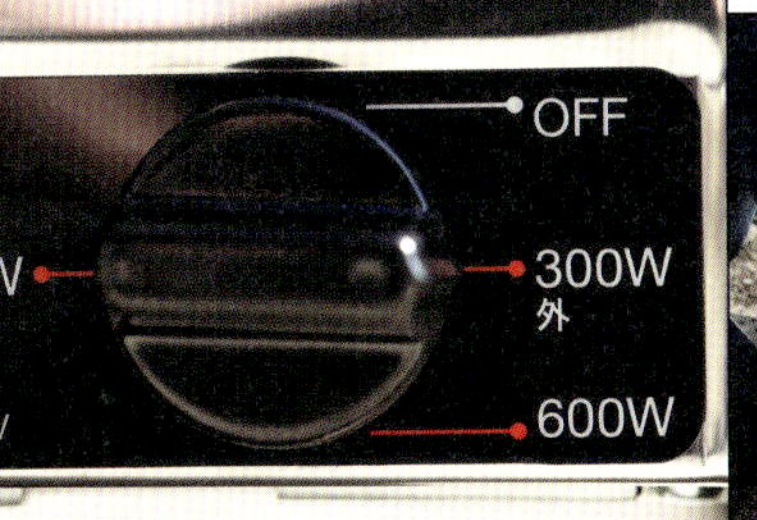

5 燻製器に合わせた火力にするのが基本ですが、一般的な燻製器のサイズであれば、300〜600Wのものが向いています。

6 ときどき、ふたを開けて色づき具合を確認します。ふたを開けると温度が下がるので、開けすぎは禁物です。

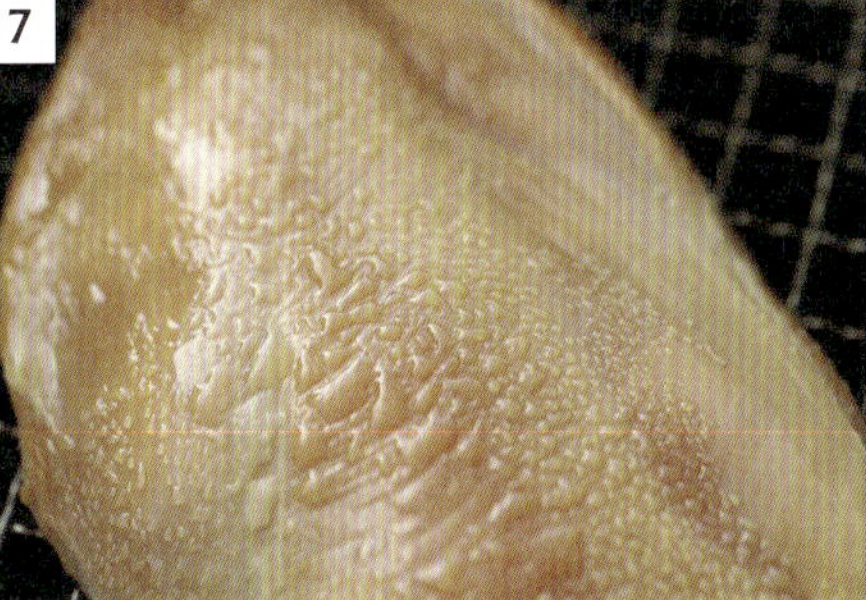

7 このように、肉汁と結露による水けがにじみ出てきます。残しておくと煙がのらなくなり、酸みの元になります。

8 水けが出ていたらキッチンペーパーで拭きとります。水分が出てくるのは、燻製スタートから1時間くらいまでがピークです。

9 目指す色づきになるまで燻します。このあとボイルをしますが、生すぎるのもよくないので、最低1時間は燻します。

10 そのまま少しおいて、煙の成分を落ち着かせます。

11 1.5時間後のチップの様子。コンロの熱線から外れた所のチップが燃え残っているのがわかります。

4 ボイル

ボイルで最後の加熱処理をすると、肉がしっとり仕上がります。このとき、グラグラと煮立ててしまうと、肉がパサパサになってしまうので、少しテクニックが必要です。今回は、沸騰した大量の湯に肉を入れて火を消し、ふたをして時間をおく方法で行います。胸肉ならこの方法で火が通ります。

1 保温性のある大きな鍋に湯を沸かし、沸騰したら燻製した肉を入れます。

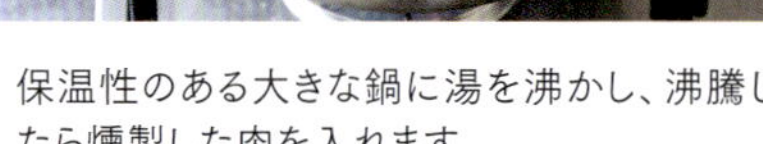

2 肉を沈めたら、ふたをして火を止め、3時間ほど放置します。鍋の保温性を生かして、余熱で火をとおす方法です。

3 3時間おいたら肉を取り出して、氷水に入れて30分ほど冷やします。雑菌の繁殖しやすい温度を避けるための作業です。

4 肉が冷めたら取り出して、キッチンペーパーで表面の水けを、しっかり拭きとります。

5 網つきバットにのせ、冷蔵庫で1日おき、余分な水分を乾燥させます。

完成

詳細ページNAVI
熱燻 P50
温燻 P51
冷燻 P52
各工程 P176
加熱処理 P14

ボイルのコツと注意点

最後の加熱処理を行うボイルの工程は、おもにハム類で行います。肉がかたくならないようにしながらきちんと火を通すためには、煮立てない温度の湯で2〜3時間行うのが理想です（500g程度の肉の場合）。ボイルのおもな方法に右のようなものがあります。それぞれメリット、デメリットがあるので、やりやすい方法でかまいません。電気コンロとサーモスタットを使えば、燻製の加熱と同じような考え方で行えます。ハムは、なるべくパサつかないように仕上げたいので、その場合は加熱処理の条件ギリギリの低温を狙うことになります。そのぶん加熱不足のリスクも大きくなるので、注意が必要です。

ボイルをした際に行いたいのが、ボイル後の冷却です。食中毒を引き起こす細菌の多くは、30〜40℃で活動が活発になります。ボイル後の食品をそのまま冷めるまで放置すると、その危険温度帯に長時間おくことになるので危険です。熱いうちに冷却し、その後は冷蔵庫で乾燥の工程を行います。冬季なら外干しでもかまいません。

ボイル調理のおもな方法

たっぷりの沸騰した湯に入れ、鍋の保温性を利用する（右ページ参照） ◎放置可能なので簡単 ×大きな肉には不向き	湯の温度を測りながら、コンロをつけたり消したりして温度を保つ ◎特別な道具が不要 ×目が離せないので面倒
電気コンロとサーモスタットで管理する ◎わりと高い精度で管理できる。放置も可能 ×コンロとサーモスタットが必要	低温調理器やスロークッカー（電気鍋）を利用する ◎高い精度で管理できる。放置も可能 ×道具がやや高価

ボイルでの加熱処理時間の目安

電気コンロとサーモスタットを使うのが、比較的簡単で確実です。以下は温度と時間の目安。容量が大きい保温性の高い鍋を使うことが重要です。

- 湯の温度＝70〜75℃
- 時間の目安＝肉の厚さ1㎝につき15分

＊湯温が設定温度に達してから所定の時間、加熱する。
＊気温や肉の状態、鍋の種類によって温度、時間を変えるほか、確実性を狙って設定温度を高くしたり、しっとり仕上げを狙って温度を低くしたり調整する。
＊**最終的には、ボイル後に肉の中心温度を計測し加熱条件（P14）をクリアする。**

電気コンロとサーモスタットを使用

① 4ℓ程度の鍋を使用し、加熱処理をするハムを入れて電気コンロにかける。サーモスタットは、70〜75℃に設定。

② 2時間後、肉の中心温度を計測。73℃だったので温度計を刺したまま湯に戻す。ここから3分間、70℃以上を保っていることが確認できれば加熱条件はクリア。

③ 加熱が終わったら、流水や氷水で冷却して、雑菌が繁殖しやすい温度帯（30〜40℃）をすばやく通過させる。

ミートサーモを併用

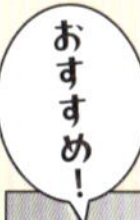

長いワイヤーの先に温度センサーがついたミートサーモは、特殊な道具ではあるものの、正確に肉の中心温度の計測ができる。ボイル中の肉の温度をリアルタイムに計測できるので、65℃前後の低めの温度を狙って加熱処理をする場合には、あるととても便利。

工程を変えてつくる

最後の乾燥工程を冷蔵庫から外干しに変えたり、燻製の温度と時間を変えてボイルなしで仕上げたり、少しのアレンジでも仕上がりが変わるのも、燻製づくりの楽しいところです。

外干しでハードタイプ

前ページまでの鶏ハムは、冷蔵庫で1日乾燥させましたが、こちらは5日間、外干しにしました。ほどよく水分が抜けつつ、中はしっとりした仕上がり。冬季に限られる外干しですが、冷蔵庫におくのとは違った風味に仕上がるので、機会があればぜひ試してほしいレシピです。左の写真の色の濃いほうが外干し、薄いほうが冷蔵庫においたもの。同じ日数をおいたものでも、見た目もこんなに違います。

【燻製方法】
温燻

【調理時間】
5日

〈手順〉
- 下準備10分
- 塩漬け1日
- 塩抜き30分
- 燻製1～1.5時間
  サーモスタット65～70℃
- ボイル3時間
- 乾燥3～5日

◉材料
- ■鶏むね肉――――360g
- ■塩――――18g（5％）

◉つくり方

【下準備】
① 鶏肉は皮を取り、余分な脂や筋があれば取りのぞく。

【塩漬け】
② 肉全体に塩をすりこむ。
③ 保存袋に入れて、できるだけ空気を抜いて口を閉じ、冷蔵庫で1日おく。

【塩抜き】
④ たっぷりの水に30分つける。
⑤ キッチンペーパーで、水けをしっかり拭きとり、ぬめりや薄い膜も取りのぞく。

【燻製】
⑥ 燻製器をセットし、65～70℃で1～1.5時間燻し、加熱処理をする。

【ボイル】
⑦ 44ページの方法でボイル・冷却する。

【乾燥】
⑧ 外干し（冬季限定）で3～5日おく。

詳細ページNAVI
熱燻 P50
温燻 P51
冷燻 P52
各工程 P176
加熱処理 P14

温燻だけでホット鶏ハム

ボイルなし、燻製だけで仕上げる鶏ハムです。右ページの写真と比べてわかるように、断面の肉質が、かなり違っています。燻製だけで仕上げたほうが透明感があり、生肉のしっとり感が残ったようなきめ細やかな食感です。1週間以上、外干しをして、そこそこハードに仕上げていますが、中はセミハードといった具合。ジャーキーと鶏ハムの中間の、噛めば噛むほどおいしい、新食感の鶏ハムです。外干しならではの仕上がりですが、冷蔵庫においたものも、もちろん、ちゃんとおいしいです。

【燻製方法】
温燻

【調理時間】
9日

〈手順〉
- 下準備10分
- 塩漬け1日
- 塩抜き30分
- 燻製2時間
  サーモスタット70〜75℃
- 乾燥1週間

◉材料
- ■鶏むね肉 ——— 360g
- ■塩 ——— 18g（5％）

◉つくり方

【下準備】
①鶏肉は皮を取り、余分な脂や筋があれば取りのぞく。

【塩漬け】
②肉全体に塩をすりこむ。
③保存袋に入れて、できるだけ空気を抜いて口を閉じ、冷蔵庫で1日おく。

【塩抜き】
④たっぷりの水に30分つける。
⑤キッチンペーパーで、水けをしっかり拭きとり、ぬめりや薄い膜も取りのぞく。

【燻製】
⑥燻製器をセットし、70〜75℃で2時間燻し、加熱処理をする。

【乾燥】
⑦外干し（冬季限定）で1週間ほどおく。

味を変えてつくる

基本レシピでは、塩だけで味をつけましたが、ほかにもいろいろな調味料でつくることができます。味つけ以外の工程は、ボイルあり、ボイルなしの方法をお好みで選んでつくってみてください。

塩麹&味噌ダレ

塩麹で鶏肉を漬けるとしっとりやわらかい仕上がりになります。そこに和風味に仕上がる味噌ダレをあわせてみたら、これが大正解！　ボイルをしなくてもしっとりとした、日本酒に合う鶏ハムができあがりました。今回はボイルをしないで温燻だけでつくりましたが、前ページの鶏ハムと同じように、ボイルをして完成させてももちろんOKです。

【燻製方法】
温燻

【調理時間】
5日

〈手順〉
・下準備10分
・塩漬け3日
・塩抜き3～4時間
・燻製2時間
サーモスタット70～75℃
・乾燥1日

◉材料
■鶏むね肉――――2枚（1枚約300g）
■塩麹――――50g
■液体味噌――――50g
■岩塩――――18g（3％）

◉つくり方

【下準備】
① 鶏肉は皮を取り、余分な脂や筋があれば取りのぞく。

【塩漬け】
② すべての材料を保存袋に入れて、袋の上からもみこむ。
③ できるだけ空気を抜いて口を閉じ、冷蔵庫で3日おく。

【塩抜き】
④ 表面を洗い流してから、たっぷりの水に3～4時間つける。
⑤ キッチンペーパーで、水けをしっかり拭きとり、ぬめりや薄い膜も取りのぞく。

【燻製】
⑦ 燻製器をセットし、70～75℃で2時間燻し、加熱処理をする。

【乾燥】
⑧ 冷蔵庫か外干し（冬季限定）で1日おく。

詳細ページNAVI
熱燻 P50
温燻 P51
冷燻 P52
各工程 P176
加熱処理 P14

燻製鶏ハムのアレンジレシピ 味を変えてつくる

ハーブ＆マスタード

塩漬けと塩抜きをしてから、スパイスをまぶして燻す、パストラミチキンです。ボイルはしないで、温燻で火を通します。薄くスライスして、そのまま食べてもスパイシーでおいしく、サンドイッチの具材にも合います。辛いのが苦手な方は、こしょうと唐辛子の分量を減らしてください。写真のものは、5日脱水をしてハードに仕上げていますが、しっとり仕上げる場合は1～2日でも大丈夫です。

【燻製方法】
温燻

【調理時間】
3日

〈手順〉
- 下準備10分
- 塩漬け1日
- 塩抜き30分
- 燻製2時間
  サーモスタット70～75℃
- 乾燥1日～

◉材料

- ■鶏むね肉――1枚（約250g）
- ■塩――12g
- ■マスタード――大さじ1
- ■黒こしょう、唐辛子――各5g

◉つくり方

【下準備】
① 鶏肉は皮を取り、余分な脂や筋があれば取りのぞく。

【塩漬け】
② 肉全体に塩をすりこむ。
③ 保存袋に入れて、できるだけ空気を抜いて口を閉じ、冷蔵庫で1日おく。

【塩抜き】
④ たっぷりの水に30分つける。
⑤ キッチンペーパーで、水けをしっかり拭きとり、ぬめりや薄い膜も取りのぞく。
⑥ 肉にマスタードを塗り、こしょうと唐辛子をまぶす。

【燻製】
⑦ 燻製器をセットし、70～75℃で2時間燻し、加熱処理をする。

【乾燥】
⑧ 冷蔵庫か外干し（冬季限定）で1日以上おく。

燻製工程のまとめ

ここまで紹介した熱・温・冷の燻製方法の流れとポイントをまとめました。本書の燻製は、すべて、このいずれかの方法でつくっているので、つくり方に迷ったら、このページに戻ってみてください。

熱燻

〈スモークチーズで実践〉

加熱処理不要の食材を短時間で、軽く燻して香りづけをする燻製です。一般的な熱燻は、燻製器内の温度80℃以上で燻す燻製、とされていますが、服部式では温度帯をザックリ広めの60～90℃としています。基本的に、加熱処理が不要の食材（チーズや練り物）を使うため温度はあまり気にしなくてもかまいません。熱源はガスコンロ限定。屋外で使いやすいカセットコンロがおすすめです。中～弱火で熱して煙が出たら火を消し、余熱による煙で燻します。

熱燻に向く燻製器

サクッと煙を出したいので、レスポンスのよい小～中型の鍋型が向いています。ガスコンロ対応のものに限ります。家にあるふたつき鍋を流用したり、ステンレスボウルでDIYすることもできます。ただし市販品のような高い精度はないため、安全性を重視する場合は、市販の燻製器を使ってください。

1. **燻製器にスモークチップを1～2握り入れ、ガスコンロの中火にかける**
2. **煙が出たら火を消し、食材をセット、燻製器にふたをして、煙が出なくなるまで15分ほど放置する**
3. **ふたを開けて食材を確認。結露による水分が出ていたら拭きとる**
4. 燻製中にすること **コンロを再び点火し、よい色づきになるまで1～4回、繰り返す**
   ＊チップが燃えつきていたら追加する
   ＊ナッツやスナック菓子などは、再点火の前にかき混ぜて、ムラをなくす
5. **燻製終了！**
6. **乾燥（脱水）を行う**

スモークチップ

ガスコンロ＋鍋型燻製器

熱燻には、この組み合わせが最強。家にある鍋やステンレスボウルを利用することもできる。

ガスコンロ（カセットコンロ）

火力が強いので熱燻向き。細かな温度管理はできない。燻製には屋外に持ち出せるカセットコンロが便利。

熱源に炭を使う方法もある

ふたつきのBBQグリルやDIY燻製器（一斗缶やバケツ）で炭を使った熱燻は、温度を上げやすく使いこなせば、かなり便利です。温度管理が難しいので、本書では取り上げていませんが、燻製に慣れてきたら、ぜひ挑戦してほしい方法です。グリルか燻製器の底に火をつけた炭を入れ、上にチップやチャンク（こぶしサイズの木片）をのせて煙を出します。100℃以上になるので、火を通すのが難しい大きなかたまり肉や丸鶏を燻すのに適した方法です。

温燻

〈ベーコン、燻製鶏ハムで実践〉

電気コンロとサーモスタットで温度管理をしながら燻製器内の温度60〜80℃の温度帯で燻す燻製です。基本的に、燻製時に食材の加熱処理を行いたいので、レシピでは加熱不足などが起こらないよう、安全性を考慮して70〜75℃という比較的高めの温度設定を推奨しています(食材によって上下はある)。この温度帯になるようにサーモスタットを設定して温度管理をしますが、実際には、外気温や使用する燻製器などによって、設定温度を上げたり下げたりの調整が必要です(184ページ)。

温燻に向く燻製器

家庭用なら、一斗缶サイズ(高さ30㎝以上)の縦型燻製器が、扱いやすく、温燻に向いています。鍋型燻製器は、食材と熱源の距離が近いため、温度管理が難しい面もありますが、工夫次第で精度を上げることができます(下図のようにアルミホイルを使って直熱をやわらげる方法など)。DIYなら、一斗缶燻製器やバケツ燻製器が温燻に向いています

1 電気コンロにサーモスタットをつなぎ、サーモスタットを下限70℃、上限75℃に設定する

2 燻製器に、スモークチップ1〜2握りを入れ、食材をセットする

＊熱乾燥(182ページ)をするときは、チップは入れない

3 サーモスタットのセンサーを、燻製器の中に入れる

燻製中にすること

4 コンロのスイッチをオンにする。燻製スタート

＊結露による水分が出ていたら拭きとる(スタートから1時間ほど)

＊熱乾燥をした場合は、約1時間後、結露がおさまってから、チップを入れる

＊チップが燃えつきていたら追加する

＊色つきや加熱にムラがある場合は、食材の位置を入れ替える。上の段と下の段、網の手前と奥を入れ替えるなど、網ごと行う

5 燻製終了！ レシピの時間を目安として、最終判断は、見た目や弾力、温度計による計測で行う

6 必要に応じてボイル、乾燥(脱水)を行う

電気コンロ＋縦型燻製器

熱源と食材の距離が保てる、高さ30㎝以上の縦型燻製器が、とくに温燻向き。一斗缶やバケツでDIYするのも一案。

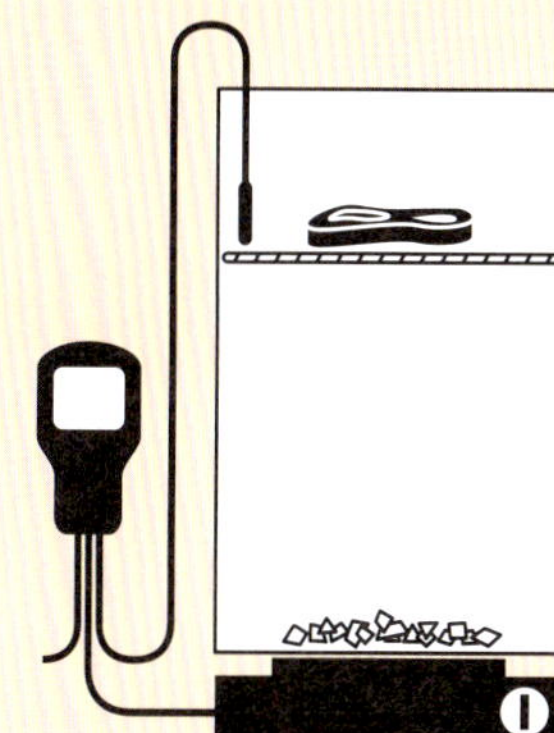

電気コンロ＋鍋型燻製器

入手しやすく汎用性も高い鍋型燻製器は、熱源と食材の距離が近いのが難点だが、下のような工夫で、温燻の精度を上げられる。

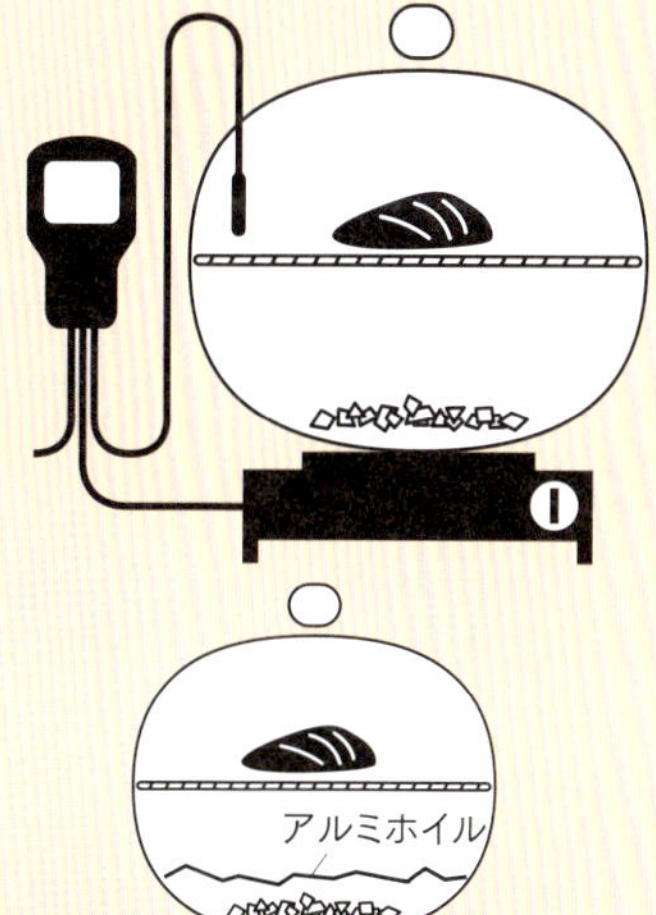

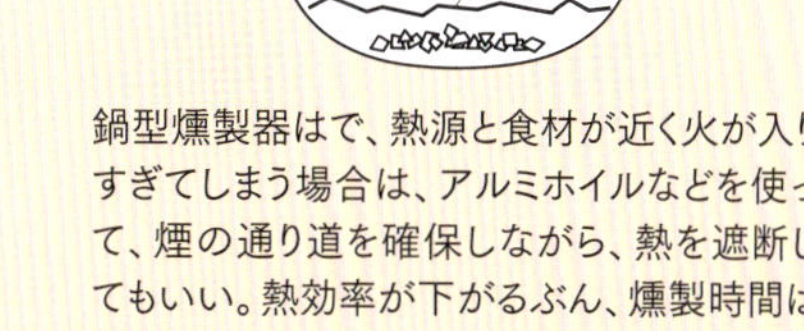

鍋型燻製器はで、熱源と食材が近く火が入りすぎてしまう場合は、アルミホイルなどを使って、煙の通り道を確保しながら、熱を遮断してもいい。熱効率が下がるぶん、燻製時間は長くなるが、やわらかい煙で燻すことができる。

サーモスタット

電気コンロのオンオフを制御する、温燻のお助けアイテム。精度の高いものもあるが、海外製のものがお手頃。本書では電気コンロを使う際は、必ずセットで使用する。

電気コンロ

サーモスタットと組み合わせて温度管理ができる。300〜600Wのタイプが使いやすい。大型燻製器には高出力のものが必要。

冷燻

〈スモークサーモンで実践〉

一般的な冷燻は、燻製器内の温度を20℃以下に保ち、長時間燻煙をしながら食材の脱水をする燻製をいいます。これを家庭で行うのはかなり難しいので、本書での冷燻は「食材に火を通さないで燻す燻製」という定義としています。水や氷を使って熱を遮断する方法、ごく短時間、瞬間的に煙をかける方法で行い、保存性を高めるための乾燥・脱水は、燻製後の冷蔵庫や外干しで行います。服部式の冷燻のやり方は、おもに下記の3種類。スモークウッドを使うAパターンが簡単ですが、気温の低い冬季限定なので、それ以外の季節はBやCパターンで行います。

冷燻に向く燻製器
行う燻製のパターンにより、適する燻製器が変わります。下記参照。

スモークウッド
木屑をかためたもの。線香のように香りのいい煙を出しながら、低温の熱源にもなる。

パターンA 燻製時間＝1時間〜

スモークウッドと段ボール燻製器か大きめの縦型燻製器で行う、冬季限定の方法。低温で時間をかけて燻すので、本格的な冷燻に最も近くなります。時間と根性があればスモークウッドを追加して数日かけて燻すのもアリ。

網
遮熱皿
網
スモークウッド

① **網にのせた食材の下に、水か氷を入れた遮熱皿をセットする**
＊遮熱皿で、食材への熱を遮断する。外気温や燻製器のタイプによっては遮熱皿は不要。パターンBのようなセット方法でもOK

② **着火したスモークウッドで、1〜2時間燻す**
＊燻製器内の温度が上がりすぎたまま時間をおくと、食材が傷むおそれがあるので気温10℃以下で行うのが理想

③ **乾燥（脱水）を行う**

パターンB 燻製時間＝〜30分

季節を問わない、服部式冷燻。中サイズの縦型燻製器を使い、下段に遮熱皿で熱を遮断、上段に食材をセットして、ガスコンロで熱したチップの煙だけをかける方法です。DIYのバケツ燻製器も、この方法の冷燻に適しています。

① **縦型燻製器の上段に食材、下段に遮熱皿をセットする。**
＊2段式でなければ、パターンAの方法でセットする

② **最下段にスモークチップを1〜2握り入れ、ガスコンロの中火にかけ、煙が出たら火を消して、食材を入れて10〜30分放置する**
＊ガスコンロで熱した強い煙をかけるので、短時間で十分香りづけができる

③ **乾燥（脱水）を行う**

パターンC 燻製時間＝10分程度

火が通らない程度に、ごく短時間煙をかける「瞬間燻製」。熱燻の短時間バージョンで、鍋型燻製器や一斗缶、バケツ燻製器で、簡単につくることができます。

① **燻製器にチップを1〜2握りと食材を入れ、ガスコンロの中火にかけ、煙が出たら火を消して食材を入れて5〜10分放置する**
＊結露による水分をキッチンペーパーで拭きとる

② **氷水にとり、余熱で火が入るのを防ぐ。冷めたら水けをしっかり拭きとる**

③ **乾燥（脱水）を行う**

すべてに万能
「オーブン燻製機」

僕の燻製づくりの経験を生かして設計したオーブン燻製機は、中サイズの鍋型ですが、熱と煙の流れが制御できるので温燻にも最適です。遮熱皿となるトレーが付属し、パターンBの冷燻も得意！　仕上がりの精度を優先するなら、間違いなくイチオシの燻製器です。158ページで紹介しています。

燻製づくりの注意点

燻製は火を扱うため、常に火事になるおそれがあります。燃えうつるものがない場所で行う、万が一に備えて消火用の水を用意するなど対策をしてください。また燻製中はその場から離れないようにしましょう。

- 基本的には屋外で行ってください。煙が出るので、周りの迷惑にならない場所で、キャンプ場など、自宅以外で行う場合は、施設に確認をとります。

- もし室内で行う場合は換気扇の下で30分以内の軽めの燻製にしてください。

- 燻製器のふたをあけたときに、チップに空気が入りチップから炎が上がることがあります。その場合は再度ふたをして空気を遮断すれば炎は収まります。

- 燻製器に遮熱皿や脂受け皿を使用すると、熱源側の温度が急上昇して燻製器が高温になることがあります。食材近辺の温度だけでなく、熱源側の温度にも注意してください。

- 段ボールや木製の燻製器は常に燃えるおそれがあります。消火の準備など万全の体制で燻してください。

- ふだんと違う燻製器や熱源を使うときは、イレギュラーなことが起こりやすいです。いつも以上に注意してください。

- 熱源や燻製器など市販品を扱う際は、取扱説明書の内容に従ってください。

- 燻製、ボイルなどで電気コンロを使うときは、アラームなどを使って作業を忘れないように注意してください（長時間だと忘れやすい）。また終了後に電源を切ることも忘れずに！

- 使用後のチップやウッドは確実に消火してください。たとえば水に濡らしてアルミホイルに包む、火消し壺などを使用する、など。

SMOKE COLUMN

01

燻製づくりのスケジュール

基本的に燻製づくりは時間がかかります。たとえば、「ハムをつくって食べたいなあ」と思ってすぐに支度をはじめても、食べられるのは最短で5日後です。燻製当日は、塩抜きをして、燻製器を数時間見守り、その後にはボイル工程があります。こうなると1日がかりの大仕事です。「燻製は次の休みの日に行おう。では塩漬けはいつすればいい？」と考えると、しっかりスケジュールを立てる必要があります。

いまでこそ、毎日のように燻製をつくっていますが、会社員時代は燻製器に向かえるのは休日だけでした。塩抜きに思ったよりも時間がかかったり、寒くて温度が上がらなかったりして予定よりも時間がかかり、休みのうちに作業が終わらないこともありました。僕が服部式の燻製で燻製前の「風乾燥」を数時間かけて行うのをやめ、キッチンペーパーで拭く方法に変えたのも、限られた時間のなかで燻製を完成させたい一心から生まれたやり方です。現在の毎日燻製をつくる生活では、常になにかしらの食材が冷蔵庫で塩漬けにされていて、なにかしらが脱水されています。冷蔵庫は、ほぼ燻製専用機になっています。

スケジュールを立てるときは、燻製をする休日や燻製が必要なタイミングから、塩漬けをする日を決めることになると思います。たとえば飲み会にロースハムを持参したい場合、ロースハムは完成までに5～8日、燻製ができるのは塩漬けから4日後です。予備日を含めて以下のようなスケジュールを立てるといいでしょう。燻製は、時間をおく日数が増えるぶんにはとくに問題ありません。

とはいえ、燻製は自由なものでもあるので、塩漬けが5日になっても冷蔵庫に入れておけば問題ありません。塩抜きを少し長めにすればいいだけですし、もしかしたら「いつもより味が浸透している！」、「脱水が進んだ！」といった発見もあるかもしれません。さすがに1週間は超えないようにしたほうがいいでしょう。

もし燻製作業だけで夜になってしまったら、冷蔵庫において翌日ボイルすることもできますし、ボイルは省いてカナディアンベーコン（18ページ）に変更してもかまいません。加熱不足が心配なら焼いて食べれば問題なしです。

休みやイベントの予定と合わせて、次は何をつくろうか？と考えるのも、燻製づくりの楽しみのひとつです。

燻製計画の立て方例

	10日	9日	8日	7日	6日	5日	4日	3日	2日	1日 (Start)
ハム	飲み会に持参 Target date	予備日	完成	乾燥（3日冷蔵庫使用）			燻製	塩漬け		
豚干し肉	乾燥（1～2か月冷蔵庫使用）				燻製 Target date	塩漬け				
燻製カキ	友達にプレゼント Target date		予備日	瓶詰めしてオイル漬け		完成	乾燥（2日冷蔵庫使用）		乾燥	塩漬け

第2章 肉の燻製レシピ

種類や部位を問わず、肉と煙の相性は抜群！
豚肉を使ったベーコンやハムは当たり前、
鶏肉なら、もも肉、ささみ、手羽から丸鶏まで、
全部が全部、間違いなくうまい！
燻製の手順に慣れてきたら、
かためにに仕上げるジャーキーや
保存性を高める長期脱水をする干し肉にも
挑戦してみてください。

ロースハム

ベーコンに並ぶ人気の燻製、ロースハムは、燻製をしたあとにボイルで加熱処理をしてつくります。燻製では加熱処理をしないので、段ボール燻製器とスモークウッドで煙をかけて、ボイルで仕上げる方法でもつくれます。

◉燻製方法
温燻

◉調理時間
5日

〈手順〉
- 下準備10分
- 塩漬け3日
- 塩抜き4時間
- 燻製3時間
  サーモスタット70～75℃
- ボイル1.5～2.5時間
- 乾燥1～3日

◉材料
- ■豚ロース肉――――700g
- ■岩塩――――35g（5％）

◉つくり方

【下準備】
①豚肉は、余分な脂を切り落として、形を整える。

【塩漬け】
②豚肉の全面に、まんべんなく塩をすりこむ。
③保存袋に入れて、できるだけ空気を抜いて口を閉じ、冷蔵庫で3日おく。

【塩抜き】
④たっぷりの水に4時間つける。
⑤キッチンペーパーで、水けをしっかり拭きとる。

【燻製】
⑥燻製器をセットし、70～75℃で3時間、燻す。

【ボイル】
⑦70～75℃のたっぷりの湯で、1.5～2.5時間ボイルする（45ページ）。
＊肉の中心温度75℃で1分、65℃なら15分以上保つのが食品衛生上の理想の加熱。（14ページ）
⑧湯から取り出したらすぐに、流水で30分ほど冷やすか氷水につける。

【乾燥・熟成】
⑨キッチンペーパーで水けを拭きとり、冷蔵庫か外干し（冬季限定）で1～3日おく。

加熱処理の温度は確実性重視で70℃台を狙う

63～70℃で仕上げると薄っすらピンク色の、やわらかハムになります。ただし難易度が高いので、慣れてきたら挑戦してみて！

詳細ページNAVI
熱燻 P50
温燻 P51
冷燻 P52
各工程 P176
加熱処理 P14

ベリーハム

豚ばら肉でつくるベリーハム。Bellyはばら肉の意味。小さい肉だと巻きにくいので、今回は2kgのばら肉を使いました。

◉燻製方法
温燻

◉調理時間
7日

〈手順〉
- 塩漬け5日
- 塩抜き6時間
- 燻製3時間
- サーモスタット70〜75℃
- ボイル2〜3時間
- 乾燥1〜3日

◉材料
- ■豚ばら肉――――2kg
- ■塩――――100g（5％）

◉つくり方

【塩漬け】

①豚肉の全面に、まんべんなく塩をすりこむ。

②保存袋に入れて、できるだけ空気を抜いて口を閉じ、冷蔵庫で5日おく。

【塩抜き】

③たっぷりの水に6時間つける。

④キッチンペーパーで水けを拭きとってから、肉を端から巻いて、タコ糸で縛る。

【燻製】

⑤燻製器をセットし、70〜75℃で3時間、燻す。

【ボイル】

⑥70〜75℃のたっぷりの湯で、2〜3時間ボイルする（45ページ）。

⑦湯から取り出したらすぐに、流水で30分ほど冷やすか氷水につける。

【乾燥・熟成】

⑧キッチンペーパーで水けを拭きとり、冷蔵庫か外干し（冬季限定）で1〜3日おく。

ポイント！

風味をプラスするなら

ハムは3種類とも塩と一緒に、三温糖2％、黒こしょうとローズマリーを適量加えてもおいしい。

詳細ページNAVI
熱燻 P50
温燻 P51
冷燻 P52
各工程 P176
加熱処理 P14

ボンレスハム

赤みが多いもも肉でつくるボンレスハム。ロースハム、ベリーハムより、脂が少なく、さっぱりヘルシーなハムです。

◉燻製方法
温燻

◉調理時間
7日

〈手順〉
- 塩漬け5日
- 塩抜き4時間
- 燻製2～3時間 サーモスタット70～75℃
- ボイル1.5～2.5時間
- 乾燥1～3日

◉材料
- ■豚もも肉――――700g
- ■塩――――35g（5％）

◉つくり方

【塩漬け】

①豚肉の全面に、まんべんなく塩をすりこむ。

②保存袋に入れて、できるだけ空気を抜いて口を閉じ、冷蔵庫で5日おく。

【塩抜き】

③たっぷりの水に4時間つける。

④キッチンペーパーで水けを拭きとる。

【燻製】

⑤燻製器をセットし、70～75℃で2～3時間、燻す。

【ボイル】

⑥70～75℃のたっぷりの湯で、1.5～2.5時間ボイルする（45ページ）。

⑦湯から取り出したらすぐに、流水で30分ほど冷やすか氷水につける。

【乾燥・熟成】

⑧キッチンペーパーで水けを拭きとり、冷蔵庫か外干し（冬季限定）で1～3日おく。

ポイント！

もも肉の塩抜きは要注意

脂の少ないもも肉は、塩が浸透しやすいので、塩抜き4時間後に切れ端を焼いて味を確認。ここで塩辛ければ、いい塩かげんになるまで塩抜きを続行して！

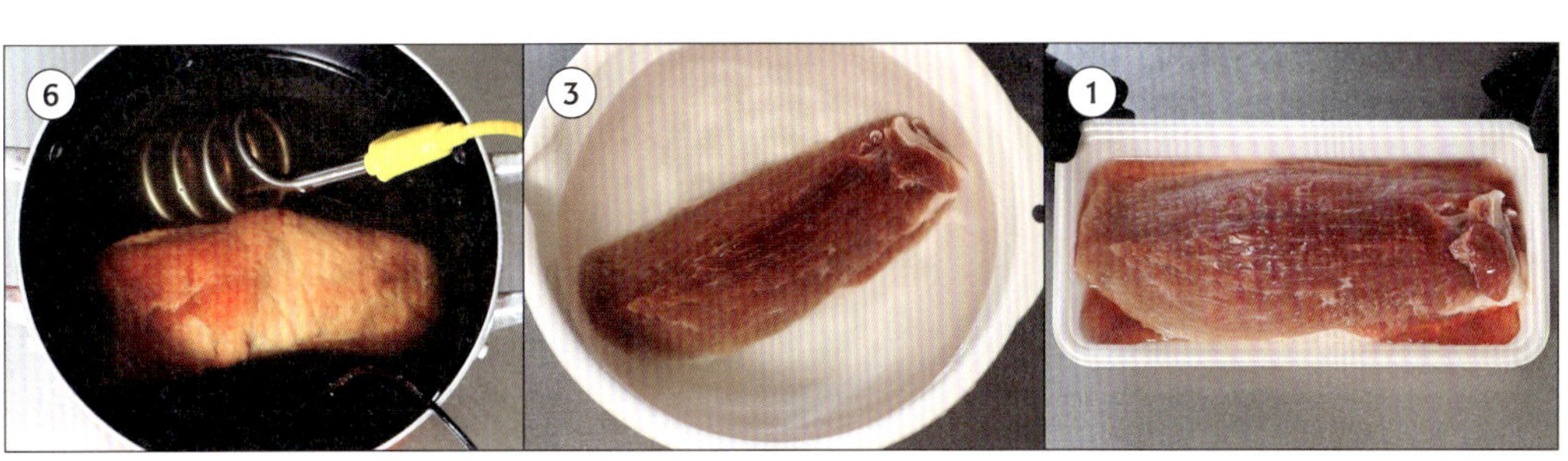

ビーフジャーキー

牛肉の旨みがつまったビーフジャーキーは、燻製後の脱水がポイントです。冬季なら、断然外干しで!! カチカチのハード仕上げが好みなら、赤身が多いオージービーフのもも肉がおすすめです。

◉燻製方法

温燻

◉調理時間

5日

〈手順〉

- 下準備30分
- 塩漬け1日
- 塩抜き5～30分
- 燻製2～3時間
  サーモスタット70～75℃
- 乾燥3～5日

◉材料

- ■牛もも肉――500g
- ■しょうゆ――200㎖
- ■三温糖――10g
- ■黒こしょう――大さじ1
- ■唐辛子粉――大さじ½
- ■ローリエ――1枚

＊しょうゆだけで漬けてもOK

◉つくり方

【下準備】

① 牛肉は5㎜ほどの厚さにスライスする。

② ソミュール液をつくる。牛肉以外の材料を鍋に入れて混ぜ、煮立たせてから冷ます。

【塩漬け】

③ 保存袋に牛肉とソミュール液を入れて、できるだけ空気を抜いて口を閉じ、冷蔵庫で1日おく。

【塩抜き】

④ さっと水洗いか、たっぷりの水に30分つける。

⑤ キッチンペーパーで、水けをしっかり拭きとる。

【燻製】

⑥ 燻製器をセットし、70～75℃で2～3時間燻し、加熱処理をする。

＊竹串に刺して吊るすと、一度にたくさん燻製できる。ここでは一斗缶燻製器を使用

【乾燥】

⑦ 粗熱をとり、冷蔵庫か外干し(冬季限定)で好みのかたさになるまで、3～5日おく。長くおいて水分を抜くほど、保存性が高くなる。

ポイント!

ソフト仕上げが好みなら

冷蔵庫に1日おけばソフト仕上げに。脂が多い部位やサシが入った和牛でつくると、ジューシーなソフトジャーキーになります。どんな肉でも同じ方法でつくれます。

アレンジレシピ

牛タンジャーキー

ビーフジャーキーとは違った食感ですが、弾力があるおもしろいジャーキーに仕上がります(写真左下)。

◉材料

- 厚切り牛タン――300g
- しょうゆ――200㎖
- みりん――30㎖
- 黒こしょう――大さじ1/2
- 三温糖――大さじ1/2

◉つくり方

① 牛タン以外の材料を混ぜたソミュール液に1日つける。

② たっぷりの水で30分塩抜きする。

③ キッチンペーパーで水けをよく拭きとり、竹串に刺す。

④ 段ボール燻製器を使って、スモークウッドで2時間燻す。

⑤ 冷蔵庫か外干し(冬季限定)で1～5日、好みのかたさになるまで乾燥させる。

ビーフジャーキーは、段ボール燻製器とスモークウッドでもつくれる。写真は段ボールを外したところ。

詳細ページNAVI
熱燻 P50
温燻 P51
冷燻 P52
各工程 P176
加熱処理 P14

スモークささみ

しょうゆベースの味つけがポイント。スモークチップで燻製する前に、空の燻製器で加熱する「熱乾燥（182ページ）」の工程を行います。あらゆる燻製に使える加熱のテクニックなので、覚えておくと便利です。

◉燻製方法
温燻

◉調理時間
3日

〈手順〉
・下準備10分
・塩漬け1日
・塩抜き30分
・熱乾燥1時間
・燻製1〜2時間
サーモスタット70〜75℃
・乾燥1〜3日

◉材料
■鶏ささみ――300g
■塩――12g（4％）
■三温糖――6g（2％）
■しょうゆ――100㎖
■水――200㎖
■黒こしょう――大さじ1

◉つくり方

【下準備】
①ソミュール液をつくる。ささみ以外の材料を鍋に入れて混ぜ、煮たたせてから冷ます。

【塩漬け】
②ささみとソミュール液を保存袋に入れて、できるだけ空気を抜いて口を閉じ、冷蔵庫で1日おく。

【塩抜き】
③表面を水で洗い流して、たっぷりの水に30分つける
④キッチンペーパーで、水けをしっかり拭きとる。表面のぬめり、筋などをていねいに取りのぞく。

【燻製】
⑤チップを入れない燻製器に肉を入れ、70〜75℃で1時間、加熱して肉表面を乾燥させる（熱乾燥）。
＊熱乾燥をして水けをとばすことで、煙ののりがよくなり、むらなくきれいに仕上がる
⑥燻製器にチップを入れて、さらに70〜75℃で1〜2時間燻し、加熱処理をする。
＊あわせて2〜3時間加熱することで、煙がかかりすぎることなく、肉に火が通すことができる

【乾燥】
⑦粗熱をとり、冷蔵庫か外干し（冬季限定）で1〜3日おく。かために仕上げたい場合は、5日ほど脱水してもいい。

ポイント！
市販のだしでソミュール液
ソミュール液は、1から自分でつくらなくても、しょうゆだけにしたり、白だしや麺つゆでも代用できます。いずれも200㎖を使用。塩かげんは塩抜きで調整すればOKです。

詳細ページNAVI
熱燻 P50
温燻 P51
冷燻 P52
各工程 P176
加熱処理 P14

スモークささみのオイル漬け

◉材料

鶏ささみ――300g
しょうゆ――75mℓ
めんつゆ（2倍濃縮）――50mℓ
ざらめ――10g
にんにく（チューブ）――2cm
七味唐辛子――少々

◉つくり方

①ささみ以外の材料でソミュール液をつくり、ささみを漬ける。
②水でささみの表面を洗い流す。
③キッチンペーパーで水けをよく拭きとり、ぬめり、筋をていねいに取りのぞく。
④65℃で1.5時間燻す。
⑤冷蔵庫に1日おく。
⑥ジッパーつき袋に、燻製したささみを入れ、ひたひたにサラダ油（分量外）を注ぎ、空気を抜いて口を閉じる。
⑦電気コンロとサーモスタットを使って、保存袋ごと70℃の湯で1時間湯せんする。
⑧保存容器にささみをうつし、オリーブオイル（分量外）をひたひたに注ぎ、ローズマリー（分量外）を入れて漬ける。

右ページに比べて燻製時間が短いのは、オイル煮で火を通しているから。味つけは、どちらでもお好みで。

スモークラム

骨つき肉を使った、ワイルドなラム肉の燻製です。ラム肉の香りとハーブソルト、煙の香りが意外なほど、よく合います。骨があるぶん火が通りにくいので、燻製で香りをつけて、食べる前に切り分けてから焼いて食べます。

◉燻製方法

温燻

◉調理時間

5日

〈手順〉

- 下準備30分
- 塩漬け3日
- 塩抜き2～3時間
- 燻製2～3時間
  サーモスタット70～75℃
- 乾燥1～3日

◉材料

■フレンチラック――500g×2個
■ハーブソルト――40g（4％）
＊「マジックソルト（ペッパー）」を使用。岩塩に置きかえてもOK

◉つくり方

【下準備】

①ラム肉は、余分な脂や筋を切り落として、あばら骨の薄皮（骨膜）をはがす。

【塩漬け】

②保存袋にラム肉とハーブソルトを入れて、できるだけ空気を抜いて口を閉じ、冷蔵庫で3日おく。

＊気にならなければ省略可

【塩抜き】

③たっぷりの水に2～3時間つける。
④キッチンペーパーで、水けをしっかり拭きとる。

【燻製】

⑤燻製器をセットし、70～75℃で2～3時間燻し、加熱処理をする。

【乾燥・熟成】

⑥粗熱をとり、冷蔵庫か外干し（冬季限定）で1～3日おく。

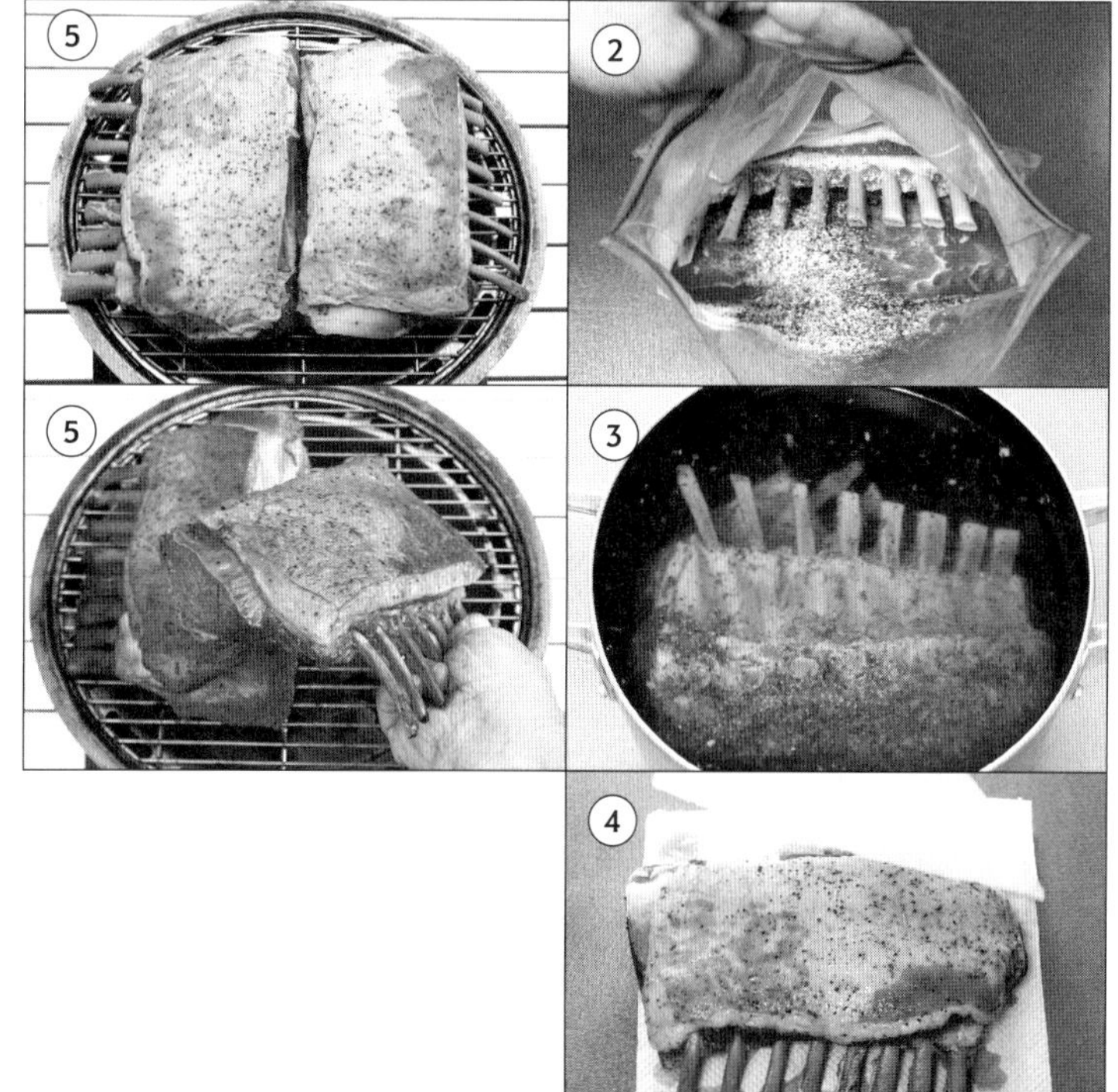

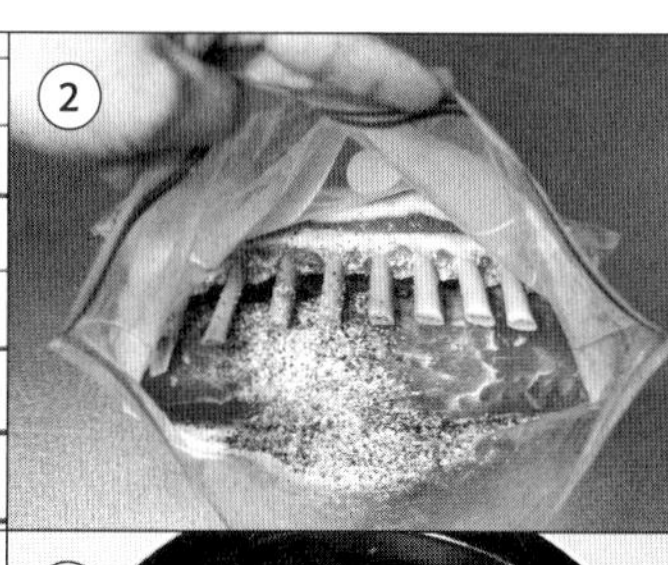

ポイント！

食べる直前に切って焼く

あばら骨1本ごとに切り分けてラムチョップの形にして、フライパンで焼いて食べます。材料をラムチョップにおきかえれば、燻製だけでも火が通りやすくなります。

詳細ページNAVI
熱燻 P50
温燻 P51
冷燻 P52
各工程 P176
加熱処理 P14

生ハム風

冷燻で香りをつけて、長期間、外干しでじっくり脱水・熟成をする、冬季限定のレシピです。難易度は高いのですが、できあがったときの感動はひとしお。いつか、ぜひつくってみてください。

◉燻製方法

冷燻

◉調理時間

90日

〈手順〉

- 塩漬け5日
- 塩抜き30分
- 燻製30分〜1時間
- 乾燥3か月

つくり方は
P68

詳細ページNAVI
熱燻 P50
温燻 P51
冷燻 P52
各工程 P176
加熱処理 P14

燻製チャーシュー

燻製にした豚肉を、タレで煮て仕上げます。燻製時に火の通り具合を気にしなくていいので、手軽に挑戦できます。タレは市販のものを使っても、自分でつくってもお好みで！

◉燻製方法
温燻

◉調理時間
3日

〈手順〉
- 塩漬け1日
- 塩抜き4時間
- 燻製2時間
  サーモスタット70〜75℃
- ボイル1時間
- 乾燥1日

つくり方は P69

生ハム風

つくり方

◉材料

■豚肩ロース肉――1kg
■塩――100g（10％）

◉つくり方

【塩漬け】

①豚肉の全面に、まんべんなく塩をすりこむ。

②保存袋に入れて、できるだけ空気を抜いて口を閉じ、冷蔵庫で5日おく。

【塩抜き】

③たっぷりの水に30分つける。

④キッチンペーパーで水けを拭きとり、たこ糸でしばって形を整える。

【燻製】

⑤燻製器をセットし、遮熱皿に氷を入れて、30分～1時間、燻す。

＊冬季なら、段ボール燻製器とスモークウッドで2時間でもOK

【乾燥】

⑥外干し（冬季限定）か冷蔵庫でで3か月、脱水・熟成する。脱水中は肉の向きを定期的に変えて、水分が均等に抜けるように調整する。

＊燻製による加熱処理をしていないので、必ず加熱して食べること

ポイント！

脱水のポイント

生ハムは基本的には燻製しないでつくられるので、これは、冷燻で軽く香りをつけた生ハム「風」。熟成よりも脱水を優先させることで、比較的簡単につくることができる方法です。しかし脱水しすぎるとカチカチの干し肉になってしまうので、このかげんも難しいところです。外干しなら天候をみながら湿度の管理もしていくと、仕上がりの精度が変わってきます。乾燥を防ぐために布や紙で軽く包んだり、専用の熟成庫を使うケースもあります。市販の生ハムが加熱処理をしていないのにそのまま食べられるのは、塩漬けや外干しいよる脱水・熟成の高度なテクニックによるもの。自家製では必ず加熱して食べてください。

詳細ページNAVI
熱燻 P50
温燻 P51
冷燻 P52
各工程 P176
加熱処理 P14

つくり方
燻製チャーシュー

◉材料
■豚肩ロース肉——700g
■塩——28g（4％）
■煮豚のタレ——お好みで

◉つくり方
【塩漬け】
② 豚肉の全面に、まんべんなく塩をすりこむ。
③ 保存袋に入れて、できるだけ空気を抜いて口を閉じ、冷蔵庫で1日おく。

【塩抜き】
④ たっぷりの水に4時間つける。
⑤ キッチンペーパーで水けを拭きとり、ミートネットに入れる。

【燻製】
⑥ 燻製器をセットし、70～75℃で2時間、燻す。

【乾燥】
⑦ 粗熱をとり、冷蔵庫で1日以上おく。

【加熱】
⑧ ここではハム類のボイル（45ページ）と同じく電気コンロとサーモスタットで、70～75℃1時間ほど加熱。ガスコンロなら弱火で40分ほど。
＊いずれも温度を測るなどして中心まで火が通っていることを確認する
⑨ 粗熱をとり、冷蔵庫で1日おく。

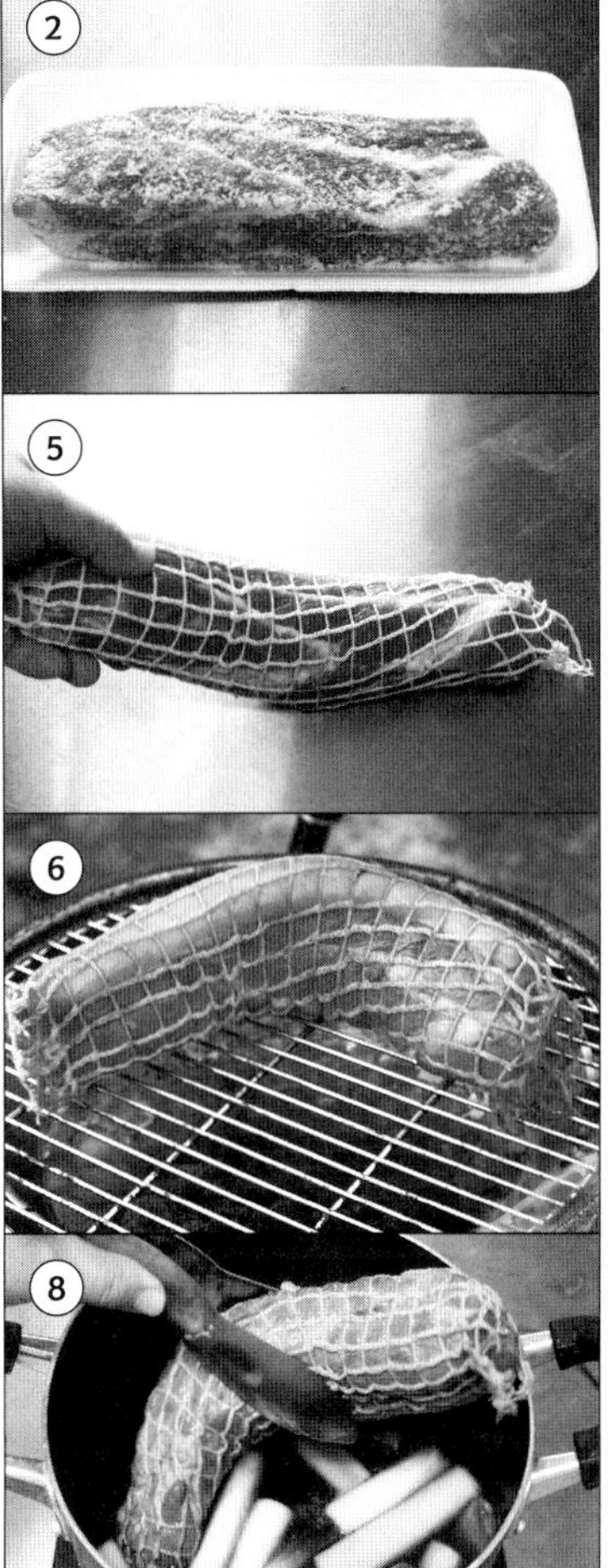

ポイント！

スモークウッドでもOK

煮豚のタレで煮て肉に火を通すので、段ボール燻製器とスモークウッドで2時間でもつくれます。煮豚のタレは市販のものを使うと簡単ですが、自分でつくってもOK。肉の大きさに合わせて煮る時間を短縮・延長してください。煮立てない温度でじっくり煮るのが、しっとりやわらかく仕上げるコツです。

食べ方提案

絶品!!
燻製チャーシュー丼

熱々ご飯に、分厚く切った燻製チャーシューをのせるだけ。好みで小口切りにした青ネギや白髪ネギ、紅しょうがなどを添える。煮豚のタレを煮詰めて、とろりとさせたものをかけるのがおすすめです。
チャーハンやラーメンの具にはもちろん、野菜と一緒にパンにはさんで、サンドイッチにしてもおいしい！　マスタードが合います。

ご飯にのせるチャーシューは、絶対厚切りに！
煮豚のタレに漬けた味玉を添えるのもいいですね。

つくり方は
P72

黒毛和牛の燻製

焼くだけでも絶対おいしい黒毛和牛を燻製でバージョンアップ！　麺つゆで味つけをしましたが、塩だけでも、塩とこしょうでも、間違いなくおいしいです。

◉燻製方法
温燻

◉調理時間
3日

〈手順〉
・塩漬け1日
・塩抜き30分
・燻製2〜3時間
　サーモスタット65〜70℃
・乾燥1日

詳細ページNAVI
熱燻 P50
温燻 P51
冷燻 P52
各工程 P176
加熱処理 P14

パストラミビーフ

黒こしょうをベースに、スパイスとハーブをたっぷりまとった、パストラミビーフ。燻製で仕上げると、おいしさがグレードアップします。サンドイッチの具にぴったりです。

◉燻製方法
温燻

◉調理時間
9日

〈手順〉
- 塩漬け3日
- 塩抜き4時間
- 燻製3～4時間
  サーモスタット70～75℃
- 乾燥1～5日

つくり方は P73

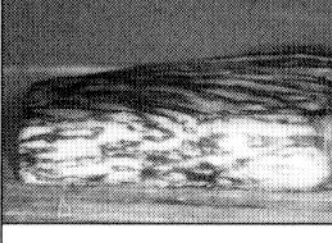

つくり方

黒毛和牛の燻製

◉材料

■黒毛和牛もも肉――300g
■麺つゆ(2倍濃縮)――200㎖

◉つくり方

【塩漬け】
①牛肉と麺つゆを保存袋に入れて、できるだけ空気を抜いて口を閉じ、冷蔵庫で1日おく。

【塩抜き】
②たっぷりの水に30分つける。
③キッチンペーパーで、水けをしっかり拭きとる。

【燻製】
④燻製器をセットし、65~70℃で2~3時間燻し、加熱処理をする。

【乾燥】
⑤粗熱をとり、冷蔵庫か外干し(冬季限定)で1日おく。

ポイント!

おいしい脂を逃さないコツ

おいしさの素でもある和牛の脂は、融点が低く溶けやすいので、いきなり高温で燻すと、おいしい脂がたっぷり溶け出してしまいます。そこで低温からスタートすることで、煙のコーティングができ、溶け落ちにくくなります。60℃くらいからスタートして、煙のコーティングができてから徐々に温度を上げるのが、脂を溶け出させないポイントです。おいしさにこだわり、なるべく低い温度(65℃前後)で確実に加熱処理を行うなら、ワイヤープローブつきのミートサーモで、肉の中心温度をリアルタイムで計測するのが確実です。

詳細ページNAVI
熱燻 P50
温燻 P51
冷燻 P52
各工程 P176
加熱処理 P14

つくり方
パストラミビーフ

◉材料

- ■牛もも肉――――――600g
- ■塩――――――30g（5％）
- ■マスタード――――――適量
- ■黒こしょう――――――適量
- ■好みのスパイス（あれば）――――適量

◉つくり方

【塩漬け】

①牛肉の全面に、まんべんなく塩をすりこむ。

②保存袋に入れて、できるだけ空気を抜いて口を閉じ、冷蔵庫で3日おく。

【塩抜き】

③たっぷりの水に4時間つけたら、キッチンペーパーで、水けをしっかり拭きとる。

④肉全体にマスタードを塗り、黒こしょう、スパイスをまぶす。

【燻製】

⑤燻製器をセットし、70～75℃で3～4時間燻し、加熱処理をする。

【乾燥】

⑥粗熱をとり、冷蔵庫か外干し（冬季限定）で1～5日おく。

＊5日おくのがおすすめ

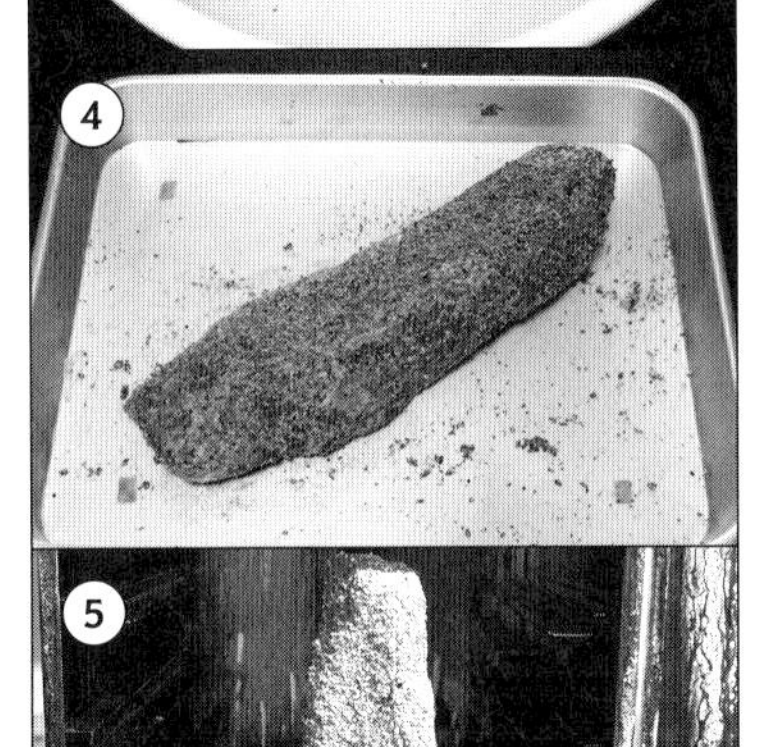

どんなスパイスが向いている？

パストラミのスパイスには、虫除けの意味があるそうです。実際、これを外干ししても全然、虫が寄ってきません。種類としては、黒こしょうはマスト、ほかにニンニク、コリアンダー、パプリカ、チリペッパー、オールスパイスなどがよく使われています。燻製後にスパイスをまぶすのが一般的なようですが、何度かつくってみて燻製前にまぶすほうがつくりやすかったので、この方法に落ち着きました。どちらでも、やりやすい方法でいいと思います。味はそんなに変わりません。

燻製ローストビーフ

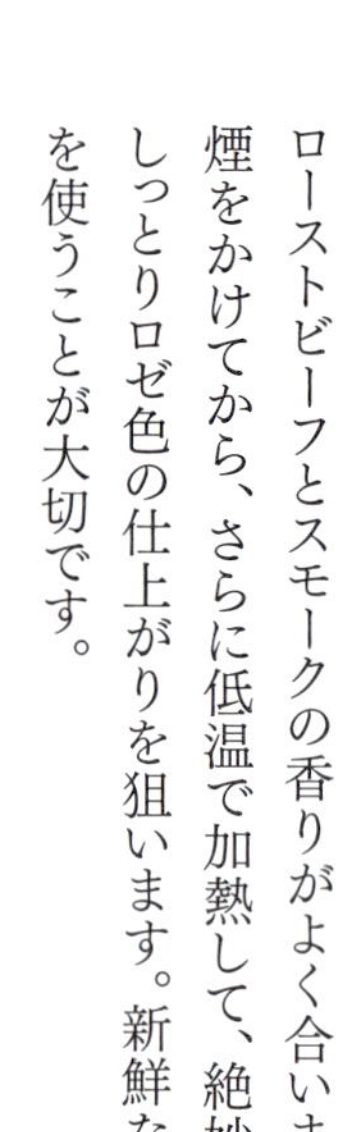

ローストビーフとスモークの香りがよく合います。煙をかけてから、さらに低温で加熱して、絶妙のしっとりロゼ色の仕上がりを狙います。新鮮な肉を使うことが大切です。

◉燻製方法
温燻

◉調理時間
3日

〈手順〉
- 塩漬け1日
- 塩抜き1時間
- 燻製1時間
- 熱乾燥2〜3時間
  サーモスタット63〜65℃
- 乾燥1日

つくり方は
P76

牛もも肉の冷燻

はちみつ使用で甘くてスモーキー。低温でじっくり燻すことで、本格的な冷燻に近い仕上がりになりました。外干し推奨の冬季限定レシピです。

◉燻製方法
冷燻

◉調理時間
5日

〈手順〉
- 塩漬け3日
- 塩抜き3時間
- 味漬け1日
- 燻製2時間
- 乾燥1〜5日

つくり方は
P76

詳細ページNAVI
熱燻 P50
温燻 P51
冷燻 P52
各工程 P176
加熱処理 P14

パストラミポーク

パストラミは、燻製後、時間をおくことで、スパイスの風味が浸透して味わいが増します。脂のおかげで時間をおいてもかたくなりすぎません。

つくり方は P77

◉燻製方法
温燻

◉調理時間
9日

〈手順〉
・塩漬け3日
・塩抜き4時間
・燻製4～5時間
サーモスタット70～75℃
・乾燥5日

ポイント！
ほかの肉や魚でもおいしい
鶏、牛、豚のパストラミを紹介しましたが、カツオやマグロでつくってもおいしかったです。

豚レバーの燻製

中までしっかり火を通したいので、通常の温燻よりも高めの温度で燻します。中心温度もギリギリは狙わず、75℃1分以上の加熱を行います。

つくり方は P77

◉燻製方法
温～熱燻

◉調理時間
3日

〈手順〉
・下準備10分
・塩漬け1日
・塩抜き30分
・燻製2～3時間
サーモスタット78～83℃
・乾燥1～3日

燻製ローストビーフ

つくり方

◉材料

■牛もも肉——500g
■塩——20g（4%）
■黒こしょう——大さじ½
■にんにく（すりおろし）——少々

◉つくり方

【塩漬け】

① 牛肉の全面に、まんべんなく塩、こしょう、にんにくをすりこむ。
② 保存袋に入れて、できるだけ空気を抜いて口を閉じ、冷蔵庫で1日おく。

【塩抜き】

③ たっぷりの水に1時間つける。
④ キッチンペーパーで、水けをしっかり拭きとる。

【燻製】

⑤ 燻製器をセットし、63～65℃で1時間、燻す。
⑥ 肉を取り出し、アルミホイルで包む。チップを取りのぞき、63～65℃で2～3時間、熱乾燥で加熱処理をする。

＊気温が高い時期は温度が上がりすぎるので。その場合はサーモスタットの設定を60℃にする

【乾燥】

⑦ アルミホイルのまま粗熱をとり、冷めたらそのまま冷蔵庫で1日おく。

ポイント！

ローストビーフをしっとり仕上げる

中はしっとり仕上げたいローストビーフは、ほかの温燻の温度よりも、少し低めの温度で燻製と熱乾燥を行いますが、加熱はしっかりと、安全の基準となる温度と時間（P14）をクリアしてください。

牛もも肉の冷燻

つくり方

◉材料

■牛もも肉——600g
■塩——24g（4%）
■はちみつ——たっぷり

◉つくり方

【塩漬け】

① 牛肉の全面に、まんべんなく塩をすりこむ。
② 保存袋に入れて、できるだけ空気を抜いて口を閉じ、冷蔵庫で3日おく

【塩抜き】

③ たっぷりの水に3時間つける。
④ キッチンペーパーで水けを、しっかり拭きとってから、保存袋に肉を入れてはちみつをかけて、冷蔵庫で1日おく。
⑤ 軽く水洗いして、キッチンペーパーで水けをしっかり拭きとる。

【燻製】

⑥ スモークウッドで2時間、燻す。

【乾燥】

⑦ 外干し（冬季限定）で1～5日おく。

＊外気温10℃以下、風通しのよい場所が向く

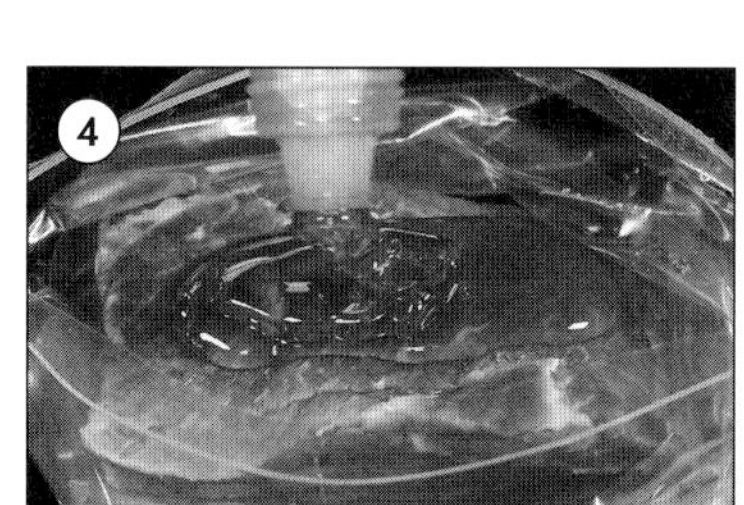

ポイント！

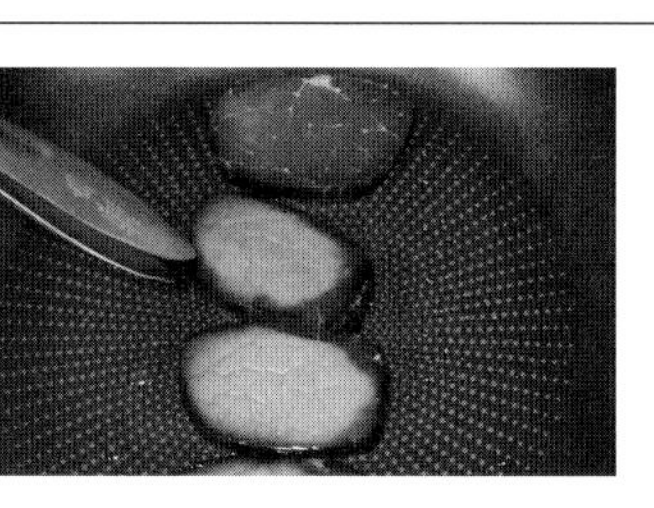

燻製による加熱処理をしていないので、必ず加熱して食べてください

詳細ページNAVI
熱燻 P50
温燻 P51
冷燻 P52
各工程 P176
加熱処理 P14

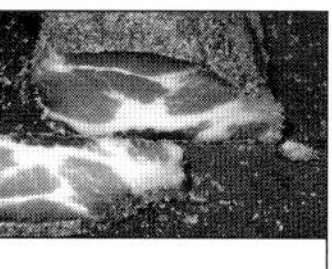

つくり方 パストラミポーク

◉材料

■豚肩ロース肉――800g
■岩塩――40g（5%）
■マスタード――適量
■黒こしょう――適量
■好みのスパイス（あれば）――適量
＊ガーリックやパプリカなど。黒こしょうだけでもOK

◉つくり方

【塩漬け】
① 豚肉の全面に、まんべんなく塩をすりこむ。
② 保存袋に入れて、できるだけ空気を抜いて口を閉じ、冷蔵庫で3日おく。

【塩抜き】
③ たっぷりの水に4時間つけたら、キッチンペーパーで、水けをしっかり拭きとる。
④ 肉全体にマスタードを塗り、黒こしょう、スパイスをまぶす。

【燻製】
⑤ 燻製器をセットし、70～75℃で4～5時間、燻す。

【乾燥】
⑥ 粗熱をとり、冷蔵庫か外干し（冬季限定）で5日おく。
＊1日おいただけでも食べられるが、5日はおいたほうがスパイスの風味が浸透しておいしくなる

つくり方 豚レバーの燻製

◉材料

■豚レバー肉――500g
■しょうゆ――200㎖

◉つくり方

【下準備】
① レバーは、血液や筋などを取りのぞき、水洗いして、キッチンペーパーで水けをしっかり拭きとる。

【塩漬け】
② レバーとしょうゆを保存袋に入れて、できるだけ空気を抜いて口を閉じ、冷蔵庫で1日おく。

【塩抜き】
③ たっぷりの水に30分つける。
④ キッチンペーパーで、水けをしっかり拭きとる。

【燻製】
⑤ 燻製器をセットし、78～83℃で2～3時間燻し、加熱処理をする。

【乾燥・熟成】
⑥ 粗熱をとり、冷蔵庫か外干し（冬季限定）で1～3日おく。

食べ方提案

ひと手間かけて、レバーパテ

完成した燻製は、中がしっとり仕上がっていて、そのままスライスして食べてもおいしいですが、バター、オリーブオイルと合わせて、フードプロセッサーにかけると、あっという間にレバーパテができ上がります。パンに塗って食べるのがおすすめ！

お好みでハーブなどを足しても。

豚トロジャーキー

脂がおいしい豚トロをしょうゆ味のジャーキーに。塩漬けでも焼肉のタレ漬けでもおいしいです。高めの温度でしっかり火を通します。

◉燻製方法
温燻

◉調理時間
5日

〈手順〉
- 塩漬け1日
- 塩抜き5～30分
- 燻製2～3時間
サーモスタット78～83℃
- 乾燥3日

つくり方は
P80

燻製スペアリブ

骨つき肉は、燻製にしてもやっぱりおいしい。燻製時、骨が熱を遮断するので、肉を並べる向きを工夫します。吊るしもおすすめです。

◉燻製方法
温燻

◉調理時間
5日

〈手順〉
- 塩漬け1日
- 塩抜き30分
- 燻製3～4時間
サーモスタット78～83℃
- 乾燥3日

つくり方は
P80

詳細ページNAVI
熱燻 P50
温燻 P51
冷燻 P52
各工程 P176
加熱処理 P14

豚干し肉

まさに保存食といえる一品。燻製で火を通したあと、さらに長期間、脱水します。基本的に冬季限定の、上級者向きのレシピです。

つくり方は P81

◉燻製方法
温燻

◉調理時間
36日

〈手順〉
- 塩漬け5日
- 塩抜き3～4時間
- 燻製4～5時間
  サーモスタット73～78℃
- 乾燥1～2か月

せせりの燻製

鶏肉の部位のなかで煙との相性ナンバーワンと思っているのが、せせりです。弾力のある肉質と適度な脂が最高にうまいです！

つくり方は P81

◉燻製方法
温燻

◉調理時間
3日

〈手順〉
- 下準備10分
- 塩漬け半～1日
- 塩抜き5～30分
- 燻製1.5～2時間
  サーモスタット70～75℃
- 乾燥1日

つくり方 豚トロジャーキー

◉材料

■豚トロ（焼肉用）――――350g
■しょうゆ――――200㎖
■三温糖――――大さじ½
＊しょうゆだけでもOK

◉つくり方

【塩漬け】
①すべての材料を保存袋に入れて、できるだけ空気を抜いて口を閉じ、冷蔵庫で1日おく。

【塩抜き】
②さっと水洗いか、たっぷりの水に30分つける。
③キッチンペーパーで、水けをしっかり拭きとる。

【燻製】
④燻製器をセットし、78～83℃で2～3時間燻し、加熱処理をする。
＊串に刺しても網に並べても、つくる量に合わせてどちらでもOK。

【乾燥・熟成】
⑤粗熱をとり、冷蔵庫か外干し（冬季限定）で3日おく。

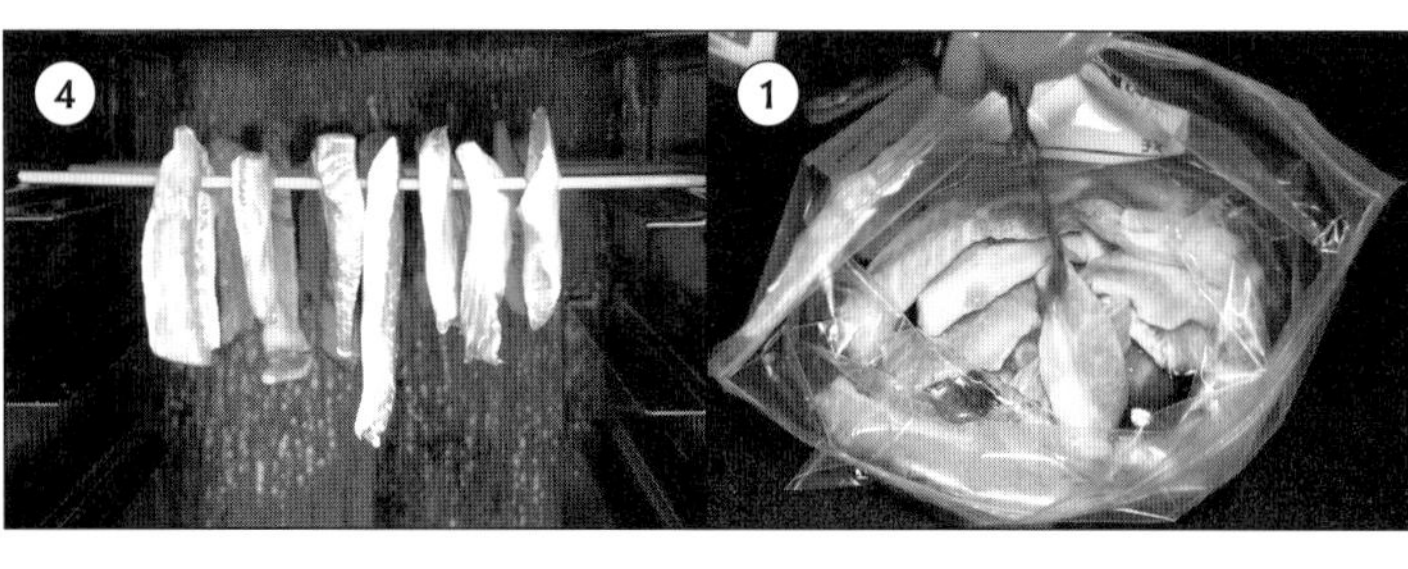

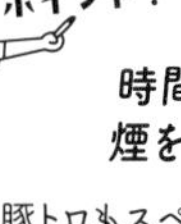

ポイント！

時間をおいて煙をなじませる

豚トロもスペアリブも1日おいたら食べられますが、高めの温度で煙をかけているので、時間をおいたほうが風味がなじみ、おいしく食べられます。これはすべての燻製に共通です。

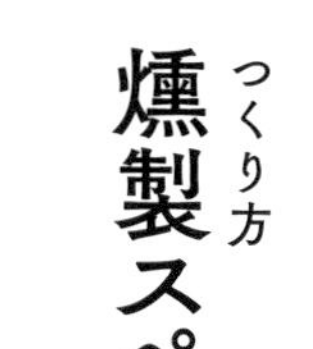

つくり方 燻製スペアリブ

◉材料

■豚スペアリブ――――600g
■しょうゆ――――200㎖
■三温糖――――大さじ1
■唐辛子――――大さじ½
＊しょうゆだけでもOK

◉つくり方

【塩漬け】
①すべての材料を保存袋に入れて、できるだけ空気を抜いて口を閉じ、冷蔵庫で1日おく。

【塩抜き】
②たっぷりの水に30分つける。
③キッチンペーパーで、水けをしっかり拭きとる。

【燻製】
④燻製器をセットし、78～83℃で3～4時間燻し、加熱処理をする。
＊骨が熱を遮断しない方向にすると均等に火が通りやすい。

【乾燥・熟成】
⑤粗熱をとり、冷蔵庫か外干し（冬季限定）で3日おく。

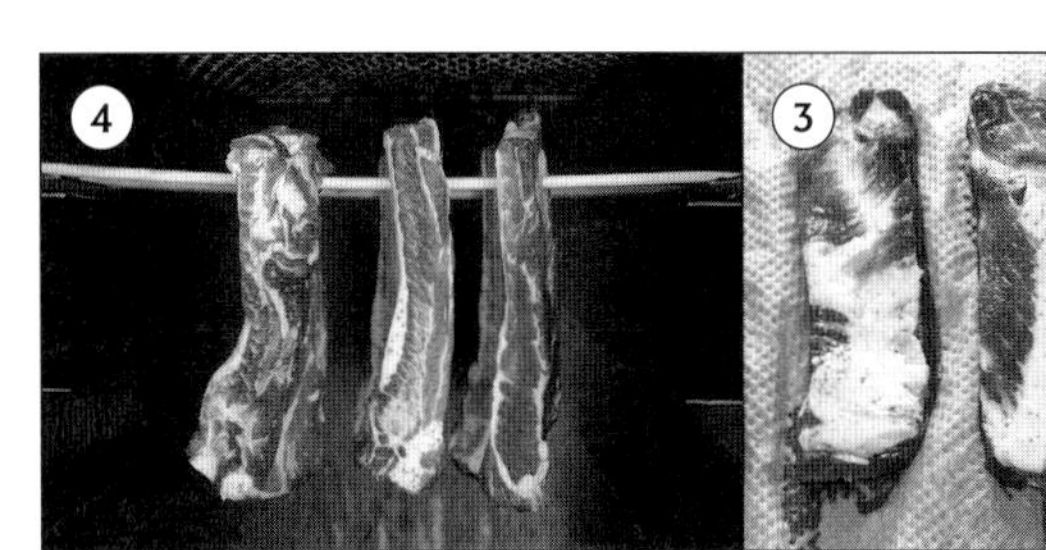

詳細ページNAVI
熱燻 P50
温燻 P51
冷燻 P52
各工程 P176
加熱処理 P14

豚干し肉 つくり方

◉材料
■豚もも肉——600g
■岩塩——30g（5%）

◉つくり方

【塩漬け】
① 豚肉の全面に塩をまんべんなくすりこむ。
② 保存袋に入れて、できるだけ空気を抜いて口を閉じ、冷蔵庫で5日おく。

【塩抜き】
③ たっぷりの水に3〜4時間つける。
④ キッチンペーパーで、水けをしっかり拭きとる。

【燻製】
⑤ 燻製器をセットし、73〜78℃で4〜5時間燻し、加熱処理をする。

【乾燥・熟成】
⑥ 網にのせるか吊るして、外干し（冬季限定）で1〜2か月乾燥させる。

ポイント！

長期脱水のコツ

一番失敗が少ないのが、冬季（外気温5℃程度）の外干し。フックをつけて吊るしたり、カゴに入れて1日おきに上下を返すと均一に脱水できます。途中で布や紙に包むなどして、水けを適度に残し、ゆっくり脱水する上級テクニックもあります。

ポイント！

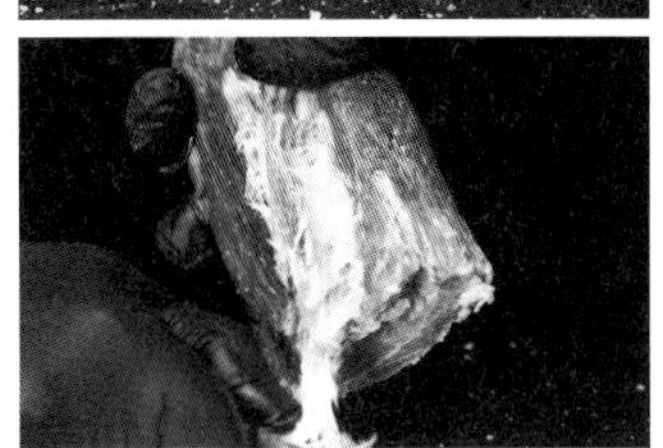

カチカチにかたくなるので、ノコギリで切るか（上）、繊維に沿って力いっぱい裂いて（下）食べてください。

せせりの燻製 つくり方

◉材料
■鶏せせり肉——400g
■麺つゆ（2倍濃縮）——200㎖
■白だし——50㎖（省いても可）
■唐辛子、黒こしょう、ローリエ——お好みで

◉つくり方

【下準備】
① ソミュール液をつくる。せせり以外の材料を鍋に入れて混ぜ、煮たたせてから冷ます。

【塩漬け】
② せせりとソミュール液を保存袋に入れて、できるだけ空気を抜いて口を閉じ、冷蔵庫で半〜1日おく。

【塩抜き】
③ さっと水洗いか、たっぷりの水に30分つける。
④ キッチンペーパーで、水けをしっかり拭きとる。

【燻製】
⑤ 燻製器をセットし、70〜75℃で1.5〜2時間燻し、加熱処理をする。

【乾燥・熟成】
⑥ 粗熱をとり、冷蔵庫か外干し（冬季限定）で1日おく。

アレンジレシピ

せせりジャーキー

燻製したせせりを3日ほど外干し（冬季限定）、または5日ほど冷蔵庫へ。脂が多いのでかたくなりすぎない、ソフトで弾力のあるジャーキーに仕上がります。味つけは、しょうゆだけ、麺つゆだけでもおいしいです。

燻製ドラムチキン

骨つきもも肉を照り焼きのタレで味つけして燻製に。市販のタレを使うので、味つけは間違いなし。照りのいい仕上がりが食欲をそそります。

◉燻製方法

温燻

◉調理時間

3日

〈手順〉

- 塩漬け半～1日
- 塩抜き30分
- 熱乾燥1時間
- 燻製2～3時間
  サーモスタット70～75℃
- 乾燥1日

◉材料

鶏ドラムスティック――4本
照り焼きのタレ――200㎖

◉つくり方

【塩漬け】

①すべての材料を保存袋に入れて、できるだけ空気を抜いて口を閉じ、冷蔵庫で半～1日おく。

【塩抜き】

②たっぷりの水に30分つける。

③キッチンペーパーで、水けをしっかり拭きとる。

【燻製】

④チップを入れない燻製器に肉を入れ、70～75℃で1時間、加熱して肉を温め、表面を乾燥させる。

＊熱乾燥をして水けをとばすことで、煙ののりがよくなり、むらなくきれいに仕上がる。

⑤燻製器にチップを入れて、70～75℃で2～3時間燻し、加熱処理をする。

【乾燥】

⑥粗熱をとり、冷蔵庫で1日おく。

ポイント！

チップを使わない熱乾燥のポイント

気温が低いときや燻製器が大きいときは、チップを入れないと70℃まで温度が上がりません。そのときは少量のチップを入れて温度を上げて1時間、チップを加えてレシピよりも時間を長く燻してください。この方法はすべての燻製に有効です。

6

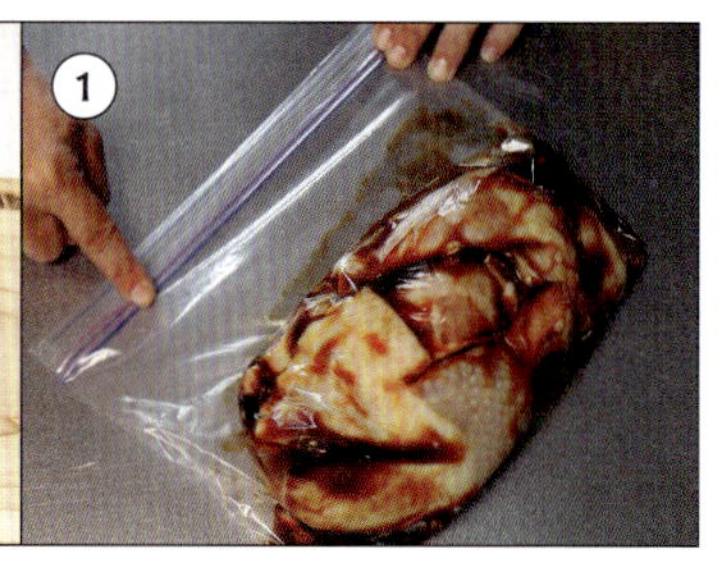
1

詳細ページNAVI
熱燻 P50
温燻 P51
冷燻 P52
各工程 P176
加熱処理 P14

燻製ローストチキン

燻製後のもも肉をオーブンで焼いて仕上げます。燻製による加熱処理が必要ないので、温度管理が簡単で手軽に挑戦できるレシピです。

◉燻製方法
温燻

◉調理時間
2日

〈手順〉
・塩漬け半～1日
・塩抜き30分
・燻製1.5～2時間
サーモスタット70～75℃
・乾燥1日
・ロースト20分

◉材料
鶏もも肉――――2枚（500g）
塩――――10g
麺つゆ（2倍濃縮）――――100㎖
白だし――――100㎖
水――――100㎖
黒こしょう、ローリエ――――お好みで
＊白だしか麺つゆ200㎖だけでもOK

【下準備】
①ソミュール液をつくる。鶏肉以外の材料を鍋に入れて混ぜ、煮たたせてから冷ます。

【塩漬け】
②鶏肉とソミュール液を保存袋に入れて、できるだけ空気を抜いて口を閉じ、冷蔵庫で半～1日おく。

【塩抜き】
③たっぷりの水に30分つける。
④キッチンペーパーで、水けをしっかり拭きとる。

【燻製】
⑤燻製器をセットし、70～75℃で1.5～2時間、燻す。

【乾燥】
⑥粗熱をとり、冷蔵庫で1日おく。

【加熱】
⑦200℃のオーブンで20分焼く。
＊焼き時間はオーブンにより異なるので様子をみて調整する

手羽元の燻製

手羽元をチューリップにして食べやすくしました。燻製前に熱乾燥をすることで燻製時間を短くしているので、煙の香りがマイルドで、完成後すぐに食べてもおいしいです。

◉燻製方法

温燻

◉調理時間

3日

〈手順〉

- 下準備30分
- 塩漬け半〜1日
- 塩抜き30分
- 熱乾燥1時間
- 燻製1.5〜2時間
  サーモスタット70〜75℃
- 乾燥1日

◉材料

鶏手羽元——————10本
麺つゆ（2倍濃縮）——————200㎖
＊白だしにおきかえてもOK

◉つくり方

【下準備】

①手羽元の骨と身の間に切りこみを入れ、肉を寄せてチューリップをつくる。

【塩漬け】

②手羽元と麺つゆを保存袋に入れて、できるだけ空気を抜いて口を閉じ、冷蔵庫で半〜1日おく。

【塩抜き】

③たっぷりの水に30分つける。

④キッチンペーパーで、水けをしっかり拭きとる。

【燻製】

⑤チップを入れない燻製器に肉を入れ、70〜75℃で1時間、熱乾燥する。

⑥燻製器にチップを入れて、70〜75℃で1.5〜2時間燻し、加熱処理をする。

【乾燥】

⑦粗熱をとり、冷蔵庫で1日おくか、そのまま食べてもいい。

ポイント！

チューリップにすると、一度にたくさん網に並べられるのでおすすめ。

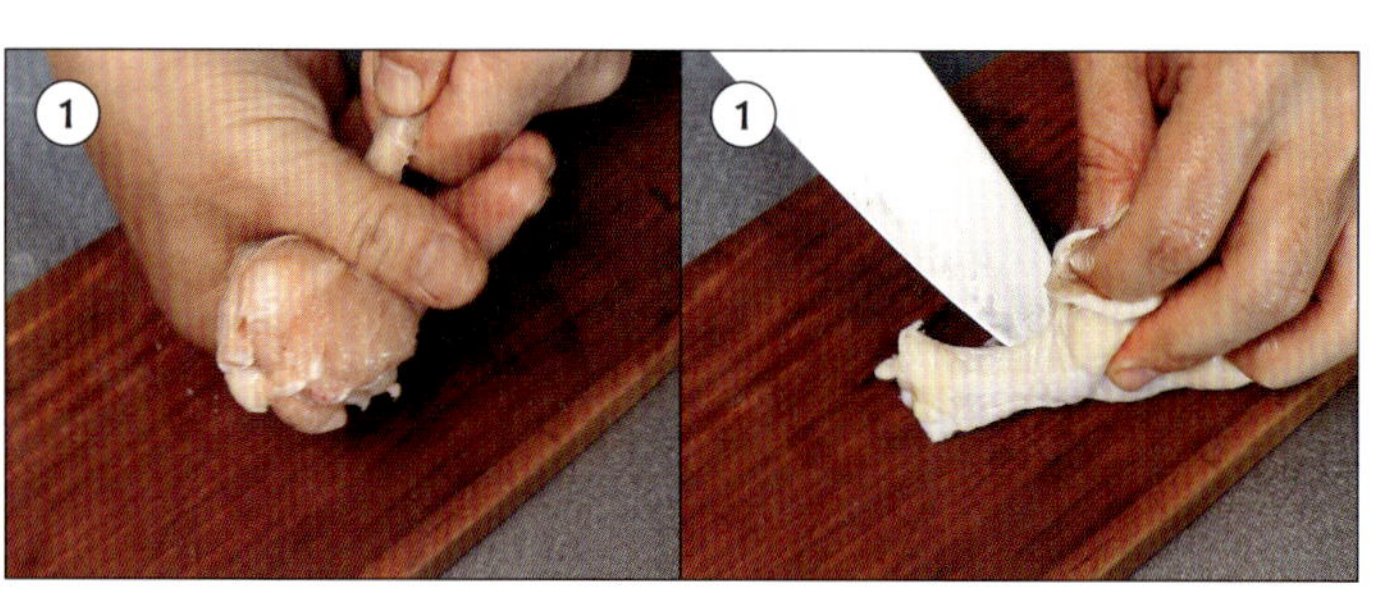

詳細ページNAVI
熱燻 P50
温燻 P51
冷燻 P52
各工程 P176
加熱処理 P14

手羽先の干物

燻製後、5日ほどおいて脱水をすすめて皮つきジャーキーのように仕上げます。かみごたえがあり、凝縮した旨みが格別ですが、できたて〜1日おくだけでも、おいしく食べられます。

◉材料
鶏手羽先——10本
しょうゆ——200mℓ
白だし——100mℓ

◉つくり方
【塩漬け】
①すべての材料を保存袋に入れて、できるだけ空気を抜いて口を閉じ、冷蔵庫で半〜1日おく。
【塩抜き】
②たっぷりの水に30分つける。
③キッチンペーパーで、水けをしっかり拭きとる。
【燻製】
④チップを入れない燻製器に肉を入れ、70℃で1時間、熱乾燥する。
⑤燻製器をチップを入れて、70〜75℃で1.5〜2時間燻し、加熱処理をする。
【乾燥】
⑤粗熱をとり、冷蔵庫か外干し（冬季限定）で5日おく。

◉燻製方法
温燻

◉調理時間
7日

〈手順〉
- 塩漬け半〜1日
- 塩抜き30分
- 熱乾燥1時間
- 燻製1.5〜2時間
  サーモスタット70〜75℃
- 乾燥5日

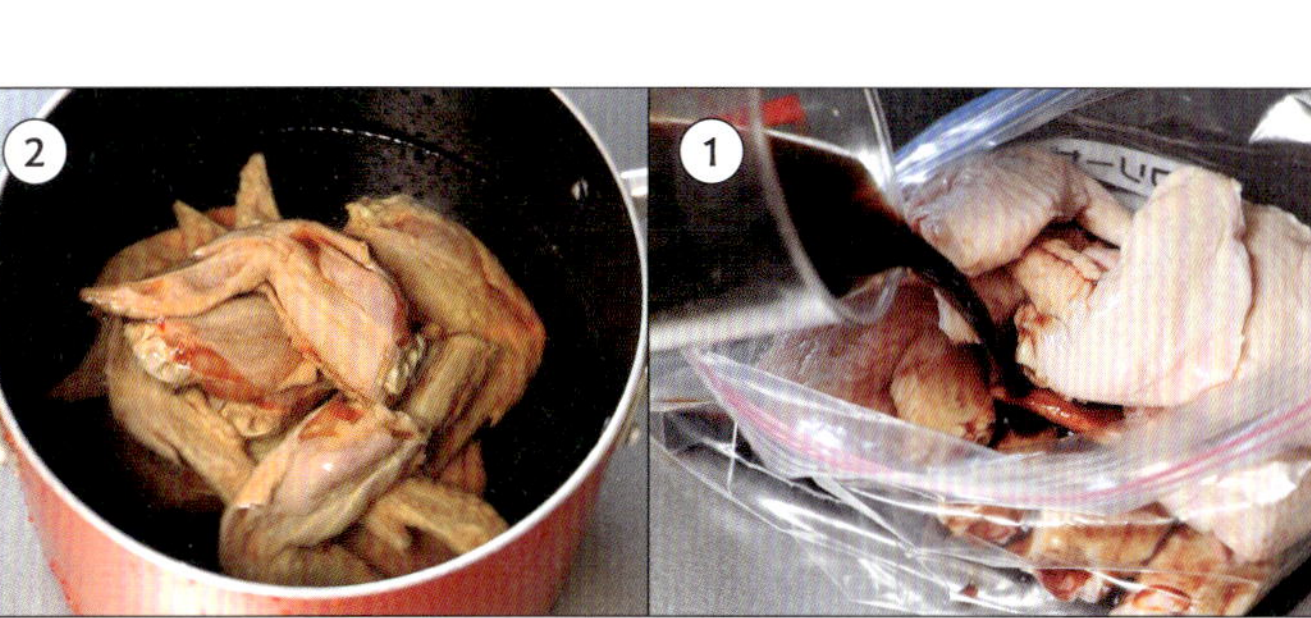

ささみジャーキー

半分に切って薄くしたささみを、強めに脱水してハードめのジャーキーにしました。噛めば噛むほどおいしいですが、食べる前に少しあぶると、やわらかく食べやすくなります。

◉燻製方法
温燻

◉調理時間
7日

〈手順〉
- 下準備30分
- 塩漬け半〜1日
- 塩抜き5〜30分
- 燻製1.5〜2時間
  サーモスタット70〜75℃
- 乾燥5日

◉材料
ささみ――――10本
麺つゆ（2倍濃縮）――――300㎖

◉つくり方

【下準備】
① ささみを厚さを半分に切る。

【塩漬け】
② ささみと麺つゆを保存袋に入れて、できるだけ空気を抜いて口を閉じ、冷蔵庫半〜1日おく。

【塩抜き】
③ さっと水洗いか、たっぷりの水に30分〜1時間つける。
④ キッチンペーパーで、水けをしっかり拭きとる。

【燻製】
⑤ 燻製器をセットし、70〜75℃で燻製1.5〜2時間燻し、加熱処理をする。

【乾燥】
⑥ 粗熱をとり、外干し（冬季限定）か冷蔵庫で5日おく。

ポイント！

ソフト派？ハード派？

僕はささみやもも肉など脂の少ない肉はハードに、脂の多い肉はソフトに仕上げることが多いです。

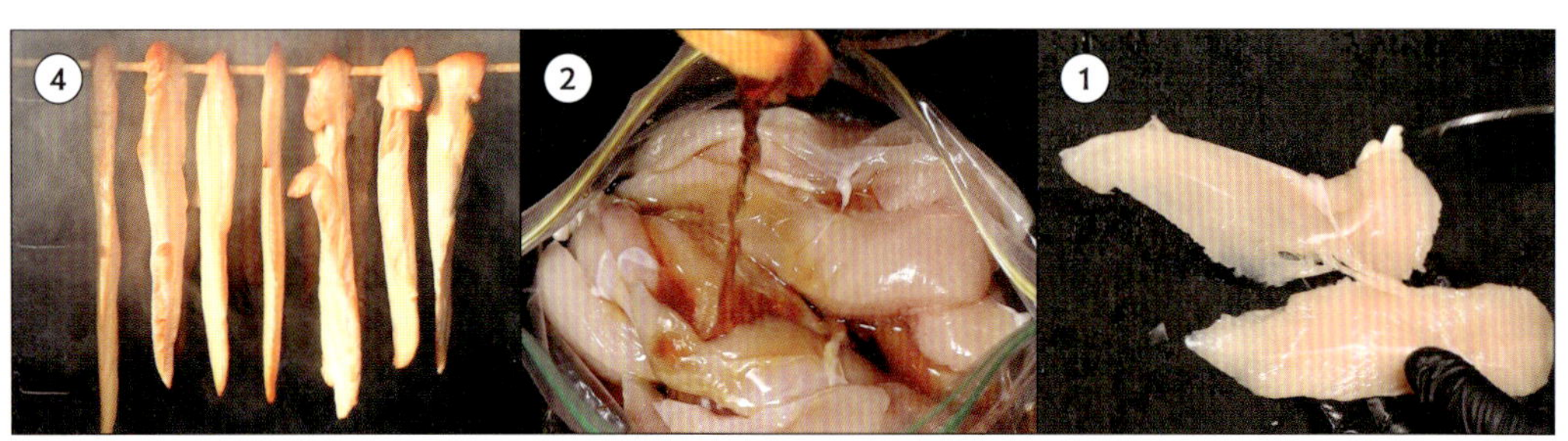

詳細ページNAVI
熱燻 P50
温燻 P51
冷燻 P52
各工程 P176
加熱処理 P14

砂肝のオイル漬け

砂肝はオイルとの相性がよく、オイルに漬けると旨みが増加します。でも、オイル漬けにしないで冷蔵庫に1～3日おいたものもおいしいので、たくさん燻して半分ずつつくるのもアリ！

◉材料

- 砂肝――――500g
- しょうゆ――――100㎖
- 白だし――――100㎖
- サラダ油――――適量
- ローズマリー(あれば)――――2枝

◉つくり方

【下準備】

①砂肝の銀皮(白い幕のようなもの)の部分を削ぎ切り、大きければひと口大に切る。

【塩漬け】

②砂肝、しょうゆ、白だしを保存袋に入れて、できるだけ空気を抜いて口を閉じ、冷蔵庫で1日おく。

【塩抜き】

③たっぷりの水に30分つける。

④キッチンペーパーで、水けをしっかり拭きとる。

【燻製】

⑤燻製器をセットし、70～75℃で2～3時間燻し、加熱処理をする。

【乾燥】

⑥粗熱をとり、冷蔵庫で1日おく。

⑦保存容器に砂肝とローズマリーを入れて油をひたひたに注ぐ。

◉燻製方法

温燻

◉調理時間

3日

〈手順〉

- 下準備20分
- 塩漬け1日
- 塩抜き30分
- 燻製2～3時間
  サーモスタット70～75℃
- 乾燥1日

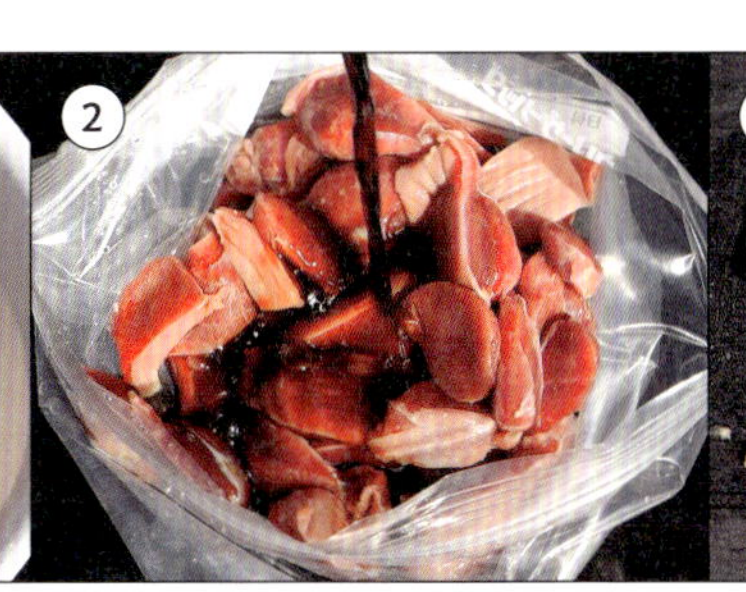

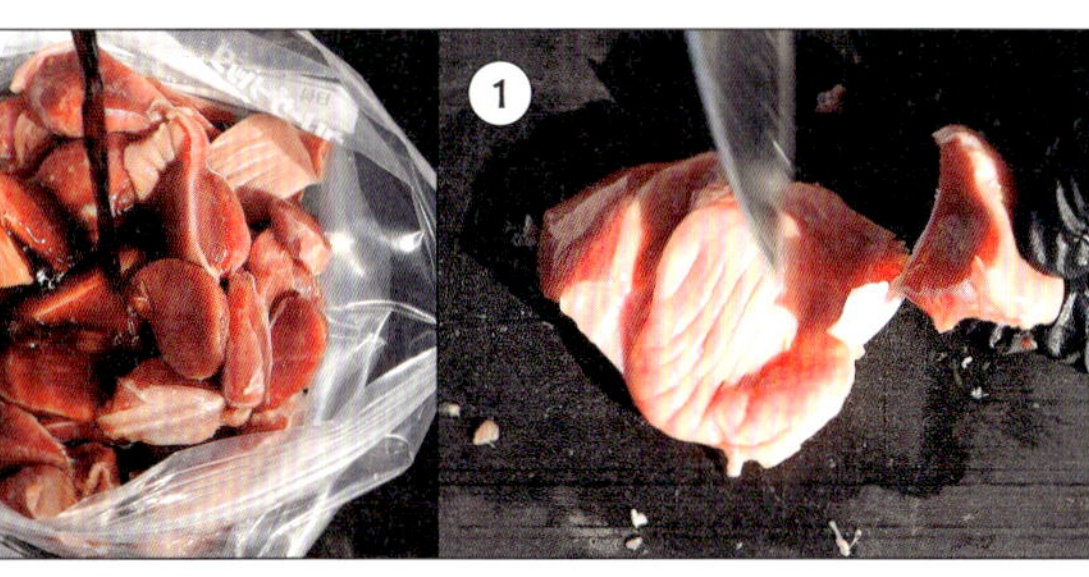

スモーク丸鶏

特別な日にぴったりの、丸鶏のスモークチキンです。今回はしょうゆベースの煮汁でボイルして、火を通してから燻製します。燻製だけで火を通しても、塩漬け・塩抜きで味をつけ、燻製後にボイルで加熱処理をするのでもOKです。

◉燻製方法
温燻

◉調理時間
2日

〈手順〉
・下準備20分
・味つけ・加熱1時間
・燻製1～2時間
サーモスタット70～75℃
・乾燥1日

◉材料
丸鶏――――1羽分（1.2～1.5kg）
しょうゆ――――200㎖
麺つゆ（2倍濃縮）――――100㎖
水――――100㎖
ざらめ――――100g

◉つくり方

【下準備】

①丸鶏は腹の中と表面をぬるま湯でよく洗う。

【塩漬け】

②丸鶏以外の材料を大きな鍋に入れて中火にかけ、煮たったら丸鶏を入れる。

③再び煮たったら火を弱め、ふたをして、ときどき煮汁をまわしかけながら20分煮たら、鶏の上下を返して、さらに20分煮る。

④火を止めてふたをしたまま10分ほどおき、鍋から取り出して粗熱をとる。熱いので注意。

【燻製】

⑤キッチンペーパーで煮汁を拭きとり、燻製器をセットし、70～75℃で1～2時間、燻す。

＊火が通っているので、燻製は香りづけと脱水が目的

【乾燥】

⑥粗熱をとり、冷蔵庫で1日おく。冬なら外干しがおすすめ。

ポイント！

炭を使って燻す方法もある

ふたつきのBBQコンロを持っていたら、熱源に炭を使って燻すのもおすすめです。コンロの底に火をつけた炭を入れ1時間ほど熱を入れ、炭の上にチャンク（木片）を置いて煙を出してさらに1時間、燻します。温度調整が難しいですが、高温で燻せるので燻製だけで火が通せるし、パリッとした仕上がりになります。

詳細ページNAVI
熱燻 P50
温燻 P51
冷燻 P52
各工程 P176
加熱処理 P14

燻製卵

そのまま食べるのはもちろん、ポテトサラダやタルタルソースの具材にもぴったり。味つけしないゆで卵でつくるのも手軽でおすすめです。

◉材料

卵——10個
麺つゆ(2倍濃縮)——200㎖

◉つくり方

【下準備】

① 好みのかたさのゆで卵をつくり、殻をむく。

【塩漬け】

② 卵と麺つゆを保存袋に入れ、できるだけ空気を抜いて口を閉じ、冷蔵庫で半~1日おく。

【塩抜き】

③ さっと水洗いか、たっぷりの水に30分つける。

④ キッチンペーパーで水けを拭きとり網に並べる。

【燻製】

⑤ 燻製器を中火にかけ煙が出たら火を止め、ふたをして15分ほどおく。これを4~5回行う。温燻なら65~70℃で4時間(写真下)。

【乾燥】

⑥ 冷蔵庫で1日おく。

◉燻製方法

熱燻

◉調理時間

3日

〈手順〉

- 下準備30分
- 塩漬け半~1日
- 塩抜き5~30分
- 燻製1時間
  サーモスタット65~80℃
- 乾燥1日

5 4 2

詳細ページNAVI
熱燻 P50
温燻 P51
冷燻 P52
各工程 P176
加熱処理 P14

卵黄の燻製

手間がかかるし、難易度も高いので、イチオシ！とはいえませんが、上手につくれると感動します。グミのような食感で珍味といえるおいしさです。

◉材料

卵黄――――10個
しょうゆ――――適量

◉つくり方

【塩漬け】

①保存容器に卵黄とひたるくらいのしょうゆを入れる。完全につかっていないくてもよい。

②ふたをして、卵黄がかたまるまで、冷蔵庫で5〜7日おく。

【塩抜き】

③スプーンで卵黄をすくい、水を入れた器にくぐらせ、軽く水洗いする。

④網の上にキッチンペーパーを敷き、洗った順に卵黄を並べる。

【燻製】

⑤燻製器をセットし、70〜75℃で1〜2時間、燻す。熱と煙で表面がかたくなる。

【乾燥】

⑥冷蔵庫で1日おく。

◉燻製方法

温燻

◉調理時間

7日

〈手順〉

・塩漬け5〜7日
・塩抜き10分
・燻製1〜2時間
サーモスタット70〜75℃
・乾燥1日

1

3 4

SMOKE COLUMN

02

燻製にあると便利な道具一覧

燻製づくりに欠かせないのは、燻製器とスモークチップ、燻製方法に合わせた熱源の3点。これがあれば、とりあえず燻製はつくれますが、ほかにも必要なもの、あると便利なものが、いろいろあります。

たとえば服部式の温燻ではサーモスタットを使って温度を管理します。そして、きちんと加熱処理ができているかを計測することを推奨しているので、食材の中心温度が測れる温度計（デジタルがおすすめ）が必要です。燻製前や燻製中に食材の水けを拭きとるキッチンペーパーは、意外と大量に使います。塩漬けに使う保存袋または容器は、水漏れ対策ができれば何を使ってもよく、塩抜きに使うボウルも、家にある大容量の容器や鍋を使えばOKです。なにもかも買いそろえる必要はありません。

燻製をつくっていくうちに、「あれがあったほうが、もっと便利だな」とか、「これよりも、あっちのほうが使いやすい」など、使う道具も厳選されてくるでしょう。最近は、燻製に便利ないろいろな道具が100円ショップでも手に入るので、燻製づくりの目線で探してみると、使えるものがいろいろ見つかります。

道具名	MEMO	必要度
燻製器	中型以上がおすすめだが、まずは入手しやすいものでOK	◎
スモークチップ	サクラ、ブナ、ナラなど数種類市販されている	◎
電気コンロ	温燻には欠かせない。サーモスタットで温度管理をする	◎
カセットガスコンロ	熱燻、簡易冷燻など短時間の燻製用	◎
サーモスタット	電気コンロのスイッチオン・オフを管理する	◎
スモークウッド	冬季の冷燻、それ以外の季節の温燻に使う	◎
バイメタル式温度計	燻製器にセットして使う温度計。燻製器に付属している場合も	◎
料理用デジタル温度計	加熱処理の確認用。レスポンスの早いデジタル式が使いやすい	◎
ワイヤープローブつきデジタル温度計	食材の温度をリアルタイムで確認するなら必須	△
網つきバット	食材を冷蔵庫で乾燥させるときなどに使う。網つきがベスト	◎
干しかご	冬季の外干し用。衛生管理に要注意	◎
キッチンペーパー	燻製前、燻製中の水分の拭きとりに	◎
串	食材を吊って燻製するときに	○
網	燻製器にセットする。たいてい燻製器に付属している	◎
ざる	スナック菓子や枝豆など細かい食材はざるに入れたまま燻製すると楽	△
タコ糸、ミートネット	ハムやチャーシューで肉を成形するときに使う	△
ステンレスボウル	塩抜きに使うなら4ℓ以上はほしい	○
大きめの鍋	塩抜きやボイルに。ボイルに使う場合は保温性の高い厚手のものを	○
ジッパーつき保存袋	塩漬けに。食品用の袋ならジッパーがないものでもいい	◎
密閉容器	ソミュール液につける場合は、プラ製などの容器を使っても	△
ミートフック	先端が鋭いS字フック。吊り燻製や冬季に肉を外干しするときに	△
低温調理器	ギリギリを攻めたいボイルに便利	△
脱水シート	包むだけで脱水ができるシートは脱水に使える	△
フードドライヤー	冷蔵庫乾燥の代わりに。ジャーキーなど薄い食材向き	△
真空パック機（脱気シーラー）	完成した燻製の保存にあると便利	△

第3章 魚介の燻製レシピ

魚介の燻製には、
温燻で保存性を高めながら仕上げるタイプのほかに、
刺身を使った冷燻や瞬間燻製で生っぽく仕上げる燻製もあります。
イカやタコ、貝類も、燻製の定番食材です。
塩味のついたサバやサケやボイルイカ、
ボイルホタテなど加熱済みの魚介も多く、
それらを使えば、短時間で燻製をつくることができます。

ニジマスの燻製

魚の燻製といえば、これ！　自分で釣った魚なら最高です。ニジマスなど川魚は皮を剥いて食べますが、皮直下の脂が、これまたうまい！　7日ほど乾燥させてカチカチの干物にすると、つまみによし、ご飯のともによし。おすすめです。

◉燻製方法
温燻

◉調理時間
3日

〈手順〉
- 下準備30分
- 塩漬け半〜1日
- 塩抜き1〜2時間
- 燻製2〜4時間
  サーモスタット70〜75℃
- 乾燥1〜7日

◉材料
- ■ニジマス――お好みで
- ■塩――適量（5％程度）

◉つくり方

【下準備】
① ニジマスはえらと腹を取りのぞき、表面、血合いと腹の中をよく洗う。

【塩漬け】
② 魚の表面と腹の中に塩をすりこむ。
③ 保存袋に入れて、できるだけ空気を抜いて口を閉じ、冷蔵庫で半〜1日おく。

【塩抜き】
④ たっぷりの水に1〜2時間、つける。
⑤ キッチンペーパーで、表面のぬめりがなくなるまで拭きとる。
⑥ 5cm程度に切った竹串を使って腹を開き、えらから口にひもを通して輪にする（吊るさない場合は不要）。

【燻製】
⑦ 燻製器をセットし、70〜75℃で2〜4時間燻し、加熱処理をする。

【乾燥】
⑧ 冷蔵庫か外干し（冬季限定）で1〜7日おく。

ポイント！

燻製前にも乾燥させると◎

水けとぬめりを拭きとったあと、冷蔵庫か外干し（冬季限定）で3時間ほど乾燥させると、、煙ののりがよくなります。時間に余裕があればぜひ！　塩抜き、燻製の時間は魚の大きさや好みの仕上がり具合で調整してください。

詳細ページNAVI
熱燻 P50
温燻 P51
冷燻 P52
各工程 P176
加熱処理 P14

刺身ジャーキー

刺身の盛り合わせでつくるジャーキーは、一度にいろんな味が少しずつ楽しめてお得感があります。乾燥させる日数が短ければソフトに、長くすればかみごたえのあるジャーキーになります。ソフト仕上げは、ご飯にも合います。

詳細ページNAVI
熱燻 P50
温燻 P51
冷燻 P52
各工程 P176
加熱処理 P14

◉燻製方法
冷燻

◉調理時間
2日

〈手順〉
・塩漬け半～1日
・塩抜き5分
・燻製30分
・乾燥1～5日

◉材料
■刺身盛り合わせ——お好みで
■しょうゆ——適量

◉つくり方
【塩漬け】
①刺身とひたるくらいのしょうゆを保存袋に入れて、できるだけ空気を抜いて口を閉じ、冷蔵庫で半～1日おく。
【塩抜き】
②さっと水洗いする。
＊味見をして塩辛ければ、たっぷりの水に30分つけても
③キッチンペーパーで、水けをしっかり拭きとる。
【燻製】
④燻製器に氷を入れた遮熱皿をセットし、中火でチップを熱して煙が出たら火を止める。
＊今回はバケツ燻製器を使用
⑤刺身を入れてふたをし、30分燻す。
【乾燥】
⑥粗熱をとり、冷蔵庫か外干し（冬季限定）で1～5日おく。

ポイント！

温燻でつくってもいい

ソフトジャーキーにするなら、冷燻で仕上げるのがおすすめですが、写真のようなかたいジャーキーにするなら温燻でもOKです。70～75℃で1～1.5時間、燻します。乾燥日数を長くしても、脂の多いサーモンはしっとり気味に、カツオやマグロの赤身はカチカチハードに、と魚の種類によって仕上がりが違うので、食べるのが楽しいです。

ワタつきイカ燻製

小イカをワタつきのまま燻製にしました。ワタの苦みとスモーキーさが相性よし。ボイルしてから燻すので、加熱不足の心配もありません。少しあぶって食べても絶品！　ワタつきでもワタ抜きでも、どんなイカでつくってもおいしいです。

◉燻製方法
温燻

◉調理時間
3日

〈手順〉
・下準備30分
・塩漬け半〜1日
・塩抜き30分
・燻製1〜1.5時間
　サーモスタット65〜70℃
・乾燥1日

つくり方は
P100

詳細ページNAVI
熱燻 P50
温燻 P51
冷燻 P52
各工程 P176
加熱処理 P14

タコのソフト燻製

ゆでダコの足に香りづけの燻製をします。あまり乾燥させずに、ソフトな仕上がりを目指します。ひと口サイズにカットして、黒こしょうをかけて食べるのがおすすめ。

◉燻製方法
冷燻

◉調理時間
2日

〈手順〉
- 塩漬け半～1日
- 塩抜き30分
- 燻製30分
- 乾燥1～3日

つくり方は P101

エビの燻製

殻ごと燻したエビの燻製。1日おいてプリッと感を楽しむのも3日おいて干しエビのような旨みを楽しむのも、どちもうまい！　よく乾燥したものはだしを取るのにも向きます。

◉燻製方法
温燻

◉調理時間
2日

〈手順〉
- 塩漬け半～1日
- 塩抜き30分
- 燻製2時間
  サーモスタット70～75℃
- 乾燥1～3日

つくり方は P101

つくり方

ワタつきイカ燻製

◉材料

■ヤリイカ、ホタルイカなど小イカ

ワタつきで――500g

■しょうゆ――200㎖

◉つくり方

【下準備】

①イカは丸ごと3～5分ほどゆでてざるに上げ、キッチンペーパーで拭いて、表面のぬめりをとる。

【塩漬け】

②イカとしょうゆを保存袋に入れて、できるだけ空気を抜いて口を閉じ、冷蔵庫で半～1日おく。

【塩抜き】

③たっぷりの水に30分つける。

④キッチンペーパーで、水けをしっかり拭きとる。

【燻製】

⑤燻製器をセットし、65～70℃で1～1.5時間、軽めに燻す。

【乾燥】

⑥粗熱をとり、冷蔵庫で1日おく。

＊ホタルイカは5日ほどおいて、かために仕上げるのもおすすめ

アレンジレシピ

ボイルなしでつくるワタつきイカ燻製

◉材料

小ヤリイカ、しょうゆ――各適量

◉つくり方

①イカをしょうゆに漬けて冷蔵庫で1日おく。

②30分塩抜きをして、キッチンペーパーで水けをしっかり拭きとる。

③冷蔵庫か外干し（冬季限定）で1日おいて脱水して生乾き状態にする。

④70～75℃で1.5～2時間、燻す。

⑤冷蔵庫か外干し（冬季限定）で1～5日おき、好みのかたさに仕上げる。

切り身イカでつくるスルメ

◉材料

スルメイカ切り身――適量

白だし、しょうゆ――各50㎖

◉つくり方

①イカを調味液に漬けて冷蔵庫で1日おく。

②さっと水洗いし、キッチンペーパーで水けをしっかり拭きとる。

③65～70℃で2時間、燻す。

④外干し（冬季限定）で3～5日脱水して、かために仕上げる。

詳細ページNAVI
熱燻 P50
温燻 P51
冷燻 P52
各工程 P176
加熱処理 P14

つくり方

タコのソフト燻製

◉材料

■ゆでダコ(足)――1〜2本
■麺つゆ(2倍濃縮)――200㎖

◉つくり方

【塩漬け】
①タコと麺つゆを保存袋に入れて、できるだけ空気を抜いて口を閉じ、冷蔵庫で半〜1日おく。

【塩抜き】
②たっぷりの水に30分つける。
③キッチンペーパーで、水けをしっかり拭きとる。

【燻製】
④スモークウッドで2時間、燻す。

【乾燥】
⑤粗熱をとり、冷蔵庫か外干し(冬季限定)で1〜3日おく。

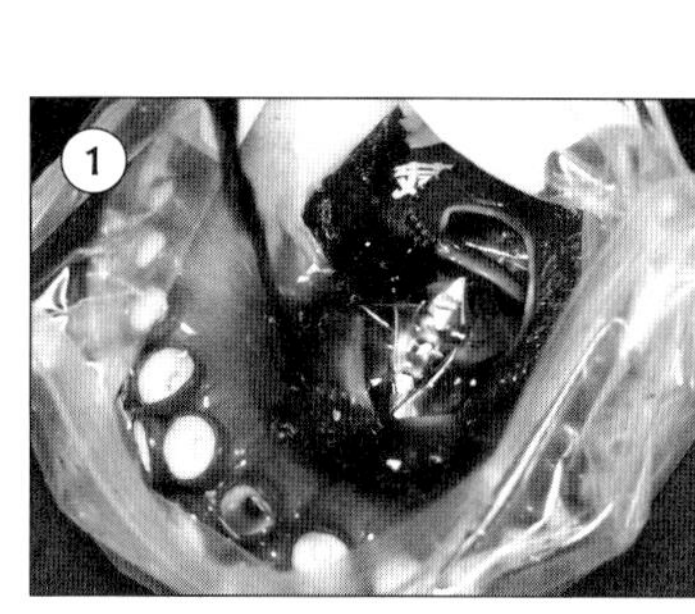
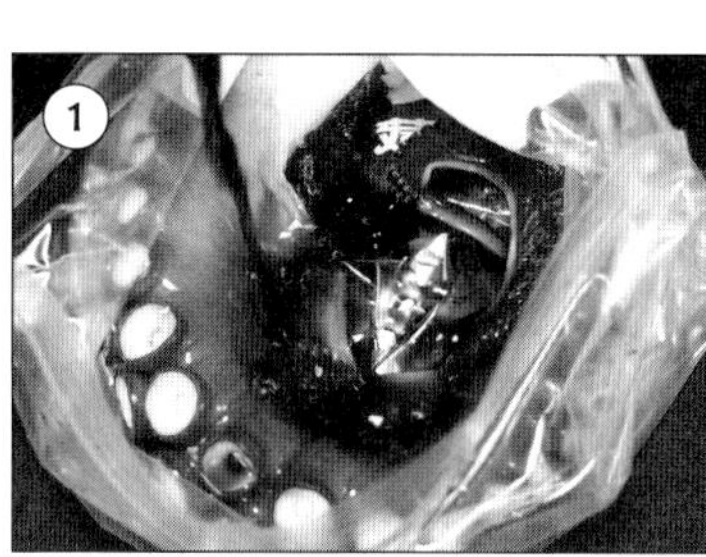

ポイント！

温燻でもスモークウッドでもOK

おもに香りづけが目的なので、温燻なら65〜70℃で1〜1.5時間、スモークウッドなら2時間、どの方法でもつくれます。

つくり方

エビの燻製

◉材料

■ブラックタイガー――10尾
■麺つゆ(2倍濃縮)――200㎖

◉つくり方

【下準備】
①エビは脚を取り、殻の節に爪楊枝を刺して背わたを取る。

【塩漬け】
②エビと麺つゆをを保存袋に入れて、できるだけ空気を抜いて口を閉じ、冷蔵庫で半〜1日おく。

【塩抜き】
③たっぷりの水に30分つける。
④キッチンペーパーで、水けをしっかり拭きとる。

【燻製】
⑤燻製器をセットし、70〜75℃で2時間燻し、加熱処理をする。

【乾燥】
⑥粗熱をとり、冷蔵庫か外干し(冬季限定)で1〜3日おく。

ポイント！

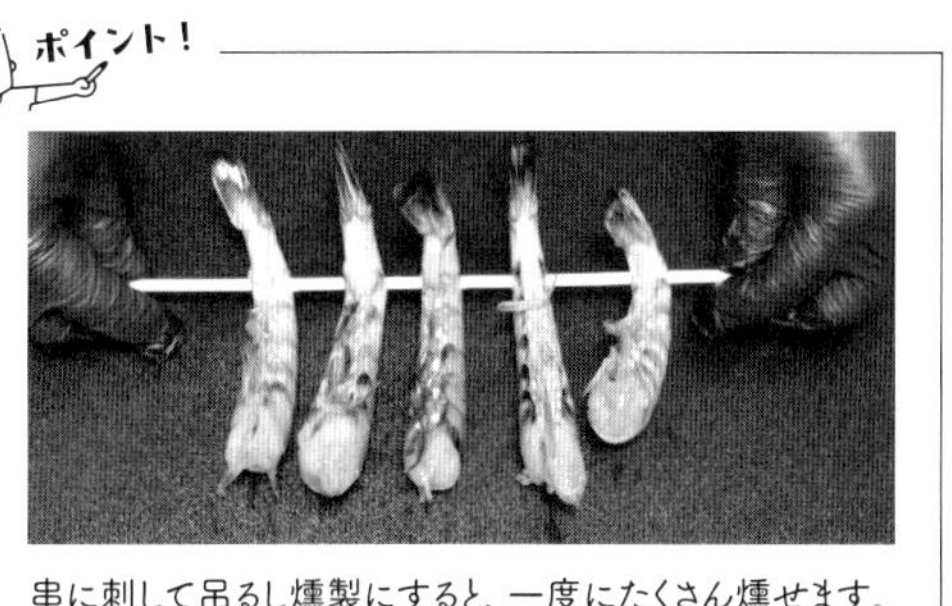

串に刺して吊るし燻製にすると、一度にたくさん燻せます。

カツオたたき風

カツオの刺身を瞬間冷燻で、さっと燻して表面に火を通せば、まさにカツオのたたき風。火の入れかげんはお好みで。薬味をたっぷり添えていただきます！

◉燻製方法
冷燻

◉調理時間
1日

〈手順〉
・塩漬け3時間〜
・塩抜き5〜30分
・燻製5〜15分
・乾燥8時間

つくり方は P104

漬けマグロ燻製

マグロをしょうゆ漬けにしてから、サッと瞬間燻製にします。しょうゆを塩や白だし、麺つゆに代えてもおいしいです。熱々ご飯にのせて燻製漬け丼にしても！

◉燻製方法
冷燻

◉調理時間
1日

〈手順〉
・塩漬け3時間〜
・塩抜き5〜30分
・燻製5〜15分
・乾燥8時間

つくり方は P104

詳細ページNAVI
熱燻 P50
温燻 P51
冷燻 P52
各工程 P176
加熱処理 P14

中トロジャーキー

脂の多い中トロは乾燥させても、かたくなりすぎず、サケとばならぬ、トロとばが簡単につくれます。脂が溶けるのを避けるなら、瞬間燻製よりも冷燻がおすすめです。

◉燻製方法
冷燻

◉調理時間
2日

〈手順〉
- 塩漬け1日
- 塩抜き5～30分
- 燻製10～30分
- 乾燥1～3日

つくり方は P105

マグロ生ハム

ぜいたくに、本マグロを燻製にしたら、やはり別格のおいしさでした。時短でつくるなら、塩漬けと乾燥の時間を短縮してもかまいません。

◉燻製方法
冷燻

◉調理時間
3日

〈手順〉
- 塩漬け1日
- 塩抜き5～30分
- 燻製10～30分
- 乾燥1日

つくり方は P105

つくり方

カツオたたき風

◉材料

■カツオ刺身――1さく（約300g）

■塩――12g（4％）

◉つくり方

【塩漬け】

①刺身全体に塩をやさしくすりこむ。

②保存袋に入れて、できるだけ空気を抜いて口を閉じ、冷蔵庫で3～24時間おく。

【塩抜き】

③さっと水洗いか、たっぷりの水に30分つける。

④キッチンペーパーで、水けをしっかり拭きとる。

【燻製】

⑤燻製器にチップを入れて中火で熱し、煙が出たら火を止める。

⑥刺身を入れてふたをし5～15分、燻す。

⑦氷水にとって粗熱をとり、キッチンペーパーで水けを拭きとる。

【乾燥】

⑧冷蔵庫で8時間ほどおく。

ポイント！

刺身には「瞬間燻製」

生で食べられる刺身の燻製は、なるべく身に火を通さず、香りだけをつけたい。そこで登場するテクニックが、52ページでも解説している「瞬間燻製」です。

①燻製器にチップを入れて中火にかける。
②もくもくと煙が出たら火を止める。
③刺身をセットしてふたをして、煙が消えるまでおく。

これを1回、または2回も行えばOK。燻製後は余熱で火が入らないよう、すぐに氷水にとって粗熱をとります。
そのほかの方法で行う冷燻のやさしい煙よりも、キリッと強い香りがつくので、とくに脂の多い魚に向く方法です。

つくり方

漬けマグロ燻製

◉材料

■マグロ刺身（キハダ、メバチ）――1さく（約300g）

■しょうゆ――100mℓ

◉つくり方

【塩漬け】

①刺身全体に塩をやさしくすりこむ。

②保存袋に入れて、できるだけ空気を抜いて口を閉じ、冷蔵庫で3～24時間おく。

＊燻製後の乾燥工程を1日以上にしたい場合は、24時間以上しっかり漬けこむ。ほかの刺身も同様

【塩抜き】

③さっと水洗いか、たっぷりの水に30分つける。

④キッチンペーパーで、水けをしっかり拭きとる。

【燻製】

⑤燻製器にチップを入れて中火で熱し、煙が出たら火を止める。

⑥刺身を入れてふたをし5～15分、燻す。

⑦氷水にとって粗熱をとり、キッチンペーパーで水けを拭きとる。

【乾燥】

⑧冷蔵庫で8時間ほどおく。

詳細ページNAVI
熱燻 P50
温燻 P51
冷燻 P52
各工程 P176
加熱処理 P14

中トロジャーキー
つくり方

◉材料
- ■中トロ刺身――1パック（8枚）
- ■しょうゆ――100mℓ
- ■塩昆布――ひとつまみ

◉つくり方

【塩漬け】
①すべての材料を保存袋に入れて、できるだけ空気を抜いて口を閉じ、冷蔵庫で1日おく。

【塩抜き】
②さっと水洗いか、たっぷりの水に30分つける。
③キッチンペーパーで、水けをしっかり拭きとる。

【燻製】
④燻製器に遮熱皿をセットし、中火でチップを熱して煙が出たら火を止める。
⑤刺身を入れてふたをし、10〜30分、燻す。
＊冬季ならスモークウッドを使う冷燻でもOK

【乾燥】
⑥冷蔵庫か外干し（冬季限定）で1〜3日おく。

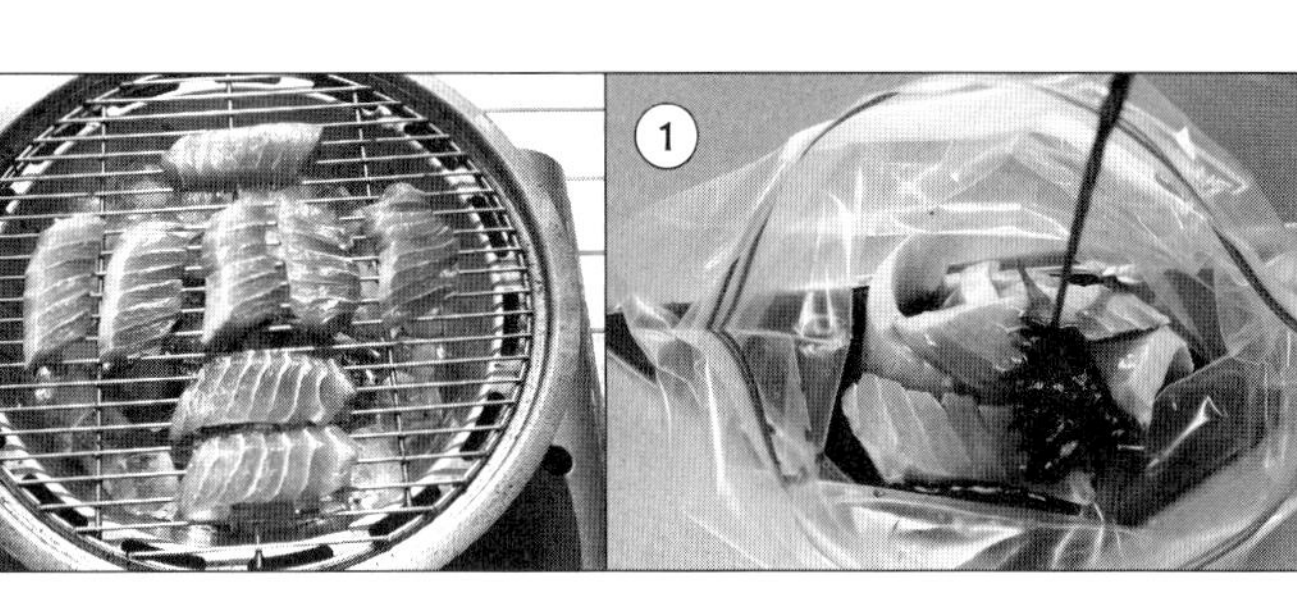

マグロ生ハム
つくり方

◉材料
- ■本マグロ刺身――1さく（200g）
- ■白だし――100mℓ

◉つくり方

【塩漬け】
①刺身と白だしを保存袋に入れて、できるだけ空気を抜いて口を閉じ、冷蔵庫で1日おく。

【塩抜き】
②さっと水洗いか、たっぷりの水に30分つける。
③キッチンペーパーで、水けをしっかり拭きとる。

【燻製】
④燻製器に遮熱皿をセットし、中火でチップを熱して煙が出たら火を止める。
⑤刺身を入れてふたをし、10〜30分、燻す。
＊冬季ならスモークウッドを使う冷燻でもOK

【乾燥】
⑥冷蔵庫で1日おく。

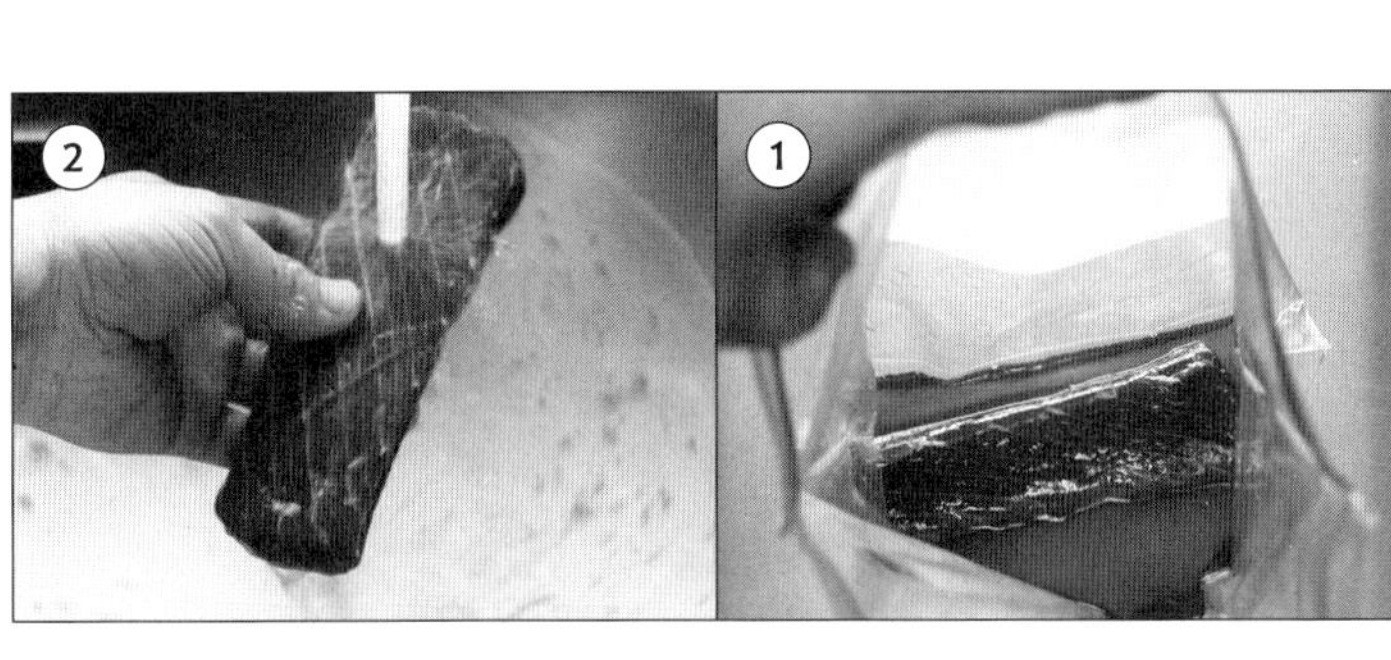

塩サバの燻製

いつもの塩サバも、燻製にすると新しいおいしさになります。味がついているので、パックを開けて即燻せる手軽なレシピです。しょうゆや麺つゆに漬けて、塩けを濃くしてもうまい！

つくり方は
P108

◉燻製方法
温燻

◉調理時間
2日

〈手順〉
・乾燥3時間
・燻製1.5～2時間
サーモスタット70～75℃
・乾燥1～3日

ニシンの燻製

脂がのったニシンは、定番燻製食材のひとつ。旬の時期に、一度はつくりたいレシピです。そのまま食べてもおいしいし、食べる前に焼いて、レモンを絞って食べるのがおすすめです。

つくり方は
P108

◉燻製方法
温燻

◉調理時間
2日

〈手順〉
・下準備30分
・塩漬け半～1日
・塩抜き30分
・乾燥3時間
・燻製1.5～2時間
サーモスタット70～75℃
・乾燥1～3日

詳細ページNAVI
熱燻 P50
温燻 P51
冷燻 P52
各工程 P176
加熱処理 P14

イワシの燻製

新鮮なイワシを燻製にしました。ここではマイワシを使っていますが、カタクチイワシ、ウルメイワシでも、一夜干しなどの干物でも同じようにつくることができます。

つくり方は P109

◉燻製方法
温燻

◉調理時間
2日

〈手順〉
- 下準備30分
- 塩漬け半～1日
- 塩抜き30分
- 乾燥3時間
- 燻製1.5～2時間 サーモスタット70～75℃
- 乾燥1～3日

シシャモの燻製

本書では珍しい、熱燻で加熱処理するレシピです。シシャモは火が通りやすいので、この方法を採用しています。シシャモのほか、小イワシなど小さい魚に向く調理方法です。

つくり方は P109

◉燻製方法
熱燻

◉調理時間
2日

〈手順〉
- 乾燥3時間
- 燻製30分
- 乾燥1～3日

つくり方
塩サバの燻製

◉材料
■塩サバ――――――――お好みで

◉つくり方
【下準備】
①魚は、キッチンペーパーで、水けをしっかり拭きとる。
②冷蔵庫か外干し(冬季限定)で3時間おき、表面を乾燥させる(省略可)。
【燻製】
③燻製器をセットし、70~75℃で1.5~2時間燻し、加熱処理をする。
【乾燥】
④冷蔵庫か外干し(冬季限定)で1~3日おく。

食べ方提案

サバ燻製の炊きこみご飯

完成したサバの燻製を、通常通りに水かげんした米に乗せて、ご飯を炊くと、煙の香りがただよう炊き込みご飯のできあがり！　小ネギの小口切りをたっぷりかけるのがお気に入りです。塩サケ燻製でつくる炊き込みご飯もおいしいです!!

今回はメスティンで炊いてみました。

つくり方
ニシンの燻製

◉材料
■生ニシン―――――お好みで
■塩――――――――重量の4%

◉つくり方
【下準備】
①魚は開くか3枚に下ろして、水できれいに洗う。
【塩漬け】
②塩をすりこみ保存袋に入れて、できるだけ空気を抜いて口を閉じ、冷蔵庫で半~1日おく。
【塩抜き】
③たっぷりの水に30分つける。
④キッチンペーパーで、水けをしっかり拭きとる。
⑤冷蔵庫か外干し(冬季限定)で3時間おき、表面を乾燥させる(省略可)。
【燻製】
⑥燻製器をセットし、70~75℃で1.5~2間燻し、加熱処理をする。
【乾燥】
⑦冷蔵庫か外干し(冬季限定)で1~3日おく。

ポイント！

燻製前にひと手間乾燥できれいな仕上がりに

このページの魚はすべて、燻製前に3時間の乾燥を行なっています。表面の水けがなくなり、煙がきれいにのります。もし、時間がなければ省いてもかまいません。

詳細ページNAVI
熱燻 P50
温燻 P51
冷燻 P52
各工程 P176
加熱処理 P14

つくり方 イワシの燻製

◉材料

■マイワシ——5尾
■しょうゆ——200㎖

◉つくり方

【下準備】
①魚の頭と腹わたを取りのぞき、腹の中、背骨に残った血までよく洗う。

【塩漬け】
②魚としょうゆを保存袋に入れて、できるだけ空気を抜いて口を閉じ、冷蔵庫で半～1日おく。

【塩抜き】
③たっぷりの水に30分つける。
④キッチンペーパーで、水けをしっかり拭きとる。
⑤冷蔵庫か外干し(冬季限定)で3時間おき、表面を乾燥させる(省略可)。

【燻製】
⑥燻製器をセットし、70～75℃で1.5～2時間燻し、加熱処理をする。

【乾燥】
⑦冷蔵庫か外干し(冬季限定)で1～3日おく。

アレンジレシピ

自家製オイルサーディン

完成したイワシの燻製を保存容器に入れ、サラダ油やオリーブオイルに漬けると、簡単オイルサーディンになります。もっと本格的につくるなら、燻製後のイワシをオイル煮にします。その場合は、燻製は30分程度にして、オイル煮で魚に火を通します。

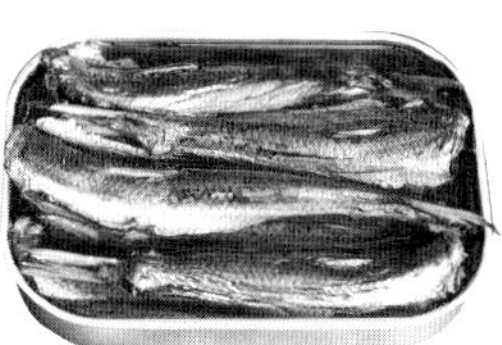
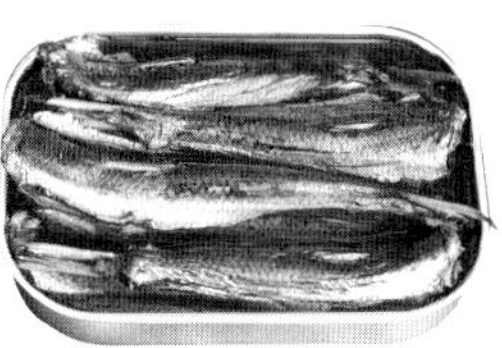

オイル漬けにするなら、少し塩けを強めにするのもおすすめです。

つくり方 シシャモの燻製

◉材料

■子持ちシシャモ——お好みで

◉つくり方

【下準備】
①魚は、キッチンペーパーで、水けをしっかり拭きとる。
②冷蔵庫か外干し(冬季限定)で3時間おき、表面を乾燥させる(省略可)。

【燻製】
③燻製器をセットし、弱火でチップをあぶりながら30分燻し、加熱処理をする。

【乾燥】
④冷蔵庫か外干し(冬季限定)で1～3日おく。

3

ポイント!

弱火から徐々に火力を上げていく

火が通りやすいシシャモはガスコンロで熱燻にして加熱します。煙が強すぎるとエグみが出るので、弱火からスタート。コンロをオン・オフしながらゆっくり温度を上げるのが成功のコツです。

燻製カキ

冬が旬のカキの旨みがつまった燻製。ボイルで火を通してから、スモークウッドで煙をかけます。本書ではおもに冬季の冷燻で使うスモークウッドですが、この燻製は食材に火が入ってもOKな温燻的な使い方です。

◉燻製方法
温燻

◉調理時間
2日

〈手順〉
- 下準備30分
- 塩漬け半～1日
- 塩抜き5～30分
- 乾燥3時間
- 燻製2時間
- 乾燥1～3日

つくり方は
P112

詳細ページNAVI
熱燻 P50
温燻 P51
冷燻 P52
各工程 P176
加熱処理 P14

燻製ホタテ

ボイル済みのホタテにスモークウッドで香りづけの燻製をします。カキと同じくウッドを使用した、冬季に限らずつくることができるレシピです。

つくり方は P113

◉燻製方法
温燻

◉調理時間
2日

〈手順〉
- 塩漬け半〜1日
- 塩抜き5〜30分
- 乾燥3時間
- 燻製2時間
- 乾燥1〜3日

カツオ荒節

本物のかつお節は燻製を繰り返して脱水しますが、自家製では難しいので、長期間の外干しで脱水してつくります。冬季限定のレシピです。

つくり方は P113

◉燻製方法
温〜熱燻

◉調理時間
1か月

〈手順〉
- 下準備1時間
- 燻製2〜4時間
  サーモスタット70〜80℃
- 乾燥1か月

つくり方
燻製カキ

◉材料
- ■生カキ————3パック（約390g）
- ■しょうゆ————200㎖
- ■三温糖————大さじ1
- ■カキのゆで汁————100㎖

◉つくり方

【下準備】

①カキは3％の塩水の中で振り洗いして汚れをとる。
②沸騰した湯に入れ、5分ゆでてざるにあげる。ゆで汁100㎖をとっておく。
③調味料とゆで汁を鍋に入れ、煮たててから、冷ましてソミュール液をつくる。

【塩漬け】

④カキとソミュール液を保存袋に入れて、できるだけ空気を抜いて口を閉じ、冷蔵庫で半～1日おく。

【塩抜き】

⑤さっと水洗いか、たっぷりの水に30分つける。
⑥キッチンペーパーで、水けをしっかり拭きとる。
⑦冷蔵庫か外干し（冬季限定）で3時間おく（省略可）。

【燻製】

⑧スモークウッドで2時間、燻す。

【乾燥】

⑨冷蔵庫か外干し（冬季限定）で1～3日おく。

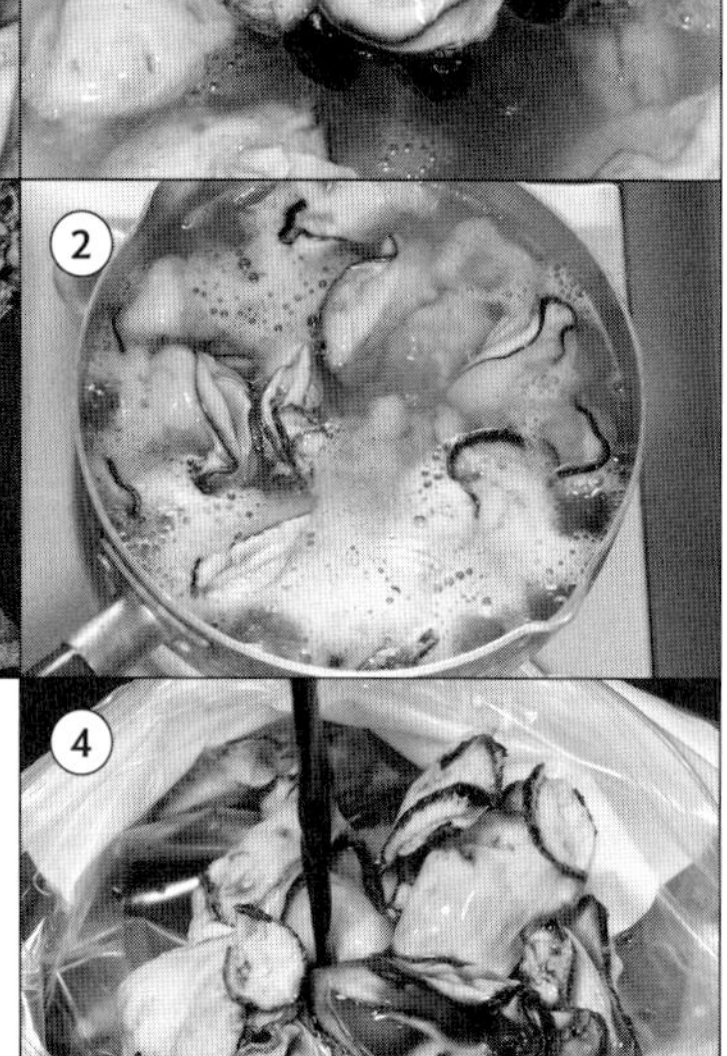

ポイント！

煙をかけるのはどの方法でもできる

カキと左ページのホタテは下ゆでしてあり、燻製での加熱処理の必要がないのでスモークウッドを使っていますが、スモークチーズ（P25）で行った熱燻や電気コンロ使用の温燻で軽めに煙をかけて仕上げることもできます。さらに70～75℃で3時間ほどかけて、生ガキに火を通す方法もあります。このように燻製づくりは、とても自由です。

食べ方提案

燻製カキのオイル漬け

完成したカキの燻製は、オイル漬けにすると日持ちがするし、おいしさもアップします。鷹の爪、ローリエやローズマリーと一緒に、オリーブオイルかサラダ油に漬けるだけ。翌日にはおいしく食べられます。こんがり焼いてパンにのせて食べるのがMY定番。ワインが進みます。
左ページの燻製ホタテのオイル漬けもおすすめです。なお、オイル漬けにする場合は、よく脱水してください。

燻製ホタテ つくり方

◉材料

■ボイルホタテ――500g
■しょうゆ――200㎖

◉つくり方

【塩漬け】
①ホタテとしょうゆを保存袋に入れて、できるだけ空気を抜いて口を閉じ、冷蔵庫で半〜1日おく。

【塩抜き】
②さっと水洗いか、たっぷりの水に30分つける。
③キッチンペーパーで、水けをしっかり拭きとる。
④冷蔵庫か外干し(冬季限定)で3時間おく(省略可)。

【燻製】
⑤スモークウッドで2時間、燻す。

【乾燥】
⑥冷蔵庫か外干し(冬季限定)で1〜3日おく。

ポイント!

脱水具合と仕上がりの違い

脱水1日だと、食べやすいソフト仕上げで、パスタの具にも合います。脱水3日だと、カチカチのハード仕上げ。噛めば噛むほど旨みがあふれ、お酒のアテに最高です!

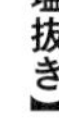

カツオ荒節 つくり方

◉材料

■カツオ刺身――1さく

◉つくり方

【下準備】
①カツオは水洗いしてから、90℃の湯で、30分〜1時間ゆでで、余分な脂と臭みをとる。
*グラグラ沸騰させると身が崩れてしまうので注意
②ざるにあげ、キッチンペーパーで、水けをしっかり拭きとる。

【燻製】
③燻製器をセットし、70〜80℃で2〜4時間、強めに燻す。

【乾燥】
④外干し(冬季限定)で1か月ほどおく。

ポイント!

1か月脱水の注意点

最初の1週間は管理を怠らず、毎日上下を反転して、水けが均一に脱けるようにします。この期間に表面が乾燥すれば、あとは腐ることはほぼありません。風通しのよい日陰、外気温10℃以下がよい条件です。

アレンジレシピ

いろんな素材でつくる「節」

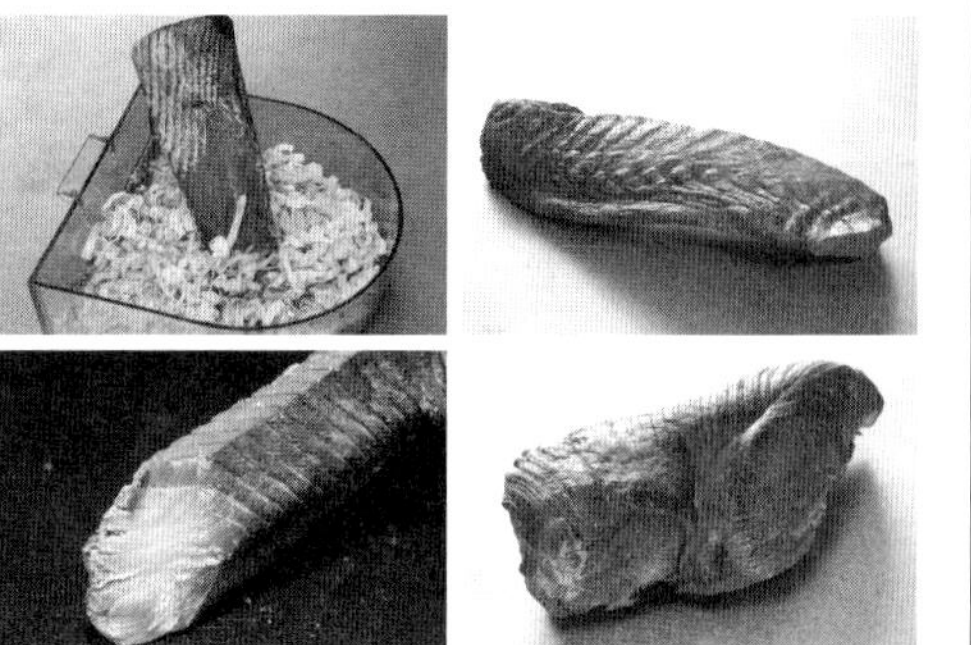

カツオ以外に、マグロ(左上)、タイ(左下)、サーモン(右上)、鶏むね肉(右下)でも、同じ工程で荒節がつくれます。削ってだしをとったり、トッピングに使ったり、いろいろな「節」を楽しんでみましょう。

詳細ページNAVI
熱燻 P50
温燻 P51
冷燻 P52
各工程 P176
加熱処理 P14

カラスミ風明太子

調味済みでそのまま食べられる明太子を使うので、失敗知らず。カラスミのような珍味が手軽につくれます。お酒のアテにはもちろん、パスタの具にしてもおもしろいです。

◉燻製方法
冷燻

◉調理時間
8日

〈手順〉
・燻製2時間
・乾燥1～3週間

つくり方は
P116

マグロのオイル漬け

缶詰でおなじみのアレを自作しました。市販の缶詰は燻製されていませんが、煙の香りでワンランクアップの味わいに。オイル漬けにすることで、淡白なメバチマグロが大変身します。

◉燻製方法
温燻

◉調理時間
3日

〈手順〉
・塩漬け1日
・塩抜き30分
・燻製2～3時間
サーモスタット70～75℃
・乾燥1～3日

つくり方は
P116

詳細ページNAVI
熱燻 P50
温燻 P51
冷燻 P52
各工程 P176
加熱処理 P14

燻製筋子

しょうゆ漬けや塩漬けの筋子をさっと燻して、乾燥させると、キラキラきれいな、旨みの塊ができました。小さくちぎって口に入れると、魚卵好きにはたまらない幸福の味。

◉燻製方法
冷燻

◉調理時間
2日

〈手順〉
・燻製30分
・乾燥1〜5日

つくり方は P117

魚介マヨディップ

魚や魚卵の燻製をマヨネーズとあえてディップにしました。パンはもちろん、ご飯にも合います、ちょっとしょうゆをたらしたり、クリームチーズと和えるのもおすすめです。

◉燻製方法
温燻

◉調理時間
2日

〈手順〉
・燻製2時間
サーモスタット70〜75℃
・乾燥1〜3日
・仕上げ30分

つくり方は P117

つくり方
カラスミ風明太子

◉材料
■明太子――――1パック

◉つくり方
【燻製】
①キッチンペーパーで表面の水けを拭きとり、スモークウッドで2時間、燻す。
【乾燥】
②冷蔵庫か外干し（冬季限定）で、1〜3週間ほどおく。

ポイント！
アニサキスに注意
生の魚卵や生魚を使う場合は、アニサキス対策のため、70℃まで温度を上げるか、一度冷凍してから使います。

アレンジレシピ
生の魚卵でつくるカラスミ風
季節によって手に入る生の魚卵を使って、塩漬けから自分でつくるのも楽しいです。

◉つくり方
①魚卵（写真はブリの卵）は、表面の血管に串や針を指して血を抜いて塩水（3%）でよく洗う。
②たっぷりの塩で3日、塩漬けにする。
③たっぷりの水につけて8時間、塩抜きをする。塩抜きに日本酒か焼酎を使うと風味がアップする。
④70〜80℃で1〜2時間、燻す。
⑤冷蔵庫か外干し（冬季限定）で、好みの状態になるまで1〜3週間、脱水する。

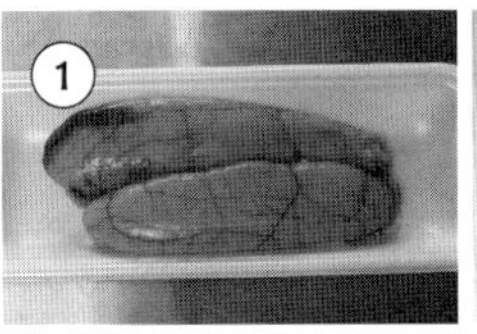

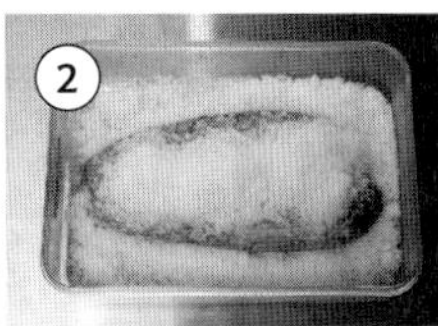

つくり方
マグロのオイル漬け

◉材料
■メバチマグロ――――1さく（300g）
■塩――――12g（4%）

◉つくり方
【塩漬け】
①魚に塩をすりこみ保存袋に入れ、できるだけ空気を抜いて口を閉じ、冷蔵庫で1日おく。
【塩抜き】
②たっぷりの水に30分つける。
③キッチンペーパーで、水けをしっかり拭きとる。
④冷蔵庫か外干し（冬季限定）で3時間おく（省略可）。
【燻製】
⑤燻製器をセットし、70〜75℃で2〜3時間燻し、加熱処理をする。
【乾燥】
⑥冷蔵庫か外干し（冬季限定）で1〜3日おく。
⑦ひたひたのサラダ油かオリーブオイル（分量外）に漬けて、1日おく。

ポイント！
オイル煮でつくるなら
燻製では火を通さず、低温の油でゆっくり煮て火を通す方法もあります。これだと、油もおいしいです。

詳細ページNAVI
熱燻 P50
温燻 P51
冷燻 P52
各工程 P176
加熱処理 P14

燻製筋子 つくり方

◉材料

■しょうゆ漬け筋子——1パック

◉つくり方

【燻製】

①燻製器に氷を入れた遮熱皿をセットし、中火でチップを熱し、煙が出たら火を止める。

②筋子を入れて30分、燻す。

＊冬季ならスモークウッドを使う冷燻でもOK

【乾燥】

③冷蔵庫か外干し(冬季限定)で5〜10日おく。

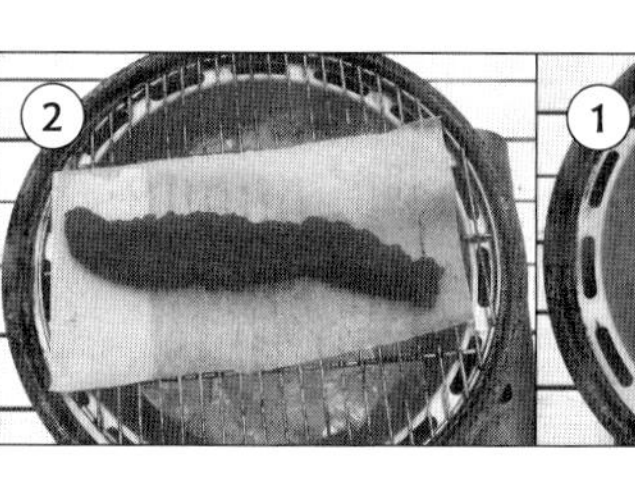

アレンジレシピ

燻製イクラのオイル漬け

イクラをしょうゆに漬けてから燻製にして、オイル漬けにします。

◉つくり方

①保存容器に入れたイクラに、ひたひたのしょうゆを注ぎ、冷蔵庫で1日おく。

②ざるにあげてしょうゆを切って、イクラの粒をなるべくバラバラに広げ、3時間ほど冷蔵庫におき脱水する。

③ざるごと燻製器に入れて、スモークウッドで2時間冷燻にする。

④冷蔵庫で1日おいてから、好みの植物油に漬ける。

魚介マヨディップ つくり方

◉材料

■塩サケ、塩サバ、明太子——各適量

■マヨネーズ——適量

◉つくり方

【燻製】

①サケ、サバ、明太子は、それぞれキッチンペーパーで、水けをしっかり拭きとる。

②燻製器をセットし、70〜75℃で2時間燻し、加熱処理をする。

【乾燥】

③冷蔵庫か外干し(冬季限定)で1〜3日おく。

【仕上げ】

④それぞれ身を小さくほぐす。

⑤マヨネーズと混ぜる。好みで黒こしょうや七味唐辛子、マスタード(いずれも分量外)を加える。

カサゴの燻製

淡白な白身魚が、煙の力で大変身。身がやわらかい魚は、脱水しすぎず、ソフトな仕上がりにするのがおすすめです。タイやタラ、カレイでつくっても！

◉燻製方法
温燻

◉調理時間
3日

〈手順〉
- 下準備30分
- 塩漬け1日
- 塩抜き5～30分
- 乾燥3時間
- 燻製2～3時間
  サーモスタット70～75℃
- 乾燥1～3日

つくり方は
P120

渓流魚の燻製

イワナやヤマメを狙って渓流釣りをする人なら、ぜひつくってほしい一品。天然モノは養殖モノより脂が少なく、カラカラの干物にするのに適しています。

◉燻製方法
温燻

◉調理時間
5日

〈手順〉
- 下準備30分
- 塩漬け1日
- 塩抜き1～2時間
- 乾燥3時間
- 燻製2～3時間
  サーモスタット70～75℃
- 乾燥3～7日

つくり方は
P120

詳細ページNAVI
熱燻 P50
温燻 P51
冷燻 P52
各工程 P176
加熱処理 P14

つくり方は P121

ウナギの燻製

スーパーで手に入る蒲焼きを燻製にしました。ポイントは、一度タレを洗い流すこと。1日おいたソフト仕上げならご飯のともに、数日おいて干物風に仕上げるとお酒のアテに、よく合います。

◉燻製方法

温燻

◉調理時間

2日

〈手順〉

- 下準備10分
- 乾燥3時間
- 燻製1時間
  サーモスタット70～75℃
- 乾燥1～3日

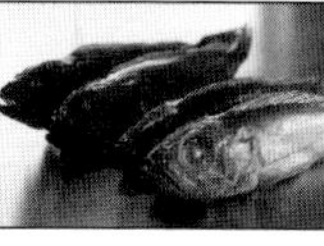

つくり方
カサゴの燻製

◉材料

■カサゴ――4尾
■白だし――200㎖
■塩――10g
■ローリエ――1枚

◉つくり方

【下準備】
① 魚は鱗、腹わたを取りのぞき、腹の中まできれいに洗う。
② ソミュール液をつくる。

【塩漬け】
③ カサゴとソミュール液を保存袋に入れて、できるだけ空気を抜いて口を閉じ、冷蔵庫で1日おく。

【塩抜き】
④ さっと水洗いするか、たっぷりの水に30分つける。
⑤ キッチンペーパーで、水けをしっかり拭きとる。
⑥ 冷蔵庫か外干し(冬季限定)で3時間おき、表面を乾燥させる(省略可)。

【燻製】
⑦ 燻製器をセットし、70~75℃で2~3時間燻し、加熱処理をする。

【乾燥】
③ 冷蔵庫か外干し(冬季限定)で1~3日おく。

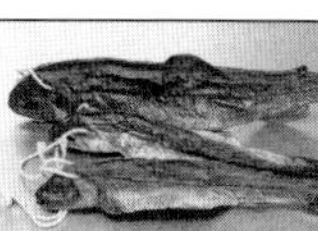

つくり方
渓流魚の燻製

◉材料

■イワナ、ヤマメなど――お好みで
■塩――適量(5%程度)

◉つくり方

【下準備】
① 魚はえらと腹わたを取りのぞき、腹の中までよく洗う。

【塩漬け】
② 魚の表面と腹の中に塩をすりこみ、保存袋に入れて、できるだけ空気を抜いて口を閉じ、冷蔵庫で1日おく。

【塩抜き】
③ たっぷりの水に1~3時間つける。
④ キッチンペーパーで、水けとぬめりをしっかり拭きとる。
⑤ 冷蔵庫で3時間おき、表面を乾燥させる(省略可)。
⑥ 腹のサイズに合わせて切った竹串を使って腹を開き、えらからひもを通して輪にする(吊るし用)。

【燻製】
⑦ 燻製器をセットし、70~75℃で2~3時間燻し、加熱処理をする。

【乾燥】
⑧ 冷蔵庫か外干し(冬季限定)で3~7日おく。

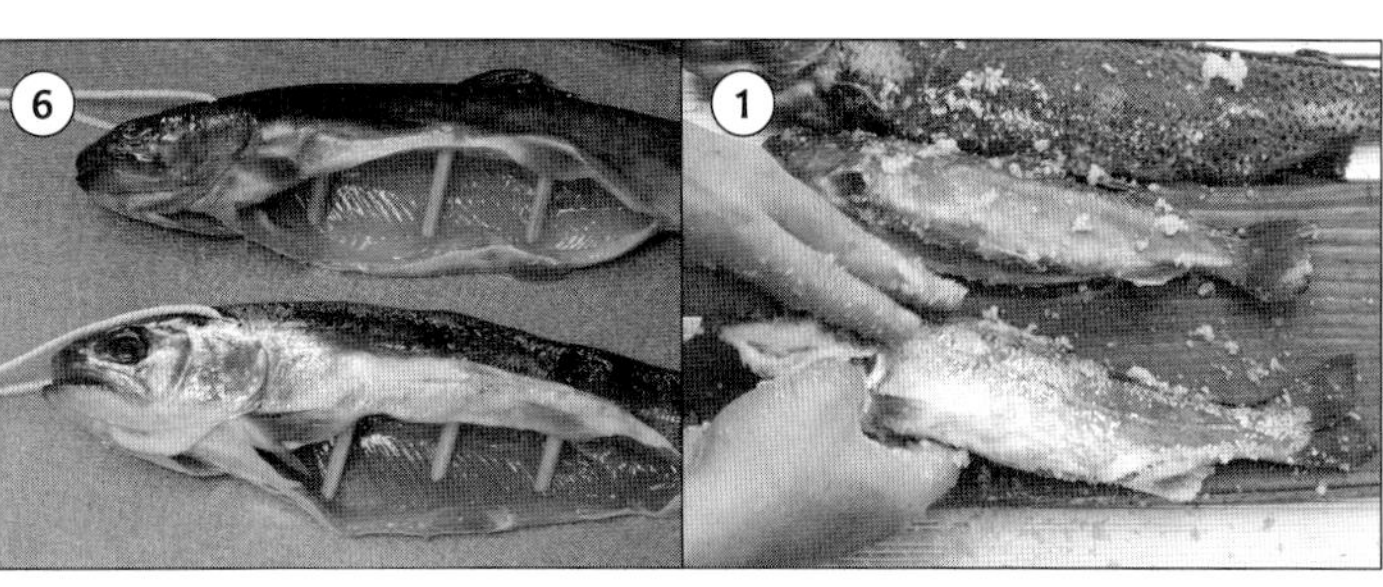

詳細ページNAVI
熱燻 P50
温燻 P51
冷燻 P52
各工程 P176
加熱処理 P14

つくり方
ウナギの燻製

◉材料
■ウナギ蒲焼き———1パック

◉つくり方
【下準備】
①ウナギは、水で洗って表面のタレを落とす。
②キッチンペーパーで、水けをしっかりふく。
③冷蔵庫か外干し(冬季限定)で3時間おき、表面を乾燥させる(省略可)。

【燻製】
④燻製器をセットし、70〜75℃で1時間、燻す。

【乾燥】
⑤粗熱をとり、冷蔵庫か外干し(冬季限定)で1〜3日おく。

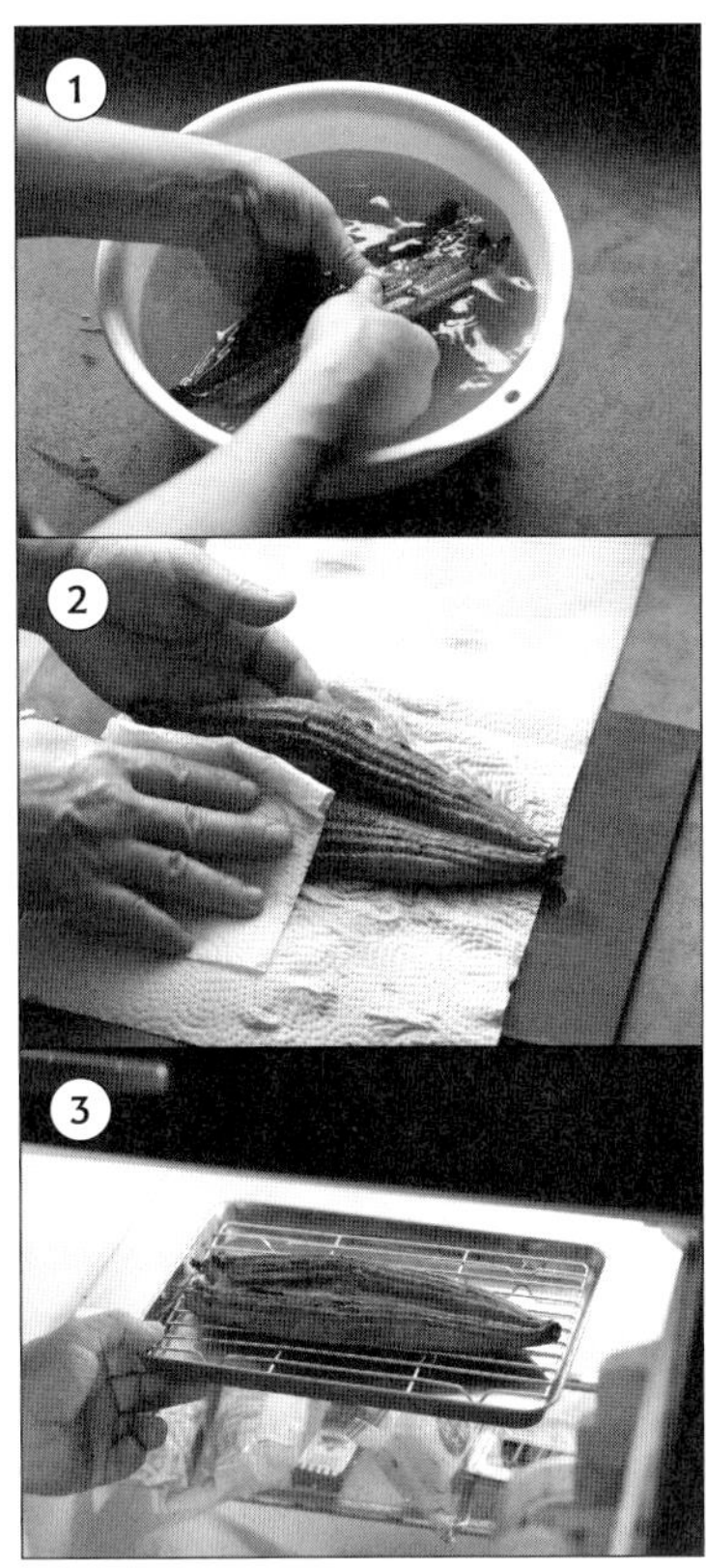
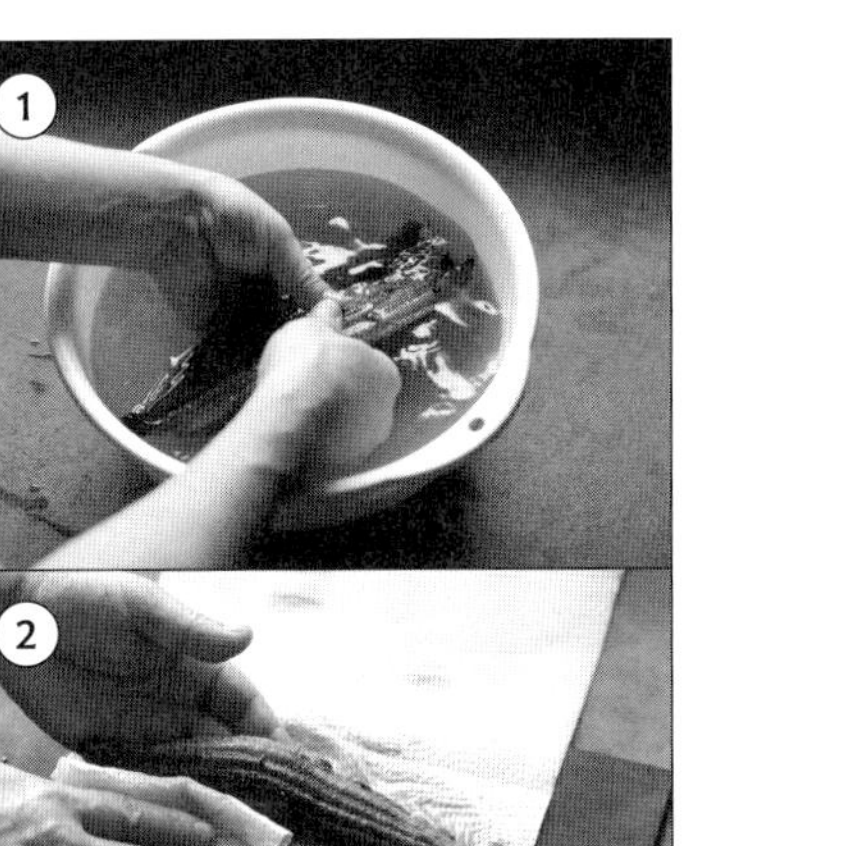

アレンジレシピ

アナゴの燻製

生で手に入るアナゴを、干物風の燻製にします。生のウナギでも同様につくれます。

◉材料
アナゴ(生)———3尾
麺つゆ(2倍濃縮)———200mℓ

◉つくり方
①包丁の背で皮の滑りをこすり落とし、水洗いする。
②アナゴを麺つゆに漬けて冷蔵庫で1日おく。
③30分塩抜きをして、水けをしっかり拭きとる。
④70〜80℃で2〜3時間、燻す。
⑤外干し(冬季限定)で1〜3日脱水する。

1日脱水ならソフトな仕上がり。パンにはさんでアナゴサンドがうまい！ 3日脱水するとジャーキー風仕上げになり(写真右)お酒が進む。

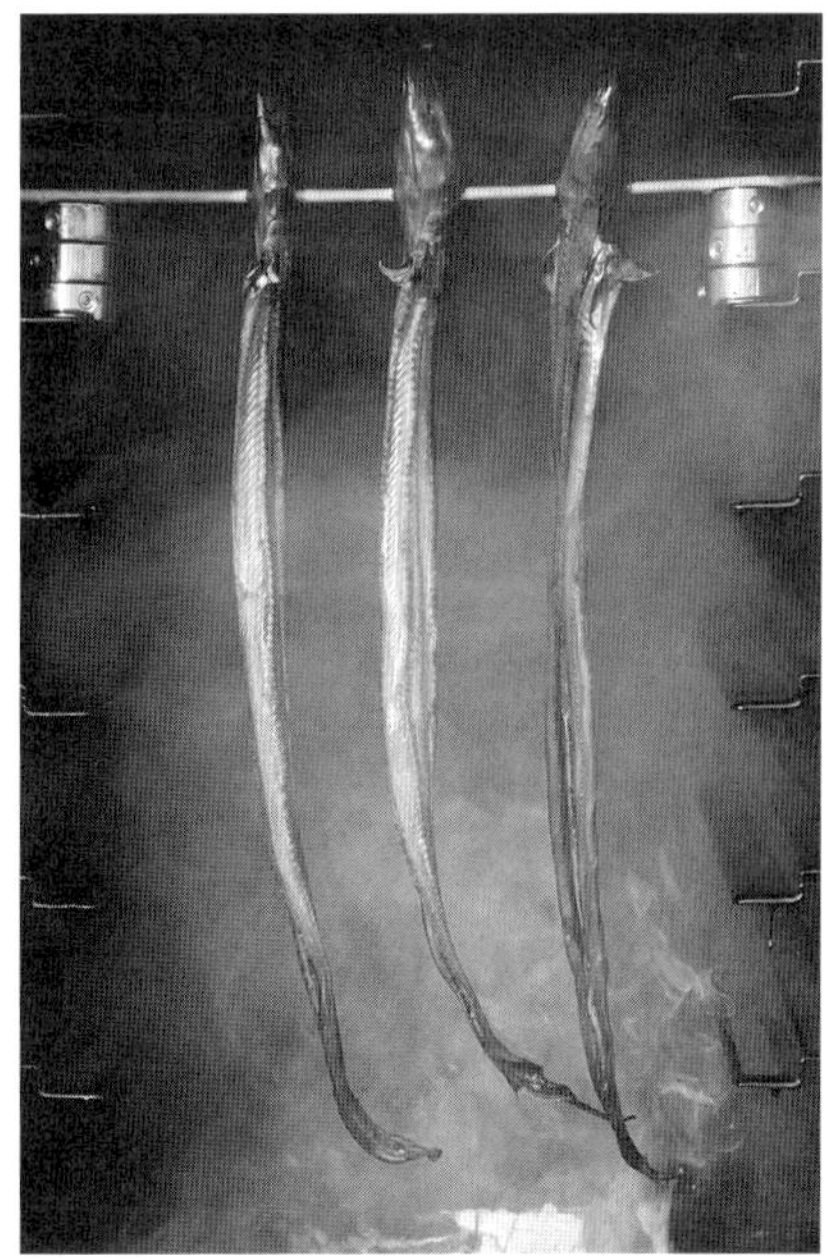

アユの燻製

夏の風物詩アユは、焼いて食べてもおいしいですが、たくさん釣れたときには燻製すれば日持ちがします。煙をかけると皮がかたくなるので、食べるときにむいてください。

◉燻製方法

温燻

◉調理時間

5日〜

〈手順〉

- 下準備30分
- 塩漬け1日
- 塩抜き1時間
- 乾燥3時間
- 燻製2〜3時間
  サーモスタット70〜75℃
- 乾燥3〜7日

◉材料

■アユ――お好みで
■塩――適量（5％程度）

◉つくり方

【下準備】

①アユはえらと腹わたを取りのぞき、腹の中までよく洗う。

【塩漬け】

②アユの表面と腹の中に塩をすりこむ。

③保存袋に入れて、できるだけ空気を抜いて口を閉じ、冷蔵庫で1日おく。

【塩抜き】

④たっぷりの水に1時間つける。

⑤キッチンペーパーで、水けをしっかり拭きとる。

⑥冷蔵庫か外干し（冬季限定）で3時間おき、表面を乾燥させる（省略可）。

⑦3㎝程度に切った竹串を使って腹を開き、尾のつけ根に竹串を刺す（吊るし用）。

【燻製】

⑧燻製器をセットし、70〜75℃で2〜3時間燻し、加熱処理をする。

【乾燥】

⑨冷蔵庫で3〜7日おく。

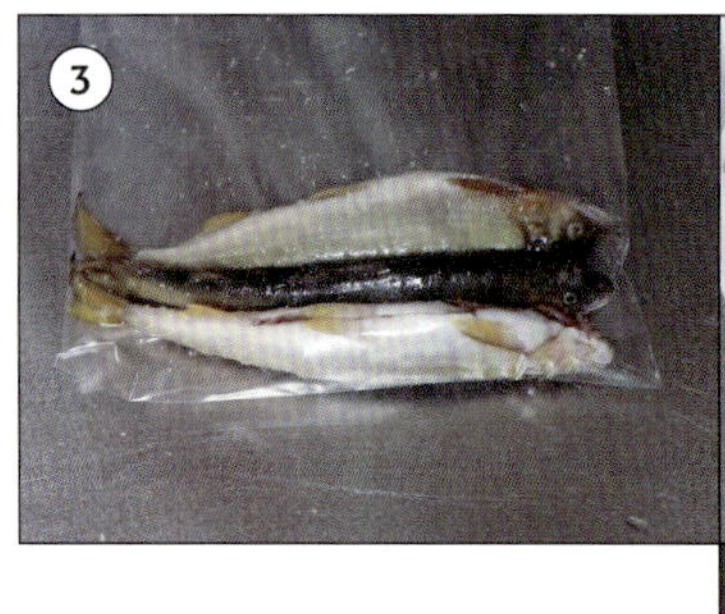

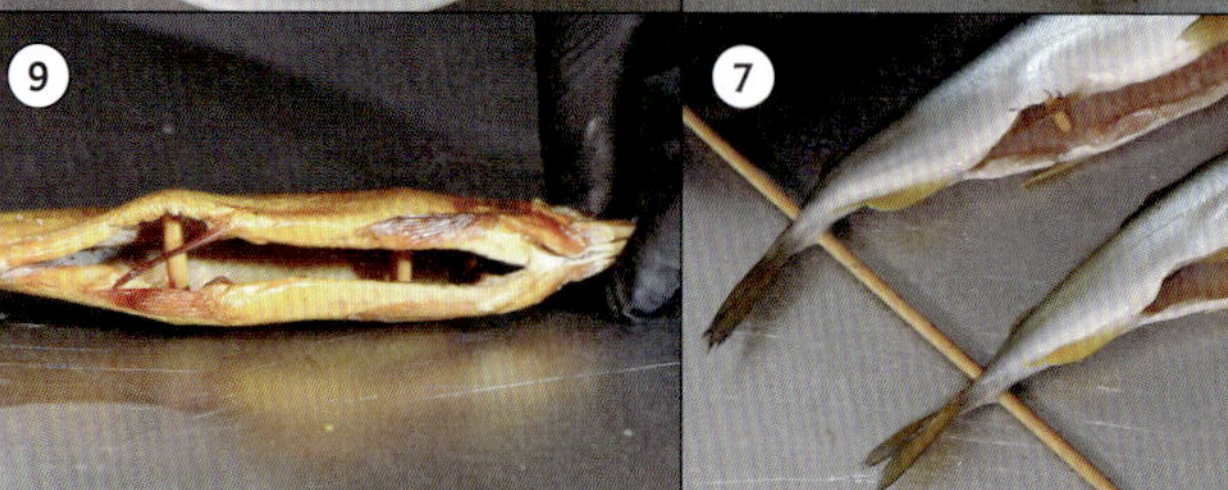

ポイント！

燻香＋日本酒を楽しむ

小型サイズなら、カラカラに脱水して骨酒にするのもおすすめ。干物にしたアユを軽くあぶってから器に入れ、熱燗を注ぎます。イワナなどの渓流魚でもおいしくつくれます。

詳細ページNAVI
熱燻 P50
温燻 P51
冷燻 P52
各工程 P176

加熱処理 P14

SMOKE COLUMN

03

スモークウッドは冬限定？

スモークサーモン（32ページ）で使う冷燻を紹介しましたが、冬季限定とあるのを不思議に思った人もいるかもしれません。スモークウッドは、煙を出しながら香りをつけるとともに、ウッドが燃える熱が熱源になる便利な道具で、電気やガスの熱源よりも煙が低温なので冷燻に使えます。しかし、外気温が高いと、燻製器の中はそれなりに高温になってしまうので、冷燻に使うなら気温の低い冬に限られます。目安としては、外気温10℃以下となります。

燻製づくりは、肉や魚などの食材を屋外の温度下に長時間おくことになるので、食材が傷まないように注意しなければなりません。厚生労働省の食肉製品製造基準では、「製品の温度を20℃以下、もしくは50℃以上に保持、またはこれと同等以上の微生物の増殖を阻止することが可能な条件を保持する」ことが求められています。自家製の燻製は製品ではありませんが、この20～50℃の温度帯に長く食材をおくことは避けるべきだとわかります。スモークウッドを使う冷燻を気温が高い時期に行うと、避けたい温度帯に食材を長時間おくことになってしまいます。

いっぽうで気温が20℃くらいになれば、外気温の影響で燻製器内の温度が上がるため約60～70℃の温燻もできます。この温燻は、プロセスチーズや練り物など加熱処理が不要な食材に向いています。高温になりすぎるとダンボールが燃えるおそれがあるので、上下2か所で温度を測り、65℃付近を越えないように見張ります。金属製の燻製器を使えば、この心配はなくなります。また、ウッドといえども食材との距離が近すぎると焦げるので、30㎝は距離をとる、ウッドの真上に食材を置かないなど工夫が必要です。

もっと温度を上げたい場合は、ウッドを複数個使う、ウッドの上にチップをのせて燃やすなどの方法があります。こうすれば冬季でもウッドによる温燻ができます。また、避けるべき20～50℃の温度帯になりそうなときの対処としても有効です。

スモークウッドを上手に使えば、冷燻も温燻にも対応できます。やわらかい煙がかけられるので失敗が少なく、初心者でもおいしい燻製がつくれて、熱源がなくても手軽に燻製が楽しめるのもいいところ。表題の結論としては、工夫次第でスモークウッドは一年中使えます。

煙と熱のコントロール法

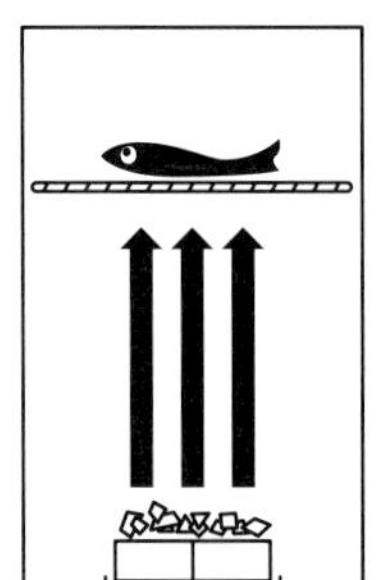
温度を上げる、煙の量を増やすときは、ウッドの数を増やしたり、上にチップをのせるたりするのとよい。

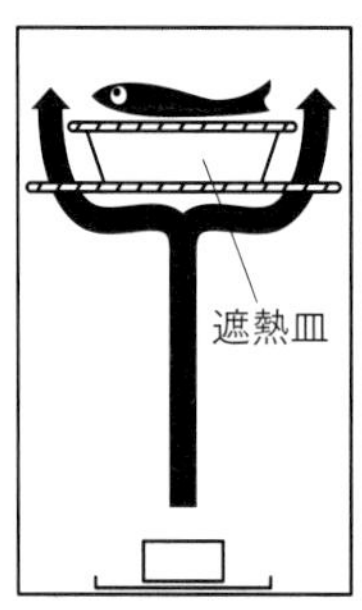

食材の下に皿をセットして遮熱する。さらに水や氷を入れると、遮熱の効果が上がる。

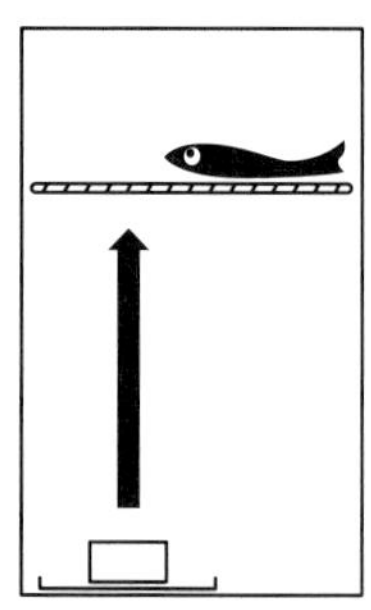
ウッドの真上は最も温度が高くなる。上下の位置をずらすことで、食材に火が入るのを抑えられる。

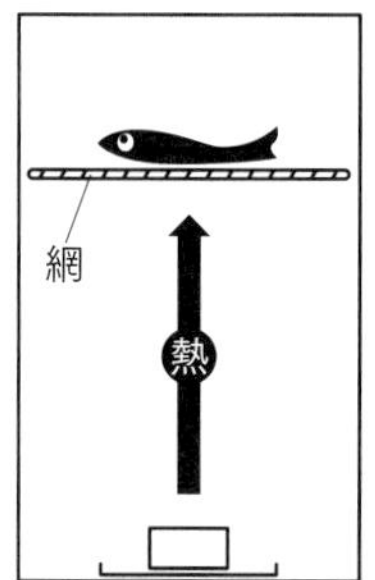

食材とスモークウッドの距離をとるほど、食材に熱を入れずに仕上げることができる。

第4章

惣菜・野菜の燻製レシピ

そのまま食べてもおいしい練り物や市販のソーセージ。
さらにはスナック菓子を燻製にすると、
いつもと違う新しい味に出会えます。
野菜のなかでは、イモや豆類が煙との相性良し。
どれも、お酒のアテに最高です。
豆腐やこんにゃくを除けば、簡単につくれるものばかりなので、
初めての燻製にもおすすめのレシピが並んでいます。

練り物の燻製

いつもの練り物が、ちょっと豪華になる燻製。ちくわはチーズを入れるのが、やっぱりおいしい。かまぼこは、板についたまま丸ごと燻して、食べるときに切り分けます。

つくり方は
P128

【燻製方法】
熱燻

【調理時間】
2日

〈手順〉
・下準備30分
・燻製15～45分
・乾燥1日

いぶりがっこ風

元々、囲炉裏の煙で燻していた、いぶりがっこは、燻製でもつくれます。生のダイコンからつくるのは大変なので、市販のタクワンを使ってお手軽に。簡単だけど味は本格的！

つくり方は
P128

【燻製方法】
温燻

【調理時間】
6日

〈手順〉
・下準備30分
・燻製0.5～1時間
サーモスタット65～70℃
・乾燥5日

詳細ページNAVI
熱燻 P50
温燻 P51
冷燻 P52
各工程 P176
加熱処理 P14

豆腐の燻製

タレに漬けながら水切りをした豆腐を温燻にします。レシピは5日ほどおいたソフト仕上げ。冬季限定で1か月外干しをすると、ぎゅっと詰まったチーズのような仕上がりになります。

【燻製方法】
温燻

【調理時間】
7日

〈手順〉
- 塩漬け1日
- 塩抜き5分
- 燻製1～2時間
  サーモスタット65～70℃
- 乾燥5日

つくり方は
P129

くんたまミニ

うずら卵の燻製は、市販の水煮を使うと手軽です。小さく、つまみやすいので、パクパク食べられます。今回は白だし味ですが、塩だけでも、味つけなしで燻すのもおすすめです。

【燻製方法】
温燻

【調理時間】
2日

〈手順〉
- 塩漬け8時間
- 塩抜き5分
- 燻製1～2時間
  サーモスタット65～70℃
- 乾燥1日

つくり方は
P129

練り物の燻製つくり方

◉材料

■ちくわ――5本
■プロセスチーズ――適量
■かまぼこ――1本
■カニかま――3切れ
＊分量は参考。お好みの量でOK

◉つくり方

【下準備】
①すべての材料は30分ほど室温において常温にする。
②ちくわは長さを半分に切り、棒状に切ったチーズを穴に詰める。

【燻製】
③燻製器を中火にかけ、煙が出たら火を止め、食材をセットしてふたをして15分ほどおく。これを1～3回、行う。

【乾燥】
④粗熱をとり、冷蔵庫で1日おく。

ポイント！

燻し方はご自由に

練り物は火を通す必要がないので、スモークウッドや電気コンロでじっくり燻してもOK。

いぶりがっこ風つくり方

◉材料

■たくわん――お好みで

◉つくり方

【下準備】
①たくわんはさっと水洗いして、キッチンペーパーで水けをしっかり拭きとる。
②燻製器に入れやすい長さにカットし、冷蔵庫に30分ほどおき表面を乾燥させる。

【燻製】
③燻製器をセットし、65～70℃で30分～1時間、燻す。

【乾燥】
④粗熱をとり、冷蔵庫か外干し（冬季限定）で5日おく。

ポイント！

もっと本格的に！

5日ほど乾燥したら、ぬか床に入れてぬか漬けにすると、さらに本格的な味に。脱水が進み保存性も増します。粕漬けやたまり漬けもおすすめです。

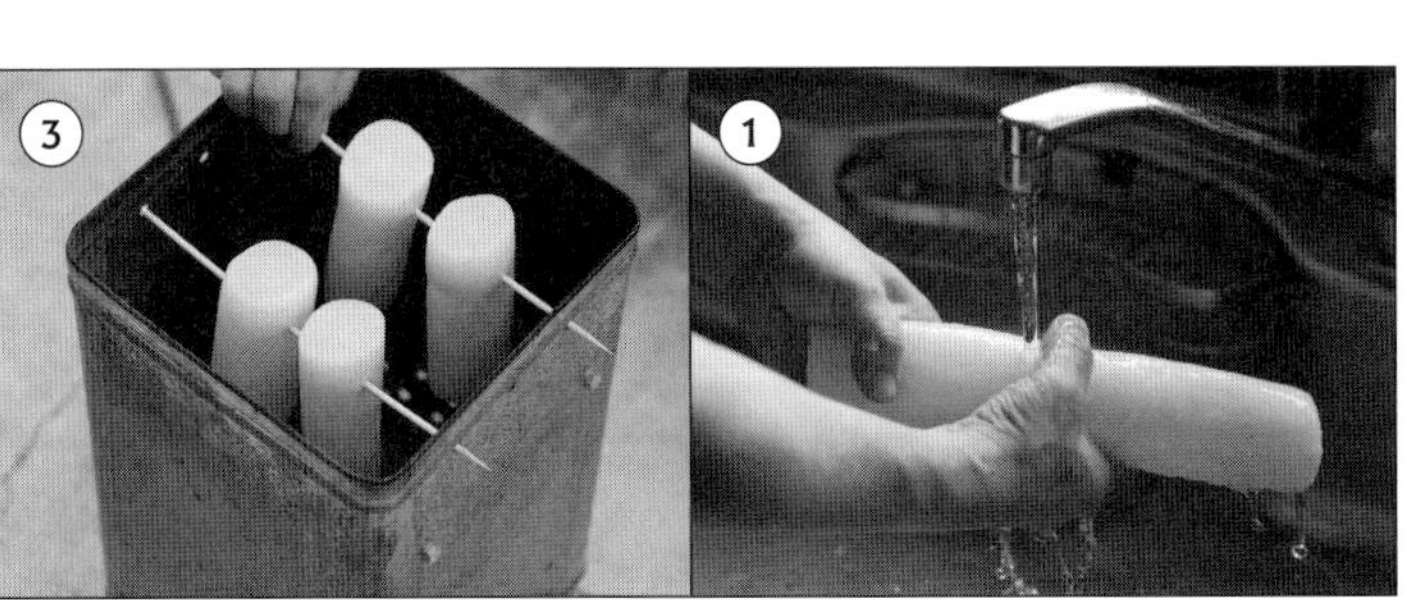

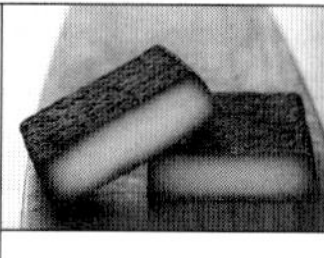

つくり方
豆腐の燻製

◉材料
- ■木綿豆腐――2丁
- ■液体味噌――100g
- ■塩麹――100g

＊タレは市販のものでも、手づくりのものでもお好みで

◉つくり方

【塩漬け】

①豆腐1丁と味噌、もう1丁と塩麹をそれぞれ保存袋に入れて、できるだけ空気を抜いて口を閉じる。

②袋をバットに並べ、まな板やバットではさみ、ペットボトルで重石をして、豆腐を水切りする。

＊重すぎると豆腐が潰れてしまうので注意

③冷蔵庫で1日おく。

【塩抜き】

④たれを水で洗い流し、キッチンペーパーで、水けをしっかり拭きとる。

【燻製】

⑤燻製器をセットし、65〜70℃で1〜2時間、燻す。

【乾燥】

⑥冷蔵庫か外干し（冬季限定）で5日おく。

豆腐の脱水テクニック

豆腐の燻製づくりで一番難しいのが、水切りです。重石が重すぎると豆腐がくずれてしまうので、はじめは500gくらいの重石（ペットボトルなど）をのせ、徐々に重くしていくとうまくいきます。

つくり方
くんたまミニ

◉材料
- ■うずら卵水煮――20個
- ■白だし――100㎖

◉つくり方

【塩漬け】

①うずら卵と白だしを保存袋に入れて、できるだけ空気を抜いて口を閉じ、冷蔵庫で8時間おく。

【塩抜き】

②さっと水洗いする。

③キッチンペーパーで、水けをしっかり拭きとる。

【燻製】

④燻製器をセットし、65〜70℃で1〜2時間、燻す。

【乾燥】

⑤粗熱をとり、冷蔵庫か外干し（冬季限定）で1日おく。

詳細ページNAVI
熱燻 P50
温燻 P51
冷燻 P52
各工程 P176
加熱処理 P14

燻製柿ピー

お菓子系の燻製の定番中の定番。柿の種にバタピーとミックスナッツを追加して、服部式の熱燻で煙をかけました。燻製後、天日干しをしたら、密閉容器に入れて毎日楽しみます。

【燻製方法】
熱燻

【調理時間】
1日

〈手順〉
- 下準備5分
- 燻製15～30分
- 乾燥1時間

つくり方は
P132

キャラメルナッツ

柿ピーと同じ方法で燻したミックスナッツを、メイプルシロップでキャラメリゼ。甘くてスモーキーなおやつになりました。スパイスを効かせると、さらに大人の味に。洋酒に合います。

【燻製方法】
熱燻

【調理時間】
1日

〈手順〉
- 下準備5分
- 燻製15～30分
- 乾燥1時間
- 仕上げ20分

つくり方は
P132

詳細ページNAVI
熱燻 P50
温燻 P51
冷燻 P52
各工程 P176
加熱処理 P14

燻製チョコ菓子

食べた人がみんな、「はじめての味！」と喜んでくれる、チョコ系お菓子の燻製です。お菓子は、チョコレートが露出していないタイプのものを選びます。

つくり方は P133

【燻製方法】
熱燻

【調理時間】
1日

〈手順〉
・燻製15～30分
・乾燥1時間

燻製スナック

軽く燻せば、ビールが進む！　しょっぱい系スナック菓子の燻製。おもてなしの、ちょっとしたおつまみにもおすすめです。同時に2種のソースもつくります。

つくり方は P133

【燻製方法】
熱燻

【調理時間】
1日

〈手順〉
・燻製15～30分
・乾燥1時間

つくり方

燻製柿ピー

◉材料

■柿の種――――――お好みで
■好きなナッツ類――――お好みで

◉つくり方

【下準備】

① 燻製器に入る大きさのざるに、柿の種とナッツ類を入れて混ぜる。

【燻製】

② 燻製器を中火にかけ、煙が出たら火を止め、食材をセットしてふたをして15分ほどおく。これを1～2回、行う。

＊再点火の前に、ざるの中を混ぜると煙が均等に行き渡る

【乾燥】

③ ざるのまま1時間ほど天日干しにする。

＊燻製をすると少し湿気ってしまう。天日干しにすると、カリッとスモーキーに仕上がる

ポイント！

どんな方法で燻してもOK！

このページの4品とも、加熱不足の心配がないので、燻製時間は、色や香りのつきかげんの好きなところまで行えばOK。香りをつけるのが目的なので、スモークウッドで燻す方法も向いています。
とくにスナック系はかさばるので、たくさんつくりたいときには段ボール燻製器とスモークウッドが向いています。

つくり方

キャラメルナッツ

◉材料

■ミックスナッツ――――お好みで
■メイプルシロップ――――適量
■シナモンパウダー、黒こしょうなど好みのスパイス――――適量

◉つくり方

【燻製】

① 燻製器に入る大きさのざるに、ミックスナッツを入れる。

② 燻製器を中火にかけ、煙が出たら火を止め、食材をセットしてふたをして15分ほどおく。これを1～2回、行う。

＊再点火の前に、ざるの中を混ぜると煙が均等に行き渡る

【乾燥】

③ ざるのまま1時間ほど天日干しにする。

【仕上げ】

④ メイプルシロップを弱火にかける。

⑤ フツフツしてきたらナッツを入れて混ぜ、シロップをからめる。好みでスパイス類を加える。

⑥ キャラメル色になったら、オーブンペーパーに広げて粗熱をとる。

詳細ページNAVI
熱燻 P50
温燻 P51
冷燻 P52
各工程 P176
加熱処理 P14

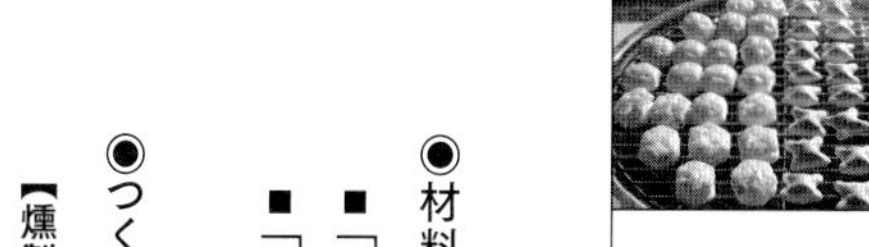

つくり方 燻製チョコ菓子

◉材料
■「パイの実」――お好みで
■「コアラのマーチ」――お好みで

◉つくり方
【燻製】
① 燻製器を中火にかけ、煙が出たら火を止め、食材をセットしてふたをして15分ほどおく。これを1～2回、行う。
【乾燥】
② 網のまま1時間ほど天日干しにする。

食べ方提案

燻製チョコレート

板チョコの燻製も、ちょっとビターでおいしいです。そのまま燻製にするとチョコレートが溶けますが、そのまま冷やしかためたり、クラッカーに塗ったり、ケーキの材料に使うなど、使い方はご自由に。また遮熱皿を使う冷燻なら、氷を使って溶かさず燻すこともできます。スモークウッドと氷を使う方法（P52）でも同じことができます。

つくり方 燻製スナック

◉材料
■「カラムーチョ」、「じゃがりこ」、ポテトチップスなど好きなスナック菓子――お好みで
■ケチャップ、マヨネーズ――各適量

◉つくり方
【下準備】
① スナック菓子をざるに入れる。ケチャップとマヨネーズは、耐熱性のある器に入れる。
【燻製】
② 燻製器を中火にかけ、煙が出たら火を止め、食材をセットしてふたをして15分ほどおく。これを1～2回、行う。
＊ざるは2個重ねて省スペース化。再点火の前に、ざるの中を混ぜると煙が均等に行き渡る
【乾燥】
③ ざるのまま1時間ほど天日干しにする。
④ ケチャップとマヨネーズは、よくかき混ぜてから冷蔵庫に1時間おいて、香りをなじませる。

燻製ポテトフライ

温燻にした新じゃがを素揚げした、食べ応えのあるポテトフライ。フライにすることで、ホクホク感が増します。塩はもちろん、黒こしょうやマヨネーズも合います。

つくり方は
P136

【燻製方法】
温燻

【調理時間】
2日

〈手順〉
・燻製1～2時間
サーモスタット70～75℃
・乾燥1日
・仕上げ30分

焼きいも

燃えるスモークチップでつくる焼きいもです。燻製器でふたをして焼くので、炭火焼きとオーブン焼きのいいとこ取り。うまくいけば、ホクホクでトロトロにできあがります。

つくり方は
P136

【燻製方法】
温燻

【調理時間】
1日

〈手順〉
・燻製2～3時間
サーモスタット75～80℃

詳細ページNAVI
熱燻 P50
温燻 P51
冷燻 P52
各工程 P176
加熱処理 P14

燻製枝豆

夏の定番おつまみに煙の香りをプラス。さやのおかげで、強めに燻してもエグみが出ず、簡単につくれます。今回は時短の熱燻でつくりましたが、温燻、冷燻でもOKです。

【燻製方法】
熱燻

【調理時間】
2日

〈手順〉
- 下準備5分
- 塩漬け3時間
- 塩抜き5分
- 燻製40分
- 乾燥1日

つくり方は P137

燻製そら豆

春が旬のそら豆を下ゆでしてから燻製に。大粒の豆は食べ応えがあるので、さらにビールが進みます。イタリアの習慣にならって、チーズを添えていただきます！

【燻製方法】
温燻

【調理時間】
2日

〈手順〉
- 下準備30分
- 燻製1時間
  サーモスタット65〜70℃
- 乾燥1日

つくり方は P137

燻製ポテトフライ

つくり方

◉材料

■小粒の新じゃが――お好みで

◉つくり方

【燻製】

① 燻製器をセットし、70～75℃で1～2時間、燻す。

＊香りづけの燻製なので、温度はあまり気にしなくてもいい

【乾燥】

② 粗熱をとり、冷蔵庫か外干し（冬季限定）で1日おく。

【仕上げ】

③ 170℃の油（分量外）で6分ほど、素揚げにする。器に盛ったら、塩をたっぷりとふる。

新じゃがじゃなくてもつくれます

小粒の新じゃがが手に入る季節は限られています。年中、手に入る普通サイズのじゃがいもでおすすめなのは、燻製ポテトサラダです。火が通るまで2～3時間燻したじゃがいもでつくるポテサラは、ワンランク上のおいしさ。手づくりハムや燻製たまごと合わせれば最高です！

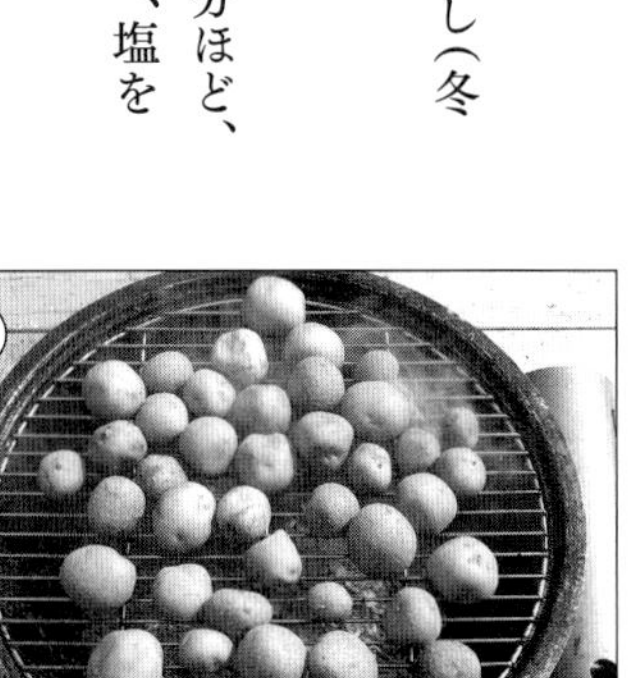

焼きいも

つくり方

◉材料

■さつまいも――お好みで

◉つくり方

【下準備】

① さつまいもは、アルミホイルで二重に包む。

＊少しすき間をつくるように、ゆるめに包むと、煙が入りやすい

【燻製】

② 燻製器にチップを敷きつめた上に、直にさつまいもを置き、75～80℃で2～3時間燻し、加熱処理をする。

③ 竹串を刺してみて、すっと通ればやわらかく焼けている。

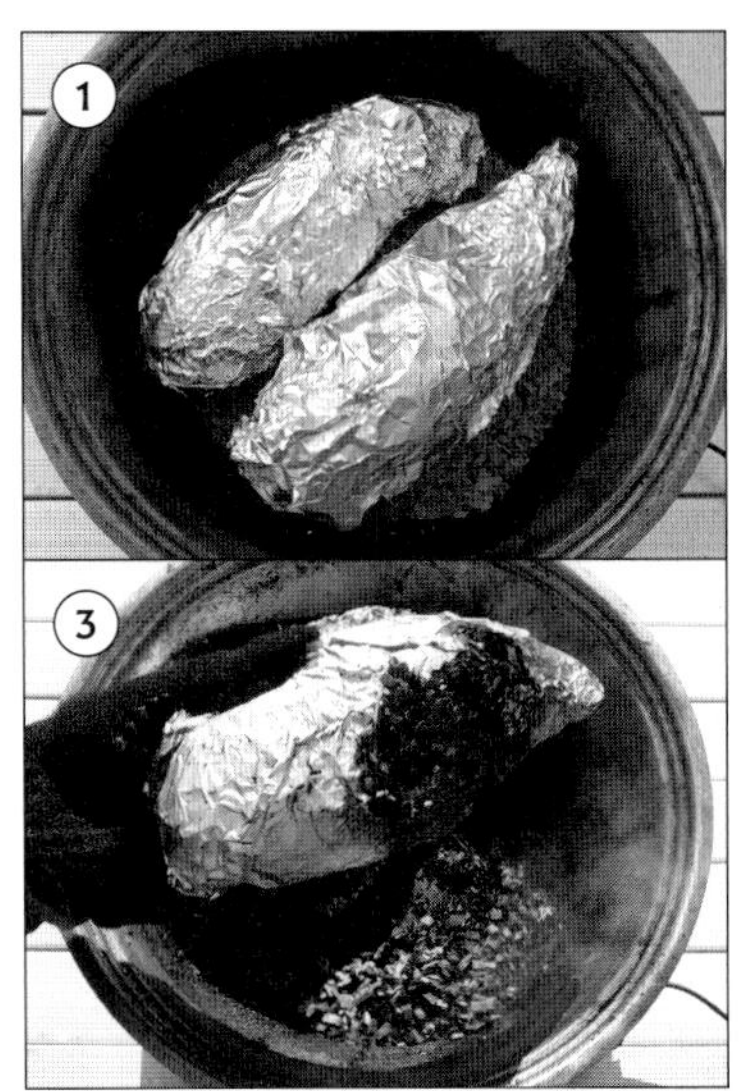

つくり方 燻製枝豆

◉材料

■冷凍枝豆、またはかために塩ゆでした枝豆――お好みで

■白だし――適量

＊味つけはしなくてもＯＫ

◉つくり方

【下準備】

①冷凍枝豆は、軽く水洗いして解凍する。

【塩漬け】

②枝豆を白だしに3時間、漬ける。

【塩抜き】

③ざるに上げて、さっと水洗いし、水けを切ってから、キッチンペーパーで水けをしっかり拭きとる。

【燻製】

④燻製器を中火にかけ、煙が出たら火を止め、ざるに入れた枝豆をセットしてふたをして20分おく。

⑤上下を入れ替えるように枝豆を混ぜて、同じ方法で20分煙をかける。

【乾燥】

⑥粗熱をとり、冷蔵庫で1日おく。

つくり方 燻製そら豆

◉材料

■そら豆――お好みで

◉つくり方

【下準備】

①そら豆はさやから取り出し、おはぐろ（黒い部分）の反対側に浅く切りこみを入れる。

②湯を沸かし沸騰したら、湯に対して2％くらいの塩（分量外）、続いてそら豆を入れ、1～2分ゆでる。

③ざるに上げて、さっと水洗いし、水けをしっかり切る。

④キッチンペーパーで水けをしっかり拭きとり、燻製器に入るサイズのざるに入れる。

【燻製】

⑤燻製器をセットし、65～70℃で1時間、燻す。

＊30分後に豆を混ぜて、煙が均一にかかるようにする。ゆでてあるので、温度はあまり気にしなくていい

【乾燥】

⑥粗熱をとり、冷蔵庫で1日おく。

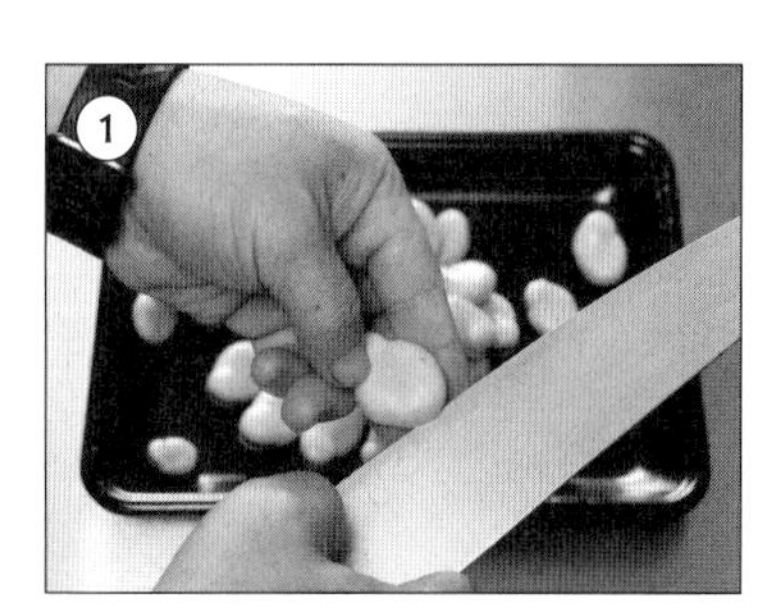

ポイント！

旬のそら豆は、チーズとともに

そら豆の旬は春。イタリアでの旬は4～5月で、5月1日はそら豆とペコリーノチーズを食べる日、といわれているとか。そら豆は生で、チーズの塩気と食べる……ワインが進みそうです。そんな習慣にならって、燻製そら豆も、チーズと一緒にいただきます！

詳細ページNAVI
熱燻 P50
温燻 P51
冷燻 P52
各工程 P176
加熱処理 P14

燻製調味料

かけるだけで燻製の味になる、便利な燻製調味料。熱を入れると味が劣化するので、冷燻でつくります。マヨネーズやケチャップ、塩やゴマなど、いろいろ試してみると楽しいです。

つくり方は
P140

【燻製方法】
冷燻

【調理時間】
1日

〈手順〉
・燻製30分～

にんにくしょうゆ

燻製したにんにくをしょうゆに漬けました。煙の香りが移ったしょうゆを、ふだんの料理の調味料に使います。時間が経ってやわらかくなったにんにくは、スライスするとご飯がすすむ!

つくり方は
P140

【燻製方法】
温燻

【調理時間】
2日

〈手順〉
・下準備30分
・燻製2時間
サーモスタット65～70℃
・乾燥1日

詳細ページNAVI
熱燻 P50
温燻 P51
冷燻 P52
各工程 P176
加熱処理 P14

燻製納豆

リクエストから生まれたレシピ。試行錯誤の結果、温燻でつくるのが一番しっくりくることが判明。ご飯と食べても、海苔で巻いてつまんでも、食べ方はご自由に。

つくり方は P141

【燻製方法】
温燻

【調理時間】
2日

〈手順〉
- 下準備3分
- 燻製2時間 サーモスタット65～70℃
- 乾燥1日

ピーナッツバター

熱燻で香りをつけたピーナッツで作る、ピーナッツバター。砂糖なしだと、おかずやつまみにも使えます。熱燻でつくるのが手軽ですが、温燻でじっくり燻すと味の精度が上がります。

つくり方は P141

【燻製方法】
熱燻

【調理時間】
1日

〈手順〉
- 燻製15～30分
- 乾燥1時間
- 仕上げ15分

つくり方
燻製調味料

◉材料
■しょうゆ――――――お好みで
■みそ――――――お好みで
■オリーブオイル――――お好みで

◉つくり方
【下準備】
①耐熱性のある容器に調味料を入れる。
＊煙に触れる面積を増やしたいので、金属製のバットなど、浅く平らな容器を使う

【燻製】
②燻製器に遮熱皿をセットし、中火でチップを熱し、煙が出たら火を止める。
③①を入れて30分、燻す。
④かき混ぜて、煙の香りを全体になじませてから、②～③を香りがつくまで繰り返す。
⑤みそはそのまま、しょうゆとオイルはキッチンペーパーなどでこして清潔な容器に移す。1日煙をなじませてから使う。

ポイント！

冬季ならスモークウッドで冷燻、熱燻でもつくれる

調味料は、冷燻にしたほうが熱が入らないので劣化が抑えられます。寒い時期ならスモークウッドを使って燻すのも手軽でおすすめ。香りをつけるだけなら熱燻（P50）でもつくれますが、調味料に少し熱が入るので早めに使い切るようにします。

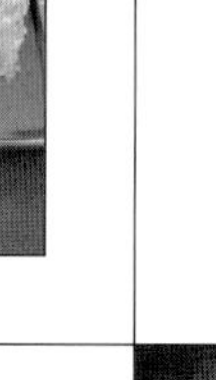

つくり方
にんにくしょうゆ

◉材料
■にんにく――――――お好みで
■しょうゆ――――――適量

◉つくり方
【下準備】
①にんにくは皮をむく。

【燻製】
②燻製器をセットし、65～70℃で2時間、燻す。熱燻で30分ほどでもよい。

【乾燥】
③冷蔵庫か外干し（冬季限定）で1日おく。
④清潔な瓶ににんにくを入れ、しょうゆをひたひたに注ぐ。翌日から食べられる。時間が経つほどまろやかな味になる。しょうゆはつぎ足し可。

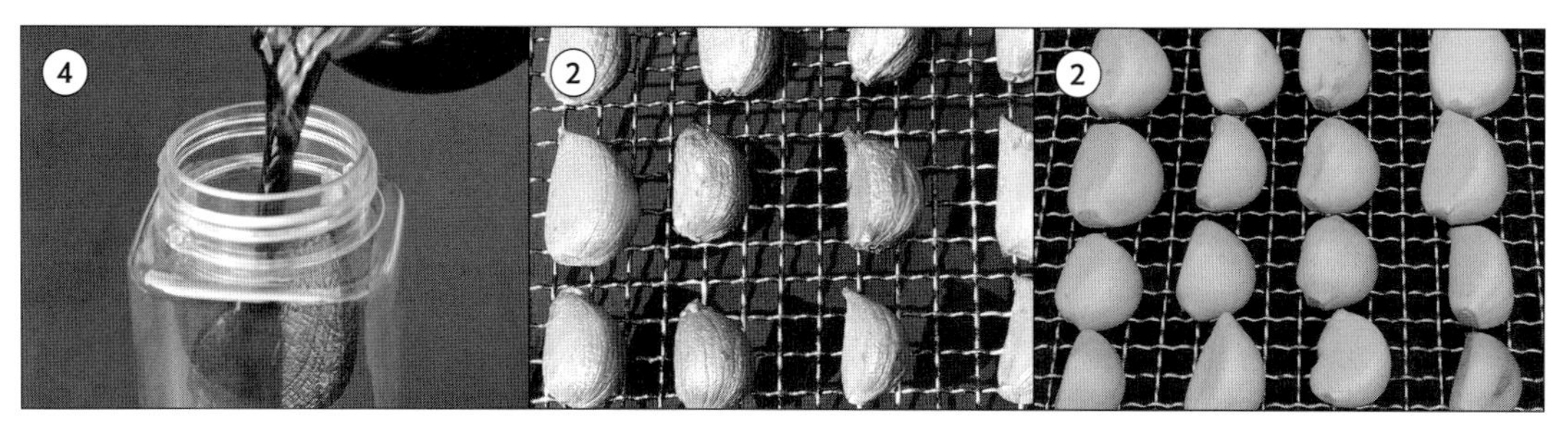

詳細ページNAVI
熱燻 P50
温燻 P51
冷燻 P52
各工程 P176
加熱処理 P14

つくり方
燻製納豆

◉材料
■納豆――3パック

◉つくり方
【下準備】
① 納豆はタレを入れて混ぜて、網にのせたキッチンペーパーに平らに広げる。
【燻製】
② 燻製器をセットし、65～70℃で2時間、燻す。
【乾燥】
③ かきまぜて煙の香りを全体になじませ、冷蔵庫で1日おく。

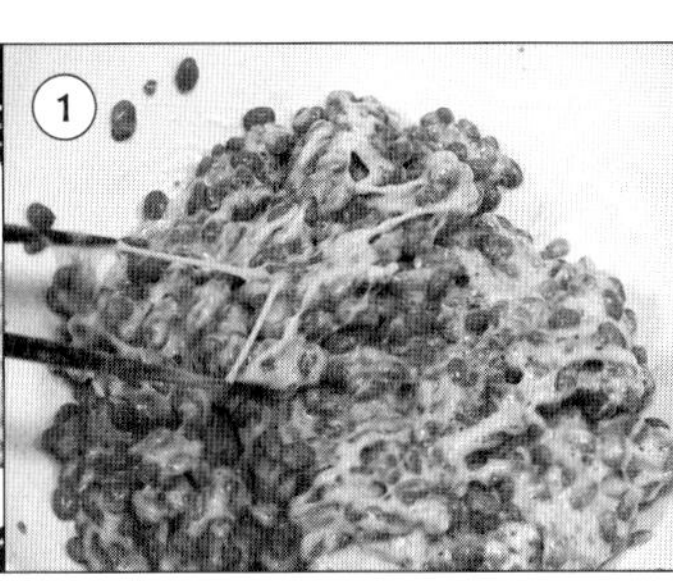

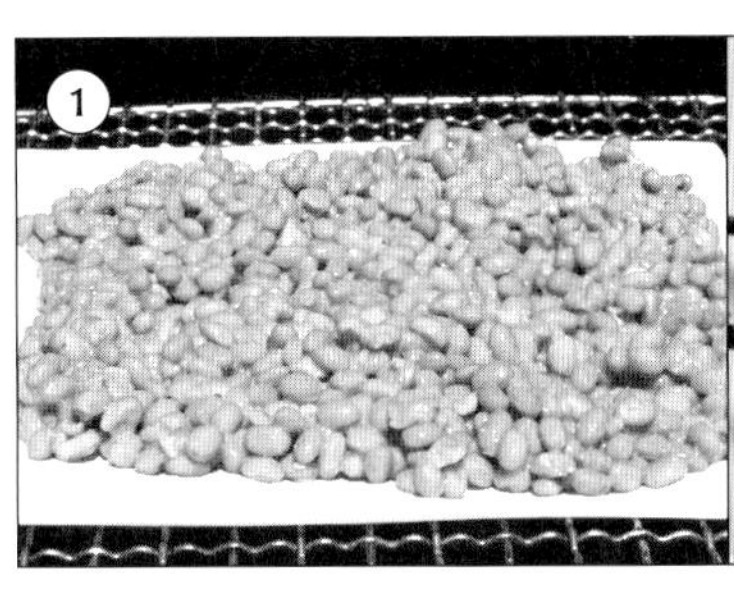

食べ方提案
やっぱり納豆ご飯

燻製風味はご飯にも合うな…と改めて感じる納豆ご飯。卵黄トッピングもおすすめです。和え物に使ったり、納豆パスタや納豆チャーハンにも、いろいろな組み合わせを試してみてください。燻製納豆、無限の可能性を秘めています。

つくり方
ピーナッツバター

◉材料
■ピーナッツ（無塩・ロースト）――200g
■サラダ油――大さじ1
■砂糖（お好みで）――20g

◉つくり方
【燻製】
① 燻製器に入る大きさのざるに、ピーナッツを入れる。
【燻製】
② 燻製器を中火にかけ、煙が出たら火を止め、食材をセットしてふたをして15分ほどおく。これを1～2回、行う。
＊再点火の前に、ざるの中を混ぜると煙が均等に行き渡る
【乾燥】
③ ざるのまま1時間ほど天日干しにする。
【仕上げ】
④ フードプロセッサーで粗く砕き、油、砂糖を加えてバター状になるまで攪拌する。

食べ方提案
いろいろな食べ方を試してみて！

パンに塗るのが定番。砂糖なしにすると、用途が広がります。

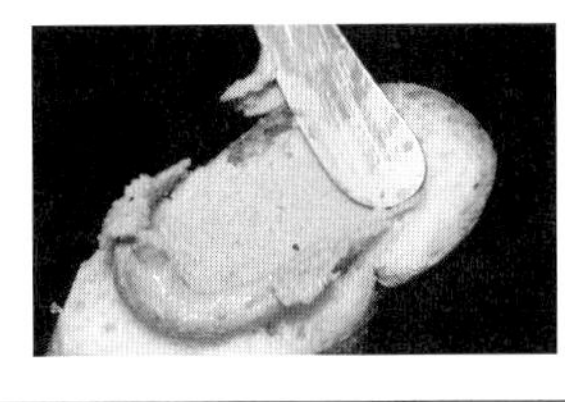

サラミ風

市販のソーセージを燻製にすると、いつものソーセージが化けます。5日ほど脱水すると、サラミのような凝縮された旨みに。食べる手が止まらない!?

【燻製方法】

温燻

【調理時間】

6日

〈手順〉

・燻製2～3時間
サーモスタット65～70℃

・乾燥5日

◉材料

■ソーセージ――お好みで

◉つくり方

【燻製】

①ソーセージは常温にもどし、燻製器をセットし65～70℃で2～3時間、燻す。

＊串に刺したほうが、一度にたくさん燻せる

【乾燥】

②冷蔵庫か外干し（冬季限定）で5日以上おく。

＊燻製後すぐでも食べられるが、5日以上おいたほうがサラミ感が増す

ポイント！

どのソーセージを使おうか？

当然のことながら、使うソーセージの種類によって、できあがりの味も変わります。個人的にはスパイシーなソーセージでつくるのがおすすめです。また脱水が進むにつれ、どんどん旨みが凝縮されていくので、種類ごとの味の変化を楽しみながら毎晩1本ずつ、お酒のアテにするのも最高です！

玉こんにゃくの燻製

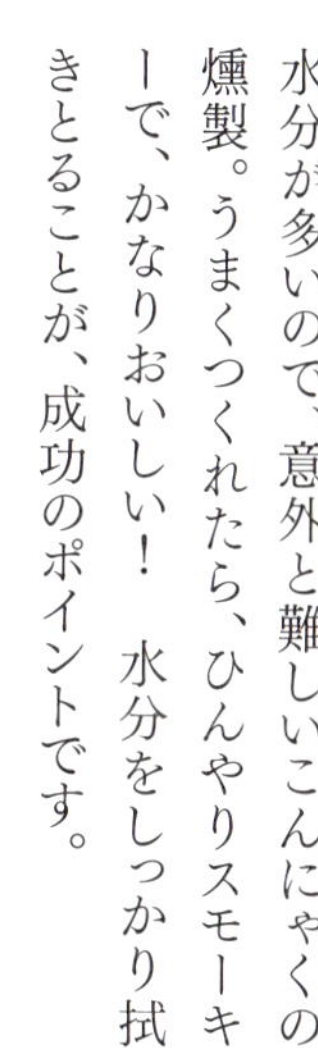
水分が多いので、意外と難しいこんにゃくの燻製。うまくつくれたら、ひんやりスモークで、かなりおいしい！　水分をしっかり拭きとることが、成功のポイントです。

【燻製方法】
温燻

【調理時間】
3日

〈手順〉
- 下準備15分
- 塩漬け半～1日
- 塩抜き5分
- 燻製1時間
  サーモスタット65～70℃
- 乾燥2～3日

◉材料
- ■玉こんにゃく――――30個
- ■しょうゆ――――200mℓ
- ■三温糖――――大さじ1

◉つくり方

【下準備】
①こんにゃくは塩もみをして5分ほどおき、熱湯で2～3分ゆでる。
＊あく抜き済みのものなら不要
②ざるにあげて水けをきる。

【塩漬け】
③こんにゃく、しょうゆ、砂糖を保存袋に入れて、できるだけ空気を抜いて口を閉じ、冷蔵庫で半～1日おく。

【塩抜き】
④さっと水洗いする。
⑤キッチンペーパーで、水けをしっかり拭きとる。

【塩漬け】
⑥燻製器をセットし、65～70℃で1時間、燻す。

【乾燥】
⑦粗熱をとり、キッチンペーパーで水けを拭きとり、冷蔵庫で2～3日おく。

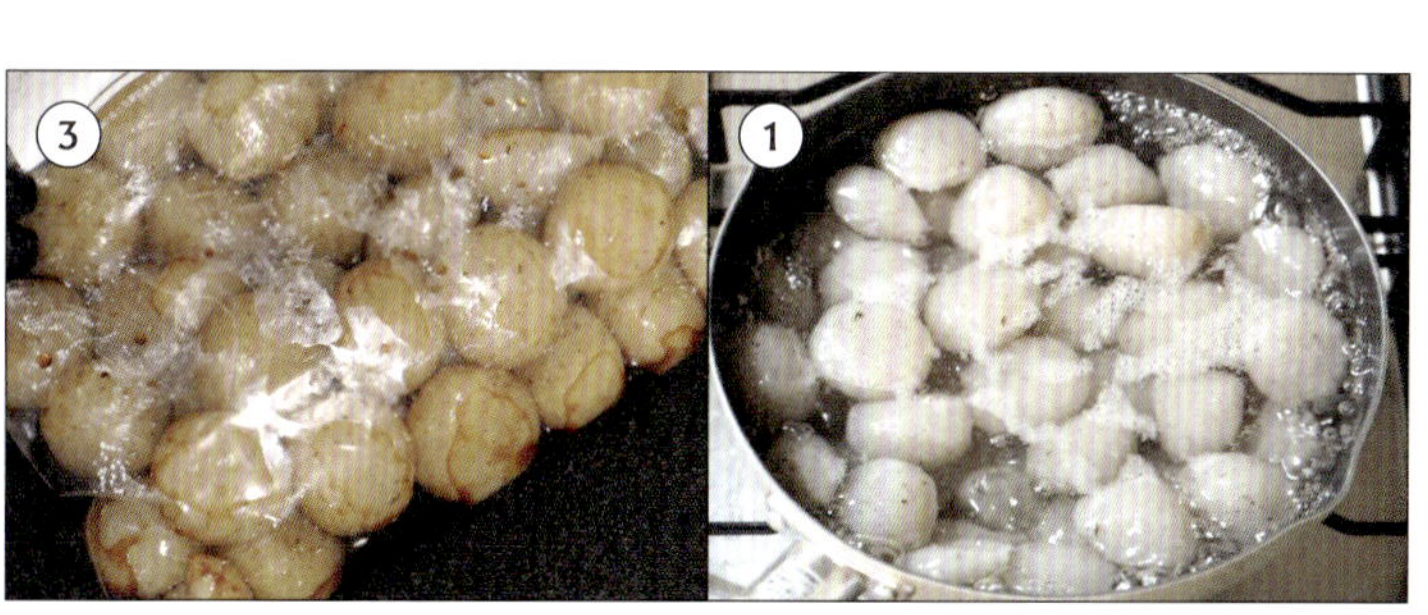

詳細ページNAVI
熱燻 P50
温燻 P51
冷燻 P52
各工程 P176
加熱処理 P14

SMOKE COLUMN

04

燻製の保存性の実際

「何日くらい日持ちするの？」、「賞味期限（または消費期限）はどのくらい？」という質問は、本当に多く寄せられます。また「塩漬け3日とあったけど、1週間おいてしまったけど大丈夫？」という制作過程での期限についても、よくある質問です。そして、回答に一番困る質問でもあります。

答えだけを簡単にいうと「賞味期限は、におい、見た目、味などで確認して、最終的には各自判断していただくしかありません」ということになります。というのも、みなさんの燻製が、どんな状態の食材を使って、どのようにつくられたのか、正確なところがわからないからです。といっても、僕が自分でつくった自家用の燻製も、食材やつくる過程を正確に把握していても、やっぱりひとつひとつの賞味期限を正しく示すことはできません。製品については、また別の考え方になります。

市販の製品の賞味期限は、メーカー（製造者）が保存や食味の試験を行って決めています。自家製の燻製で、それは無理なので、自己判断するしかありません。でも考えてみれば、家でつくったカレーや味噌汁にも、賞味期限はありません。みなさん、これまでの経験で「これはまだ大丈夫」とか、見た目やにおいを確認して「意外と早く傷んじゃったな」とか判断していると思います。それと同じです。保存食づくりでは「大丈夫かどうか」の判断ができるスキルは必須です。経験を積んでスキルを身につけてください。つくっては、何日かかけて食べるを繰り返すうちに、感覚がわかってくるはずです。

そして、レシピで紹介している燻製は、塩漬けをして燻製をして、さらに脱水をしているので、正しく冷蔵保存をしていれば、数週間は大丈夫です。

そうはいっても、いくら塩漬けにして燻製にして腐りにくい状態にしても、湿気の多い常温や日当たりのいい場所にに何日も置いておけば、当たり前に腐ります。肝心なのは保存状態です。家庭用の真空パック機（脱気シーラー）でパッキングしたり、ラップに包んで保存袋に入れるなどして冷蔵庫で保存するのがベターですが、袋に入れずに冷蔵すれば、どんどん乾燥が進んで、長持ちする保存食に近づいていきます。また冷蔵庫も使用状況によって温度が違うこともあるので、やはり「何日」と考えるのではなく、見た目とにおいと味で判断するのが正解です。もちろんすぐに食べないぶんは冷凍するのもOKです。そして、いずれかが怪しいものや判断が難しいものは、もったいない気持ちは捨てて、燻製も廃棄してください。

乾物が常温保存できるように、脱水をすればするほど水分活性が下がり保存性は高まります。また梅干しのように塩分濃度が高いほど、やっぱり保存性は高まります。ですから、燻製づくりに慣れてくれば、

- ●今回は保存性を高めたいから塩の量を増やして塩抜きはほどほどにして、塩分量を多いままで仕上げよう
- ●さらに乾燥の日数も1週間にして脱水を進めよう
- ●長期熟成に挑戦して、においも見た目も問題なさそうだけど、念のため、焼いて食べよう

といったアレンジができるようになってきます。考えてアレンジしてつくる、これが燻製づくりです。

最初のうちは「保存食」の要素は、あまり考えず、安全第一で早めに食べ切ることを心がけ、保存食づくりにこだわるなら、少しずつ改良を加えて、スキルアップしていくといいと思います。

第5章 チャレンジ燻製レシピ

燻製職人として数多くの動画をつくってきたなかには、
定番とはいえないレシピもあります。
そんななかでも、とくにおいしかったもの、
ぜひ挑戦してもらいたいレシピを集めました。
食材の入手も含めて、気軽にどうぞ、とはいえませんが、
機会があればぜひ！
ここまでのページで燻製の仕組みがわかれば、
どんな燻製でもつくれるはず！なのです。

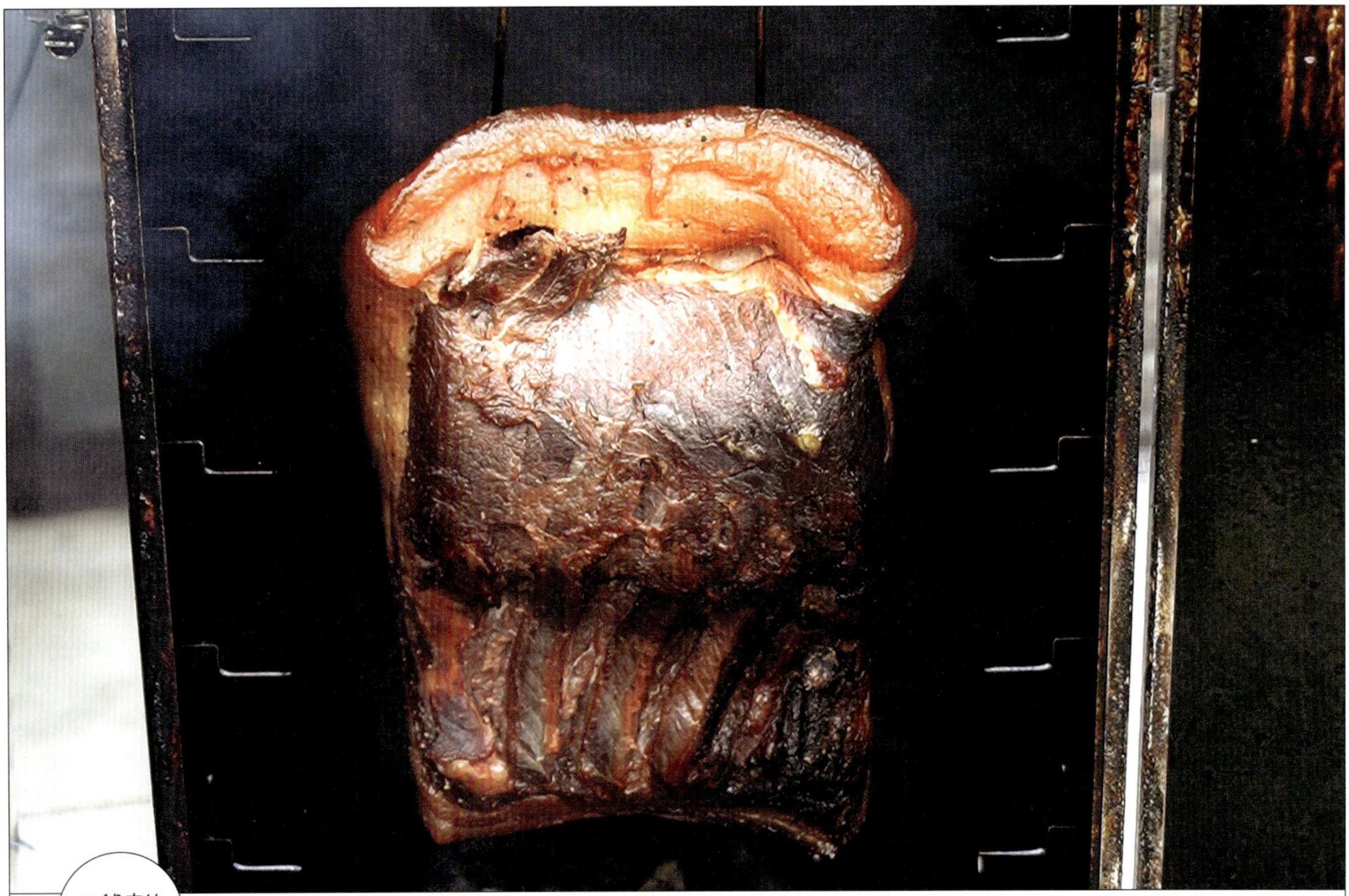

つくり方は
P148

猪ベーコン

猪のばら肉でベーコンに挑戦しました。猪ベーコンはとにかく脂がおいしいので、焼いて食べるのがおすすめ。とけた脂を使ってチャーハンをつくると、これはうまい！

【燻製方法】
温燻

【調理時間】
7日

〈手順〉
- 下処理20分
- 塩漬け5日
- 塩抜き4〜5時間
- 乾燥3時間
- 燻製6時間
サーモスタット75〜80℃
- 乾燥1日

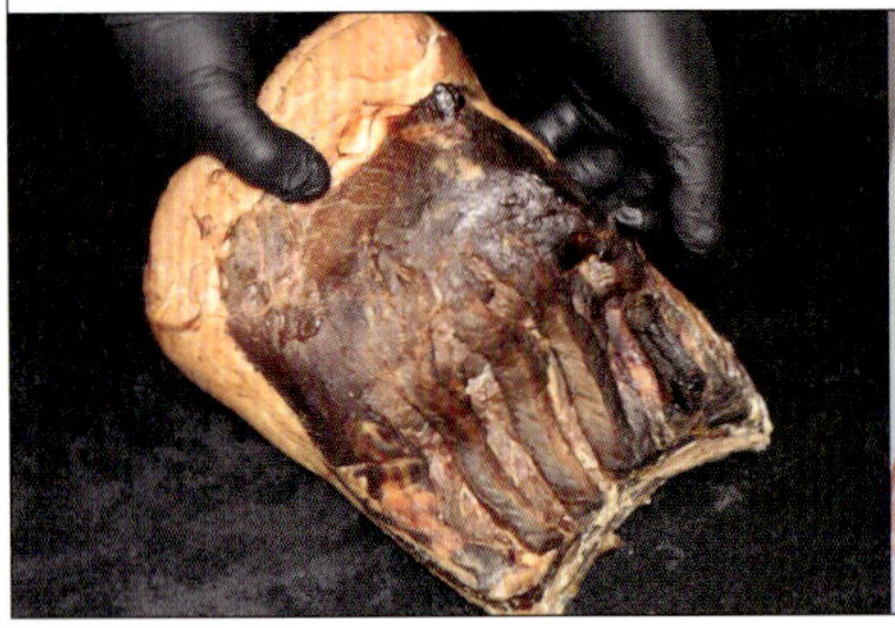

詳細ページNAVI
熱燻 P50
温燻 P51
冷燻 P52
各工程 P176
加熱処理 P14

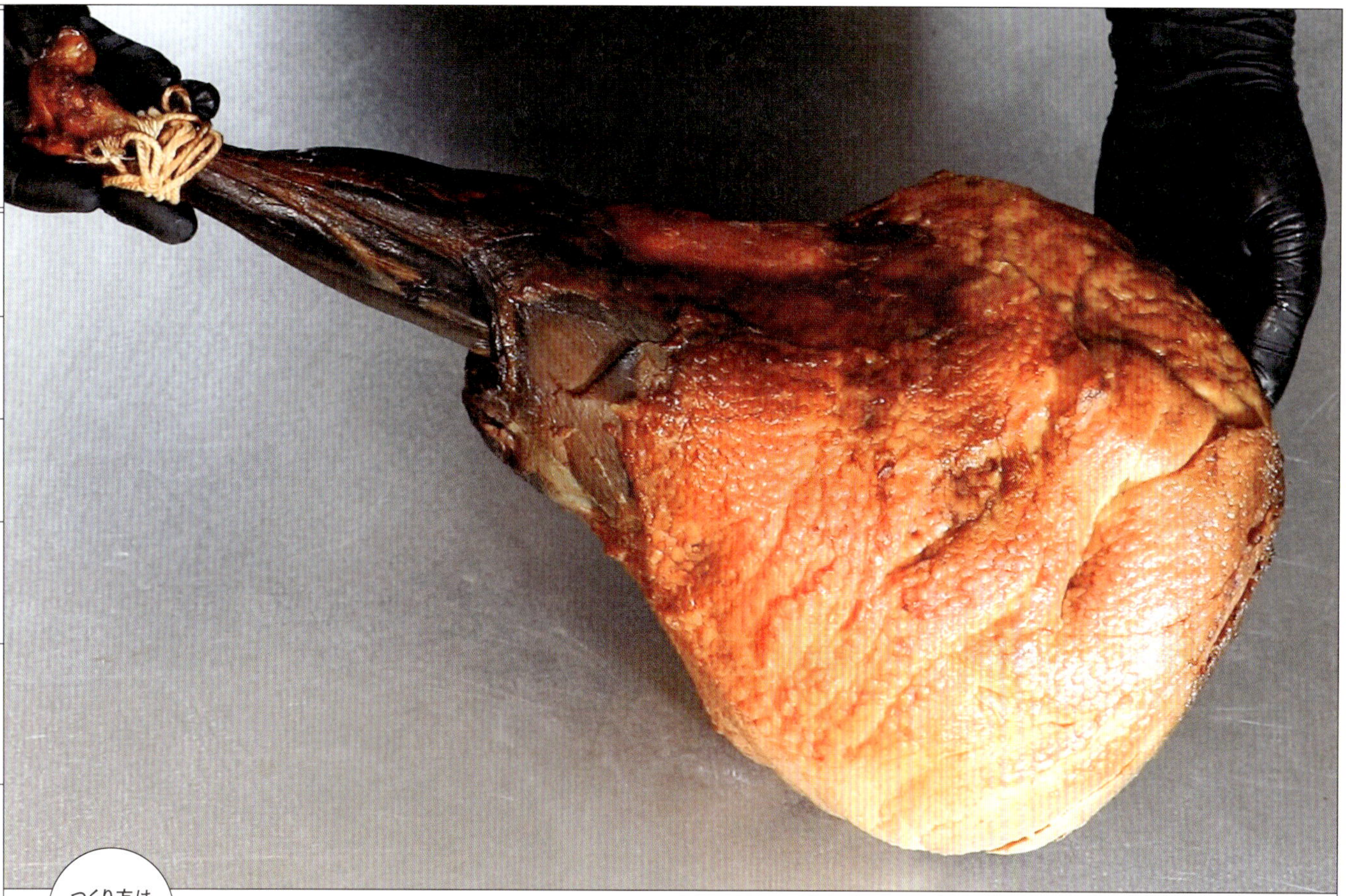

つくり方は P149

猪ハム

猪の骨つきもも肉が手に入ったので丸ごと燻製に。特殊なレシピなのでご参考まで。冷蔵庫に入らないので塩漬けから最後の脱水まで、気温の低い冬に屋外で管理しました。

【燻製方法】
温燻

【調理時間】
100日

〈手順〉
・下処理1時間
・塩漬け7日
・塩抜き3時間
・乾燥3時間
・燻製7時間
サーモスタット75～80℃
・乾燥3か月

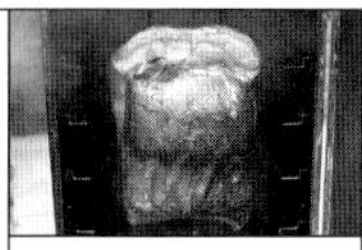

つくり方
猪ベーコン

●材料

■猪ばら肉——2kg
■岩塩——100g（5%）
■三温糖——40g（2%）
■黒こしょう——大さじ2
＊岩塩のみでもOK

●つくり方

【下準備】
①猪肉は、脂の多すぎるところや筋があれば包丁で削ぎ切る。
②調味料を混ぜあわせる。

【塩漬け】
③猪肉の全面に、まんべんなく調味料をすりこむ。
④保存袋に入れて、できるだけ空気を抜いて口を閉じ、冷蔵庫で5日おく。

【塩抜き】
⑤たっぷりの水に4～5時間つける。
⑥キッチンペーパーで水けを拭きとる。

【乾燥】
⑦冷蔵庫か外干し（冬季限定）で3時間ほど乾燥させる。

【燻製】
⑧燻製器をセットし、75～80℃で6時間燻し、加熱処理をする。

【乾燥】
⑨冷蔵庫か外干し（冬季限定）で1日以上、おく。

ポイント！

冬がベストシーズン

このくらいの肉のサイズになると、冷蔵庫に入らなかったり、塩漬けで入れる袋もゴミ袋ほどの大きさが必要になったりと、何かとイレギュラーな事態が発生します。とくに、左ページの猪ハムのように10kgを超える場合は、確実に冷蔵庫が使えないため寒い屋外で管理することになります。仕込みは11～12月、熟成と乾燥は1～3月、3月末に完成するという流れになります。

猪肉は焼いて食べるのがおすすめ！

脂が甘くてうまいので厚切りにして焼いて食べてみて！　焼くことで、もしもの加熱不足の心配も解消されます。

詳細ページNAVI
熱燻 P50
温燻 P51
冷燻 P52
各工程 P176
加熱処理 P14

つくり方 猪ハム

◉材料
- ■猪もも肉——10kg
- ■塩——800g

◉つくり方

【下準備】
①猪肉は、脂の多すぎるところや筋など、必要に応じて処理する。

【塩漬け】
②肉の全面に、まんべんなく塩をすりこむ。
③袋に入れて、できるだけ空気を抜いて口を閉じ、7日おく。

【塩抜き】
④たっぷりの水に3時間つける。
⑤キッチンペーパーで水けを拭きとり、3時間外干しで水けを乾かす。

【燻製】
⑥燻製器をセットし、70～80℃で7時間燻し、加熱処理をする。

【乾燥】
⑦外干し(冬季限定)で3か月ほど、おく。

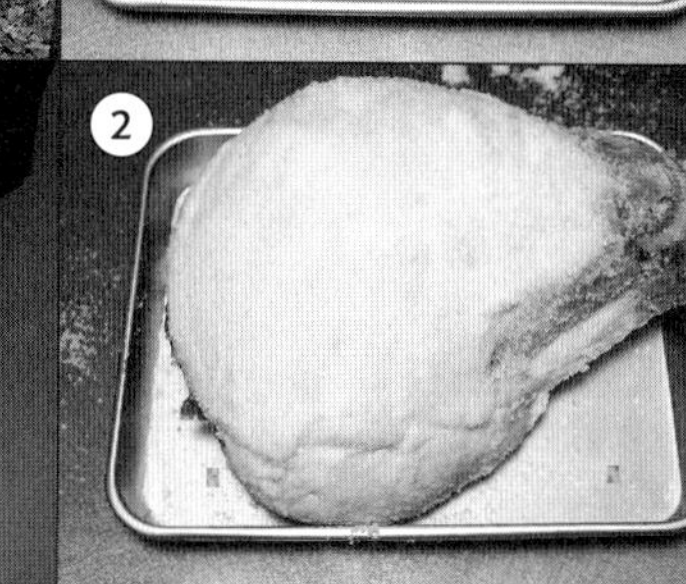

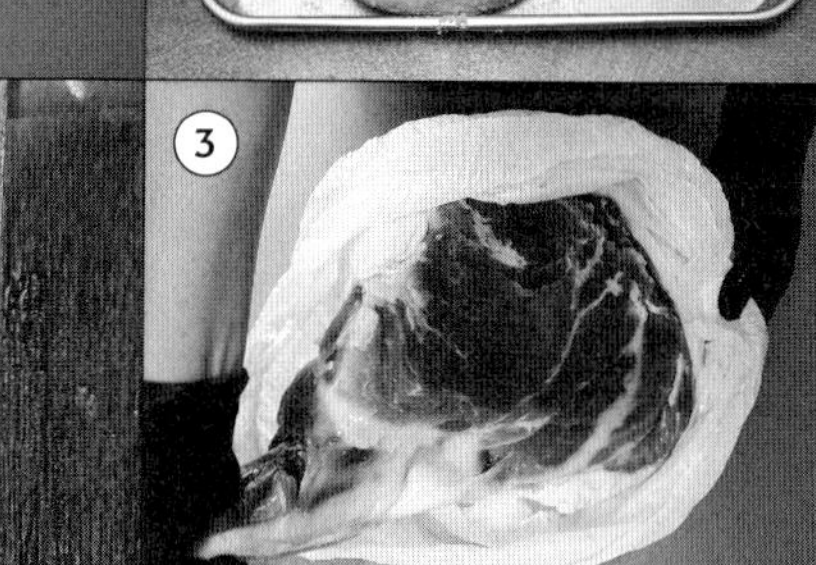

ジビエの燻製の注意点

- 猪肉は、ネット通販で入手でき、直売所などの取扱店がある地域もみられます。
- ジビエの味は半分以上、質で決まります。獣臭がきつい肉だと、いくら漬けこんでも燻製にしても、臭いは消えません。燻製にする前に切れ端を焼いて食べてみて、燻製に向きそうかどうか見極めてください。
- ジビエや2kg以上の肉は、燻製温度を通常よりも高めにしています。
- 加熱処理の温度は、ほかの肉と同様の「中心温度75℃で1分以上か、それと同等」となり、中心温度が63℃なら30分以上の加熱が必要です。

つくり方は
P152

合鴨ハム

鶏よりも脂の多い合鴨は、煙との相性抜群。おもにロース肉ともも肉が流通していて、品ぞろえの豊富なスーパーやネットショップなどで手に入ります。今回はもも肉を温燻でしっとりめに仕上げました。

【燻製方法】
温燻

【調理時間】
3日

〈手順〉
- 塩漬け1日
- 塩抜き30分
- 乾燥3時間
- 燻製2時間
  サーモスタット70〜75℃
- 乾燥1日

マグロ兜の燻製

チャレンジ燻製にふさわしい、高さが30㎝以上もあるマグロの兜。とくに、ほほ肉と脳天(ツノトロ)がうまいです！　かなり特殊な食材で、冷蔵庫での管理も難しいので、家庭でつくるならハーフカットの兜やカマあたりを使うのが無難です。

【燻製方法】
温燻

【調理時間】
3日

〈手順〉
- 下処理30分
- 塩漬け1日
- 塩抜き30分
- 乾燥3時間
- 燻製5時間
  サーモスタット75～80℃
- 乾燥1日

つくり方は
P153

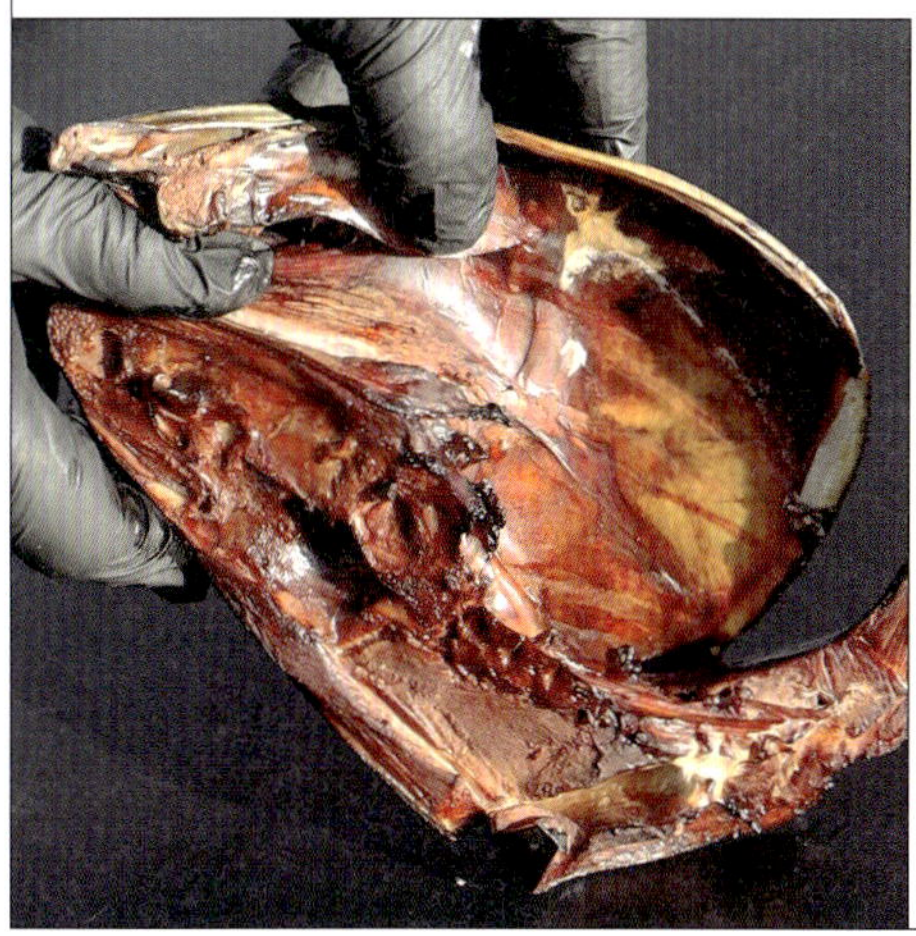

詳細ページNAVI
熱燻 P50
温燻 P51
冷燻 P52
各工程 P176
加熱処理 P14

つくり方 合鴨ハム

◉材料

■合鴨もも肉――――――200g×2枚
■ハーブソルト――――――30g
■水――――――100㎖
＊今回は「マジックソルト」を使用。もちろん塩だけで漬けてもOK

◉つくり方

【塩漬け】
①すべての材料を保存袋に入れて、できるだけ空気を抜いて口を閉じ、冷蔵庫で1日おく。

【塩抜き】
②たっぷりの水に30分つける。
③キッチンペーパーで水けを拭きとる。
④冷蔵庫で3時間おく（省略可）。

【燻製】
⑤燻製器をセットし、70～75℃で2時間燻し、加熱処理をする。

【乾燥】
⑥粗熱をとり、冷蔵庫か外干し（冬季限定）で1日おく。

合鴨ジャーキー

鍋用にスライスされた合鴨で、手軽にジャーキーをつくります。味つけにはポン酢を使っています。

◉材料

合鴨（鍋用スライス肉）――180g
ポン酢――――――適量

◉つくり方

①保存袋に肉を入れ、ひたひたの量までポン酢を注いでなじませてから、口を閉じ冷蔵庫に1日おく。
②さっと水で洗い、キッチンペーパーで水けを拭きとる。
③肉を広げて網に並べ、65℃で1時間、燻す。
④冷蔵庫か外干しで3日おく。

丸ごと合鴨燻製

合鴨の丸鶏が手に入ったら、燻製に挑戦してみましょう。

◉材料

合鴨丸鶏――――――1羽（1.5kg）
塩――――――60g（4％）
好みで、三温糖、黒こしょう、ハーブ類を適量

◉つくり方

①肉に調味料をすりこみ、保存袋に入れて冷蔵庫に3日おく。
②たっぷりの水で1時間、塩抜きをして、水けを拭きとる。
③燻製器をセットし、70～80℃で熱乾燥を1時間、チップを入れて70～80℃で2時間、燻す。
④冷蔵庫か外干しで1日おく

詳細ページNAVI
熱燻 P50
温燻 P51
冷燻 P52
各工程 P176
加熱処理 P14

つくり方
マグロ兜の燻製

◉材料
■マグロ兜――1個(2kg)
■塩――80g(4%)

◉つくり方
【下準備】
①兜は、汚れや血合いを取りのぞき、よく洗ってキッチンペーパーで水けを拭きとる。
【塩漬け】
②兜の全面に、まんべんなく塩をすりこむ。
③保存袋に入れて、できるだけ空気を抜いて口を閉じ、冷蔵庫で1日おく
【塩抜き】
④たっぷりの水に30分つける。
⑤キッチンペーパーで水けを拭きとる。
⑥外干し(冬季限定)で3時間おく(省略可)
【燻製】
⑦燻製器をセットし、75〜80℃で5時間燻し、加熱処理をする。
【乾燥】
⑧粗熱をとり、外干し(冬季限定)で1日以上おく。

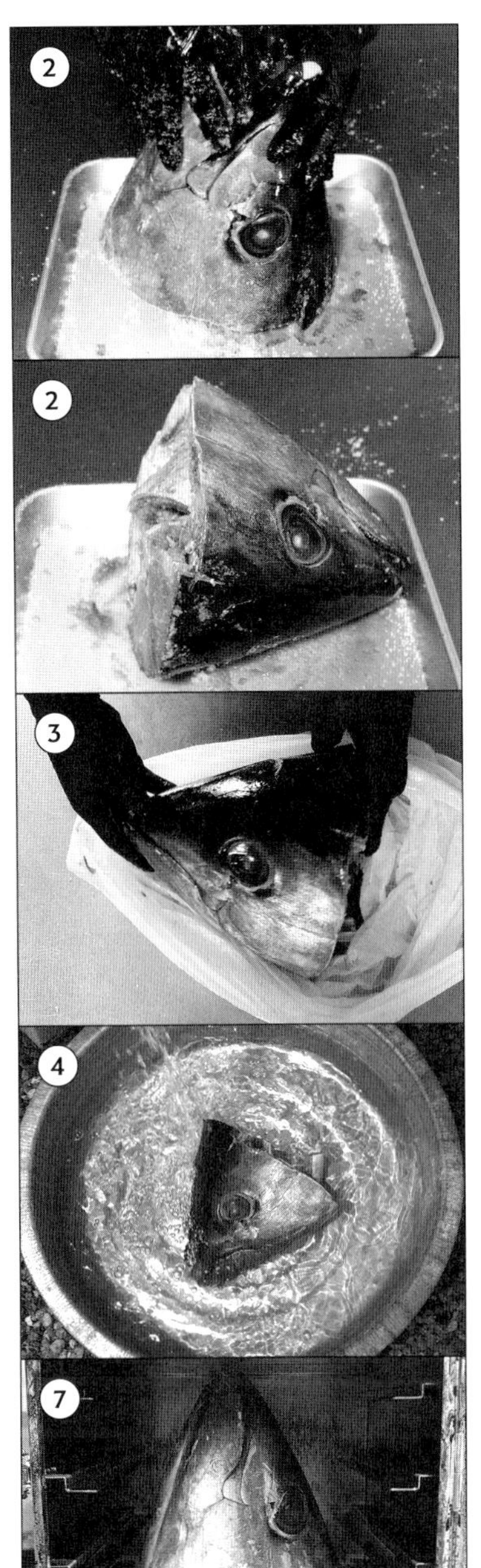

アレンジレシピ

マグロカマの燻製

◉材料
マグロカマ――1個
しょうゆ――適量

◉つくり方
①保存袋にカマを入れ、ひたひたの量までしょうゆを注いで口を閉じ、冷蔵庫に1日おく。
②さっと水で洗い、キッチンペーパーで水けを拭きとる。
③75〜85℃で4時間、燻す。
④冷蔵庫か外干しで1〜5日おく。

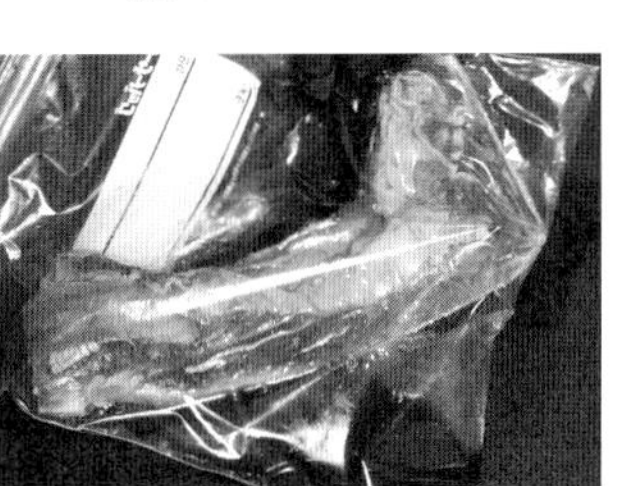

ポイント!

大きな食材の燻し方

ここまで大きな食材を使うことはないかもしれませんが、燻製器の上と下の温度差が大きくなり、火を通すのが大変です。かといって食材を熱源に近づけすぎると、チップの直熱で焦げてしまいます。高さ1m以上の燻製器を使う、遮熱板で直熱を遮るなどの工夫が必要で、正直、難易度は高いです。特別な日など、機会があればチャレンジしてみてください。

生卵の燻製

試しに生卵のまま燻してみたら、これがおいしい！　ゆで卵でつくったものより好みでした。黄身も白身も水分が抜けて、凝縮された味。とくに黄身の味が際立ちます。

【燻製方法】
熱燻

【調理時間】
2日

〈手順〉
・燻製12時間
・乾燥1日

◉材料
■卵――――お好みで

◉つくり方
【下準備】
① 卵は常温にもどす。
【燻製】
② 燻製器をセットし、65℃で1〜2時間、燻したら、温度を80度に上げて計12時間(2日に分けて6時間ずつなど)、燻す。
＊いきなり80℃にすると殻が割れることがあるので、低めの温度(65℃あたり)からスタートする
【乾燥】
③ 粗熱をとり、冷蔵庫で1日おく。

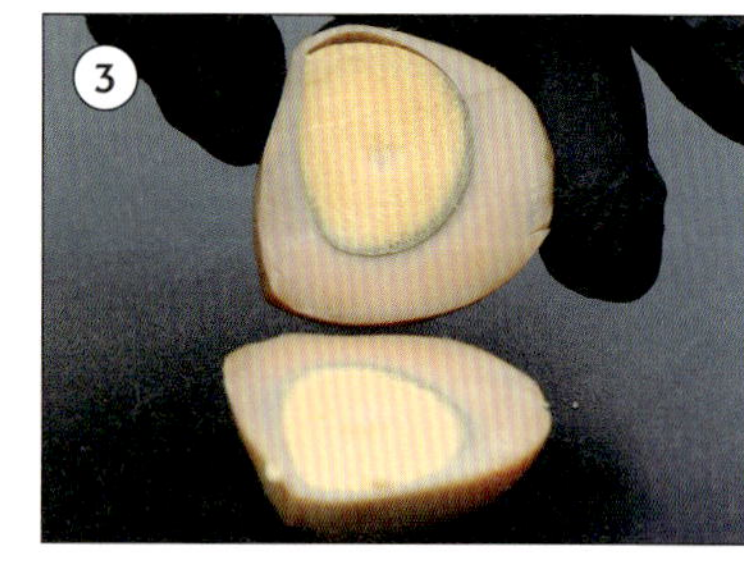

アレンジレシピ

燻製半熟卵

そのまま食べてもおいしい半熟卵を、燻製にしたら、やっぱりおいしい！　火が入って黄身がかたまらないように、スモークウッドを使った冷燻で2時間ほど燻します。

半熟卵を白だしで1日味つけ。味つけなしでもかまわない。

スモークウッドで燻製後は、できれば1日ほど冷蔵庫におく。

詳細ページNAVI
熱燻 P50
温燻 P51
冷燻 P52
各工程 P176
加熱処理 P14

数日かけてゆっくり燻す本格的な冷燻に劣らない味を時短で再現。仕込みから完成まで最短8時間で完成します。もちろん味も間違いなし！　朝から仕込めば、晩酌に間に合います。

【燻製方法】
冷燻

【調理時間】
1日

〈手順〉
- 塩漬け3時間
- 塩抜き5分
- 燻製2時間
- 乾燥3時間

ポイント！

ほかの食材でも試したい

ここでは本マグロを使いましたが、ほとんどの刺身がこのつくり方でおいしくできます。個人的に、とくにおすすめなのが、ホタテ貝柱、寒ブリ。ぜひお試しを。

◉材料
- 本マグロ中トロ――1さく（200g）
- しょうゆ――100㎖
- 青ネギ（小口切り）――適量

◉つくり方

【塩漬け】
①すべての材料を保存袋に入れて、できるだけ空気を抜いて口を閉じ、冷蔵庫に3時間おく。

【塩抜き】
②さっと水洗いする。
③キッチンペーパーで、水けをしっかり拭きとる。

【燻製】
④段ボール燻製器に遮熱皿をセットして、スモークウッドを2個使用し、2時間燻す。

＊冬季以外は、ほかの冷燻方法でつくることができる

【乾燥】
⑤外干しで3時間、冷たい風に当てる。冬季以外は冷蔵庫におく。

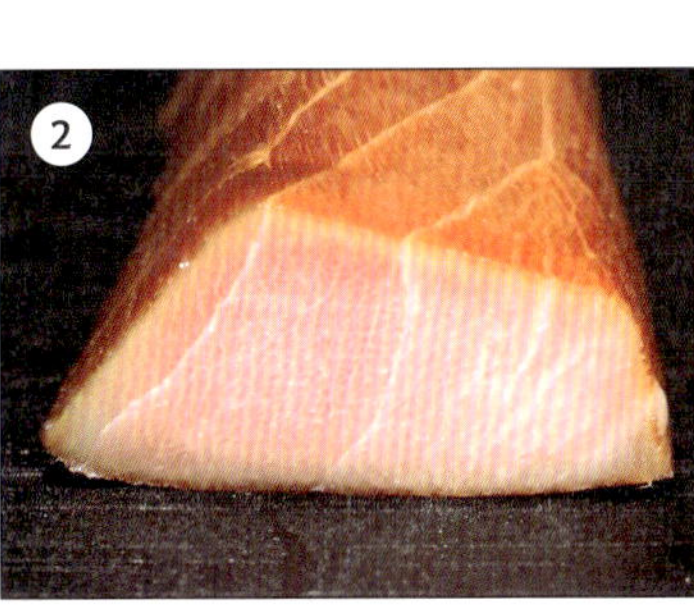

SMOKE COLUMN

05 一番簡単な燻製のつくり方

本書では冒頭から、ベーコンのつくり方を紹介しました。ベーコンづくりの工程には燻製の基本的なノウハウが詰まっています。この一連の流れを知ることで、ほかの食材への応用もできるので、燻製づくりにしっかり取り組みたい人には最適の、ぜひ繰り返しつくって極めてほしいレシピのひとつです。

ベーコンをつくるにはそれなりの時間がかかりますが、ふと思い立ったときに、気軽につくることができる、とても簡単な燻製もあります。それは、スモークウッドを使った香りをつけるだけの燻製です。コンロが不要というのがなにより手軽。燻製器も家にある手頃なサイズの段ボールを燻製器にすれば十分です。

適した食材は、加熱処理の必要がないプロセスチーズやちくわ、かまぼこ、ソーセージ。ナッツやスナック菓子などなど、なんでもいいです。軽く煙をかけるだけで、いつもと違う味に生まれかわります。さらに、肉や魚などの生の食材でも、燻製前にゆでて火を通したものにスモークウッドで香りをつければ、おいしい燻製食ができあがります。少ない道具で実践できるので、アウトドアにも最適です。

本書ではスモークウッドは、おもに食材に火を通したくない冷燻（スモークサーモンや刺身の燻製など）に使っています。これもまた、スモークウッドの特徴を生かした燻製方法のひとつです。

冬季以外のスモークウッドを使った燻製は、温度帯でいうと温燻ということになりますが、加熱処理が不要な食材を使うなら温度はそれほど気にする必要はありません。逆に、温燻とはいえ、かたまり肉に火を通すほどのパワーはないので（気温によっては可能なこともあるかも？）、ベーコンやハムづくりとは使い分ける必要があります。要は適材適所。食材に火を通すのか？　保存性をどの程度求めるのか？　目的に応じて適した方法が選べる自由度の高さが、燻製のいいところでもあります。

燻製方法は、下記のとおり。燻製器は段ボールが一番手軽で、機能的にもベター。ふたつきのBBQコンロも、この燻製に向いています。いっぽう燻製器内に空気が取り込めないとスモークウッドの火が消えてしまうので、ご注意を。

とても簡単なので、まずは気軽に、いろんな食材を燻してみると楽しいですよ！

段ボール燻製器（P163）で、カニカマやちくわ、ソーセージを燻製中。燻製時間は1〜2時間を目安に、食材に合わせてお好みで。

一斗缶燻製器（P170）やバケツ燻製器（P168）でもスモークウッドが使える。底付近に空気を取り入れる穴を開けるのがポイント。

第6章 燻製器大研究

燻製づくりに、なくてはならない燻製器。
実は、熱と煙を上手にコントロールできれば
燻製器はこれでなければ！というものはなく、
どれを選んでも、どんな燻製でもつくることができます。
すでに燻製器をお持ちなら、それを使ってもよし、
つくりたい燻製に合わせてＤＩＹするもよし。
各種燻製器を紹介するなかから、
自分に合ったものを選んでみてください。

スモーキーフレーバー設計

オーブン燻製機大解剖

これ一台で、服部式の熱燻、温燻、冷燻すべての燻製をつくることができる、イチオシの燻製器を紹介します。

Now Field オーブン燻製機

直径32.5㎝、高さ22㎝の鍋型燻製器。内トレイ「マルチPAN（本書でいう遮熱皿の改良パーツ）」があることで、燻製器の中を、燃焼室と燻製室に分けられ、鍋型燻製器が苦手とする、温燻のための繊細な温度コントロールが可能にした。2019年発売の、グッドデザイン賞を受賞したステンレス燻製器。扱いやすいサイズながら、あらゆる燻製に対応できる。数百もの燻製をつくってきた経験をもとに、服部式燻製の知恵が詰めこまれている。

材質＝SUS304（板厚1.5㎜）／重量＝2.5㎏／おもな付属品＝ステンレス網（φ280㎜）、亜鉛メッキ網（φ280㎜）、網＆マルチPAN治具（網と皿用のハンドル）、バイメタル式温度計

オーブン燻製機の仕組み

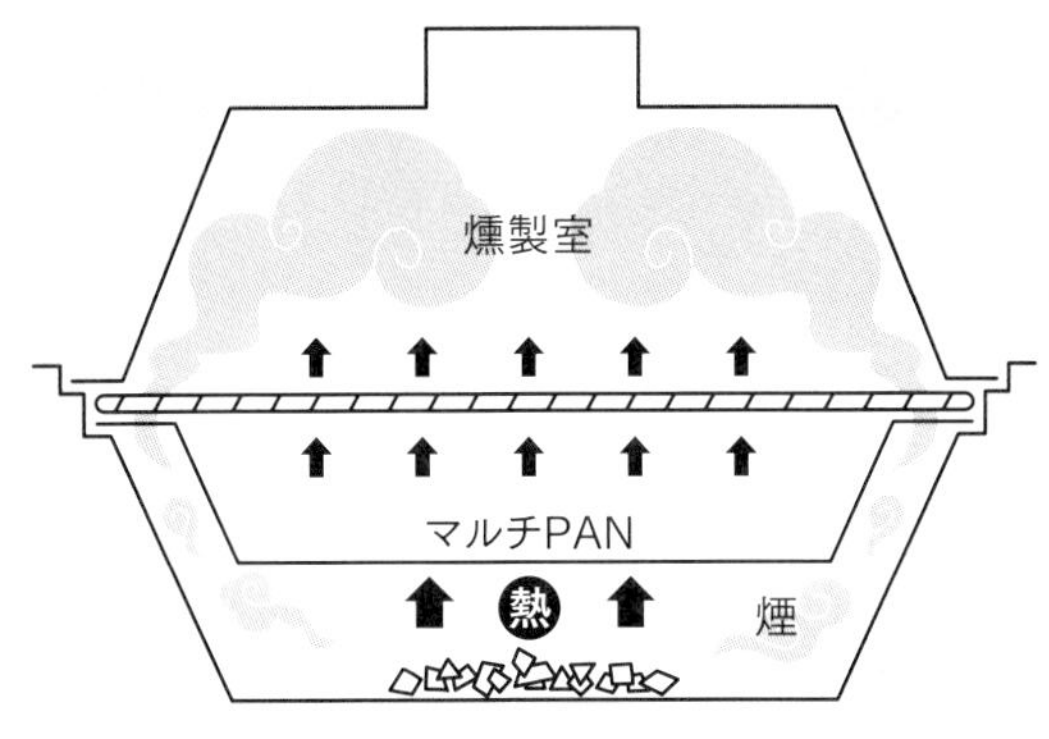

オーブン燻製機の断面図。中間にあるマルチPANが燻製機内を燃焼室と燻製室に分離。食材に当たる直熱をやわらげ、煙は外周の穴から壁伝いに上りながら燻製室に入るので、やわらかな煙をかけることができる。

チップ皿
スモークチップを入れて、熱源にのせる一番下のパーツ。ここがチップ皿（燃焼室）になる。

マルチPAN
チップ皿にのせるパーツ。遮熱皿として使い、熱源と食材の近さをカバーする。冷燻では水か氷を入れて使う。汁受けとしても機能する。

チップ皿にマルチPANをセットしたところ。外周の穴から煙が食材に流れる。

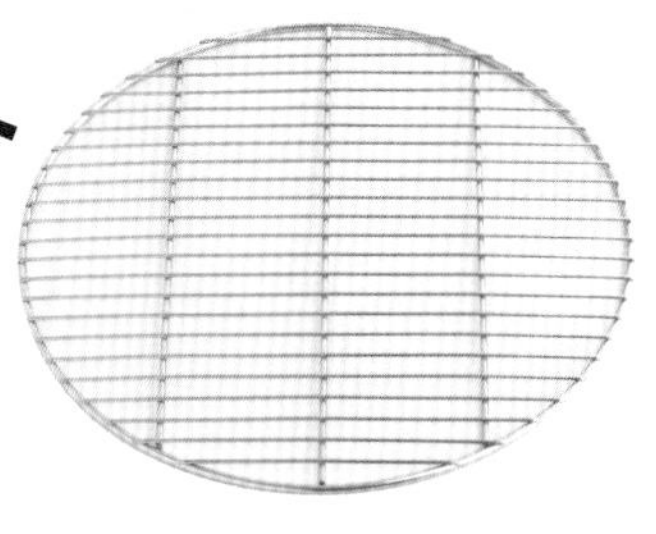

ステンレス網
食材をのせるパーツ。

網、マルチPANをチップ皿にセットしたところ。これより上が燻製室として機能する。

ふた
温度計を取りつけられ、サーモスタット（別売り）のセンサーをセットする穴があいている。残りの穴は煙の排出用として機能する。

一般的な鍋型燻製器は、燃焼するチップと食材の距離が近いので、温燻をつくろうとすると食材に熱が入りすぎる傾向にあります。このオーブン燻製機は、マルチPANというパーツで燻製機を上下に仕切ることで、熱と煙の流れを分離。チップが燃える直熱と強い煙が食材にダイレクトに当たるのを避けられるのが最大の特徴です。またこのマルチPANに水や氷を入れると遮熱皿として機能し、服部式の冷燻づくりも簡単にできるようになっています。耐久性も高く、長く安心して使うことができ、燻製上級者から初心者まですべての人におすすめです。

オーブン燻製機の使い方

熱燻

熱燻は、一般的な鍋型燻製器を使う場合と同じ方法でつくります。チップを熱してから火を消して煙だけをかけるので、厳密な温度管理も必要ありません。

チップ皿にスモークチップをひと握り入れる。アルミホイルをしいておくと、後始末が楽になる。

中火にしてチップから煙が出たら火を消し、食材をセットする。

ふたをして煙が出なくなるまで15〜20分おく。これを数回繰り返す。詳しい手順は50ページを参照。

温燻

鍋型なので熱源と食材の距離が近いのですが、マルチPANを使うことで直熱をやわらげ、マルチPANの外周から出る、やわらかい煙をかけることができます。

温燻では、マルチPANを使う。チップ皿にチップを平らに入れてから、マルチPANをセットする。

食材をセットしたら、あとは通常の温燻の方法(P51)で時間まで燻す。

電気コンロとサーモスタットを使うのも、通常の温燻と同様。ふたにある穴が便利に使える。

冷燻

マルチPANに氷を入れてを遮熱皿として使います。冷燻の仕組みとしては、52ページBパターンの冷燻と同じ考え方です。この方法なら、季節を問わず冷燻が可能です。

チップの入れ方は、熱燻と同様。ガスコンロの火の形に合わせて、ドーナツ型にしている。

マルチPANをセットし、氷を入れる。これで熱を遮ることで、食材に火を入れず、煙だけをかけられる。

網にのせた食材をセット。チップを熱して煙が出たら火を消してふたをする、冷燻の方法を行う。

市販の燻製器案内

燻製器のタイプと特徴

市販の燻製器にもいろいろな種類があります。バリエーションが多く、入手しやすいのは、やはり鍋型燻製器。金属製はもちろん、陶器製もあります。価格がリーズナブルで、コンパクトなので場所を取りません。

高さ30㎝以上の縦型燻製器は、熱源と食材との距離がとれるので、サーモスタットを使った温燻がつくりやすくなります。おもに角形と筒形があり、素材はメッキ鋼板やステンレスなどの金属製が主流です。どちらがいいということはありませんが、コスト重視ならメッキ鋼板、耐久性や保温性重視ならステンレス製といったところです。このタイプは幅広い燻製に対応できるので、初心者から上級者まで幅広くおすすめできる燻製器です。

さらに大きい大型タイプ（たとえばドラム缶くらい）は、あらゆる燻製を無理なくつくることができます。業務用や一度に大量の燻製をつくりたいなら断然このタイプ。また自分で釣った魚やジビエで燻製をつくる人にも適したサイズです。

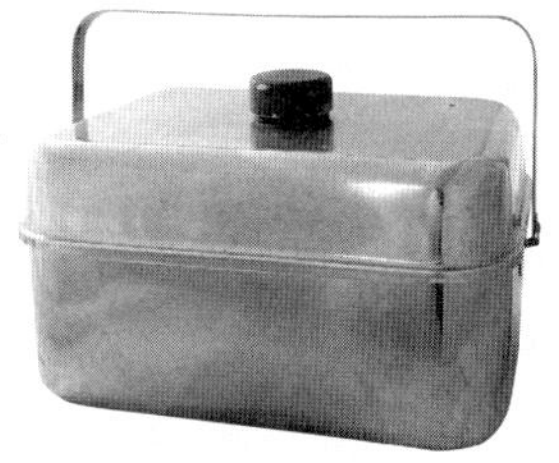

鍋型燻製器

コンパクトで扱いやすい、初心者にもおすすめのタイプ。キッチンで使えるタイプも多数市販されている。持ち運びができるのでアウトドアで使うにもいい。煙と温度のレスポンスが早く、手ばやく燻製をつくることができるタイプが多い。

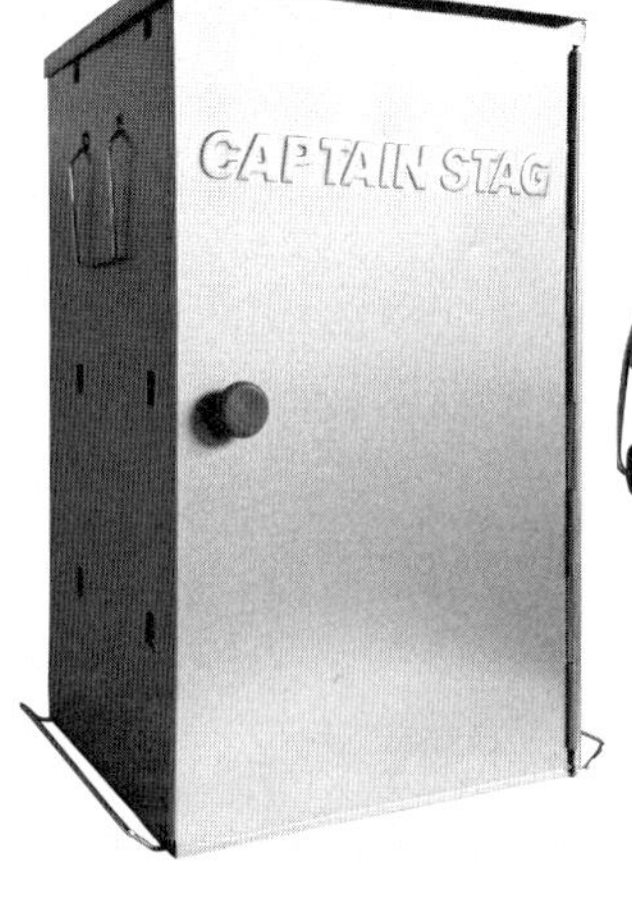

縦型燻製器（中サイズ）

入手しやすい燻製器の中では、高さ30㎝以上の縦型燻製器が、最も汎用性が高い。熱源はガス、電気、スモークウッドにも対応しているものが多いが、多機能になったり精度がよくなるほど、値段が高くなっていく。

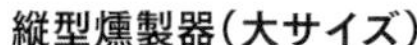

縦型燻製器（大サイズ）

高さ70㎝以上もあると、温度管理がスムーズで、あらゆる燻製をつくるのに対応できる。とはいえ、家庭用としては大きすぎ、値段も高くなっていく。このくらいのサイズになると大量の燻製をつくったり、大きな肉を燻したりするなど、本格的な燻製づくりや業務用に向けた燻製器になる。

燻製器DIY①

段ボール燻製器をつくる

使用時はふたを閉じる

＼一番簡単！／

段ボール燻製器

1号

段ボール箱に、網をセットするだけの、
5分でつくれる簡単燻製器

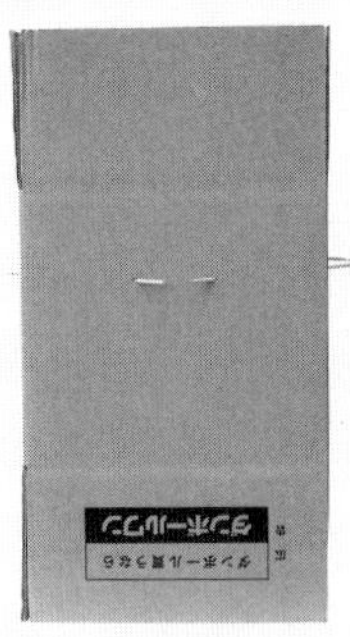
正面

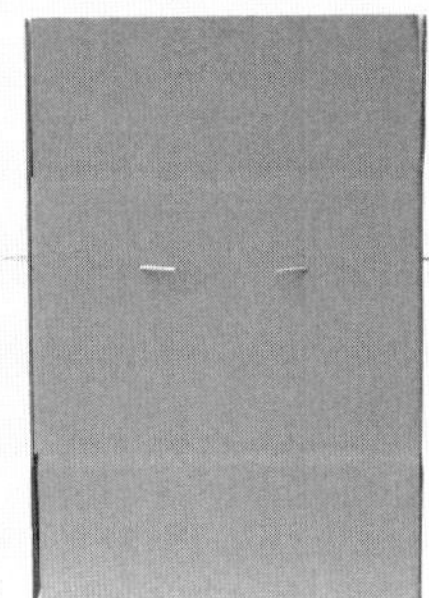
側面

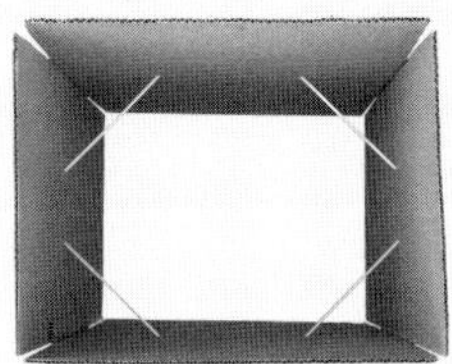
天面

最も簡単な手づくり燻製器が、この段ボール燻製器です。燻製をつくってみたいけれど、燻製器は持っていないし、いきなり買うのも……と思っていたら、まず、この段ボール燻製器で、初めての燻製にチャレンジしてみてください。

33ページの段ボール燻製器は加工も不要でしたが、ここでは、さらに2タイプのDIY段ボール燻製器を紹介します。1号機は、DIYと呼ぶほどのこともない簡単なつくりで、少ない材料で5～10分もあれば完成します。2号機は、少し凝ったつくりの扉つき。網を2段セットできるので、けっこうたくさんの食材をセットできます。

次ページでつくり方を解説していますが、段ボールのサイズは、ぴったり同じじゃなくても大丈夫です。あまり小さすぎるのは燻製に向かないので、120サイズくらいを目安に用意してください。網は段ボールに入るサイズを用意します。

なお、段ボール燻製器は、スモークウッドと合わせて使うのがお約束。食材に加熱処理が必要ない、香りづけの燻製用です。段ボールに直接、熱源が触れていなくても、中が熱くなりすぎると燃えるので、くれぐれも注意してください。

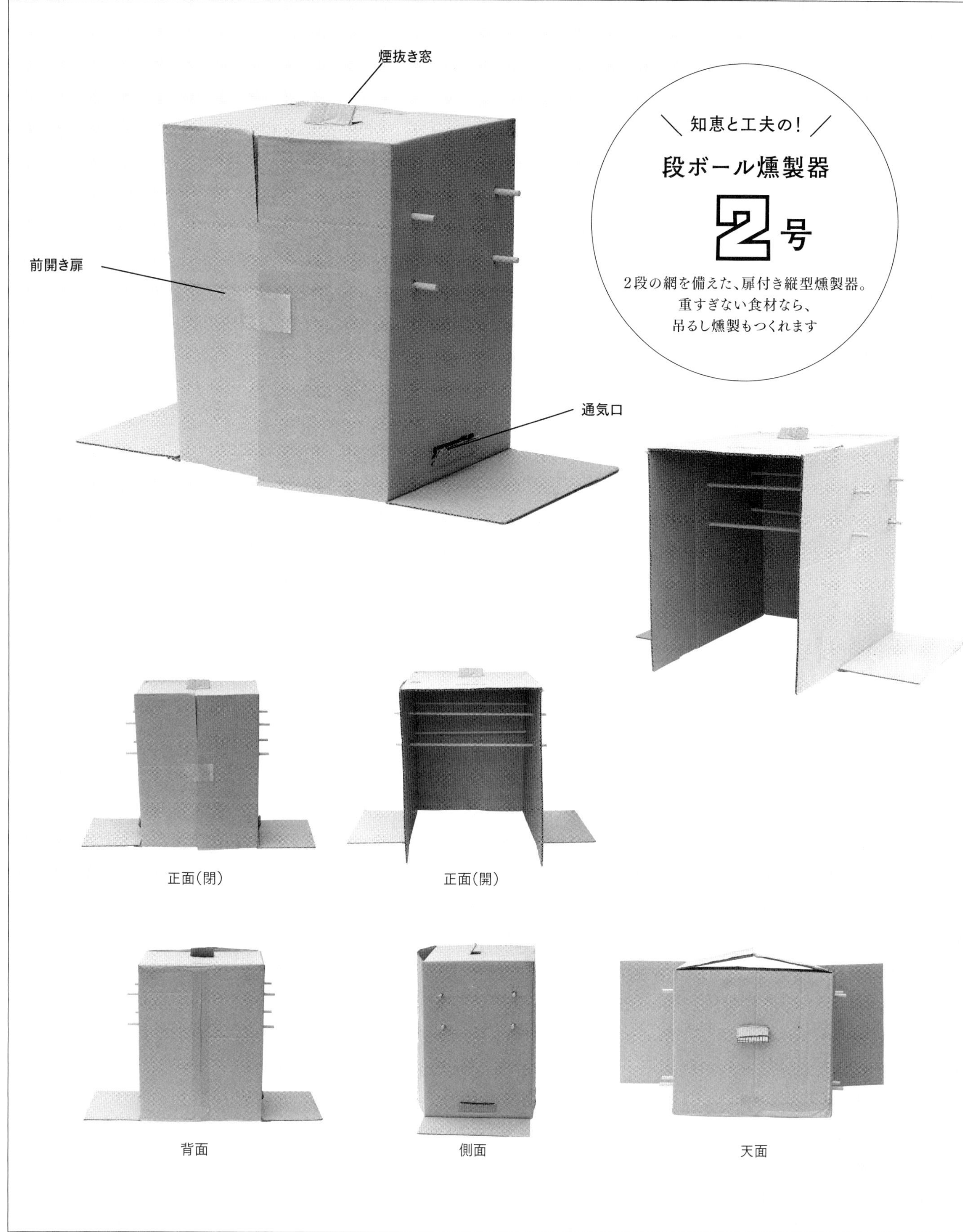
煙抜き窓
前開き扉
通気口
＼ 知恵と工夫の! ／
段ボール燻製器
2号
2段の網を備えた、扉付き縦型燻製器。
重すぎない食材なら、
吊るし燻製もつくれます
正面(閉)
正面(開)
背面
側面
天面

1号機のつくり方と使い方

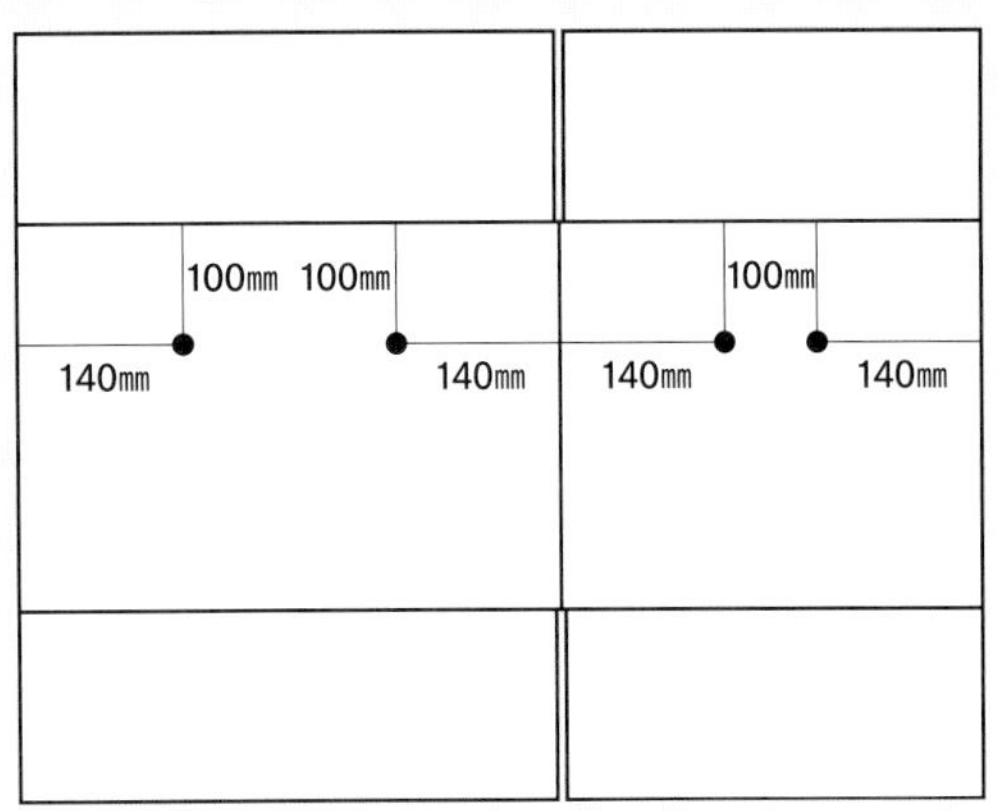

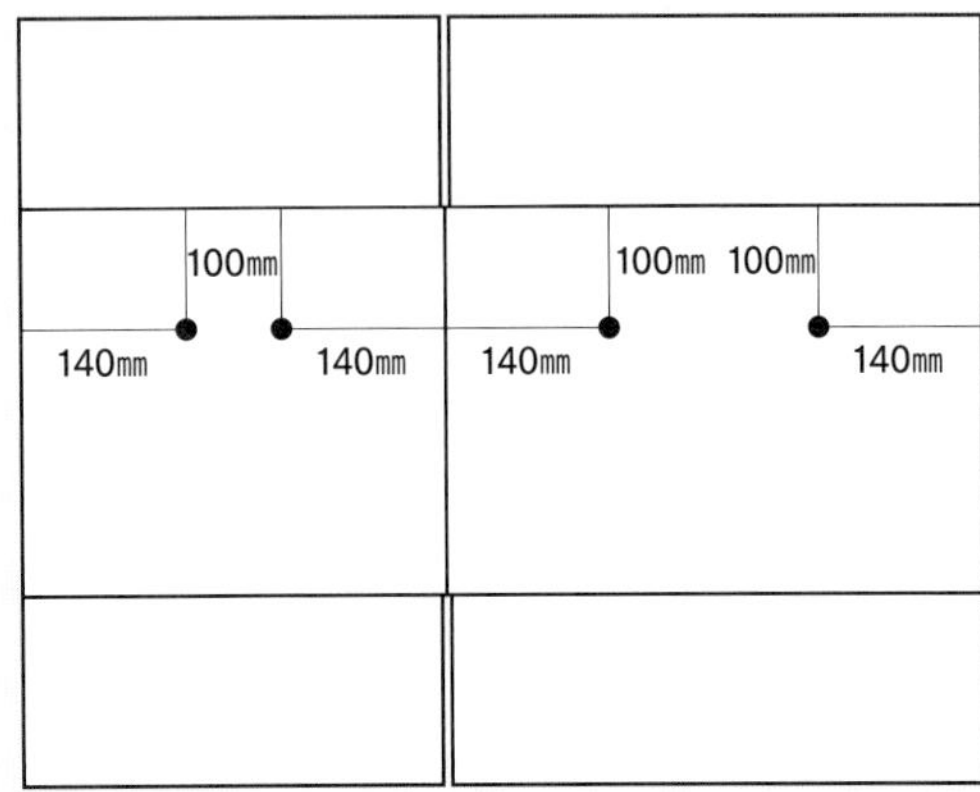

●＝竹串を通す穴の位置

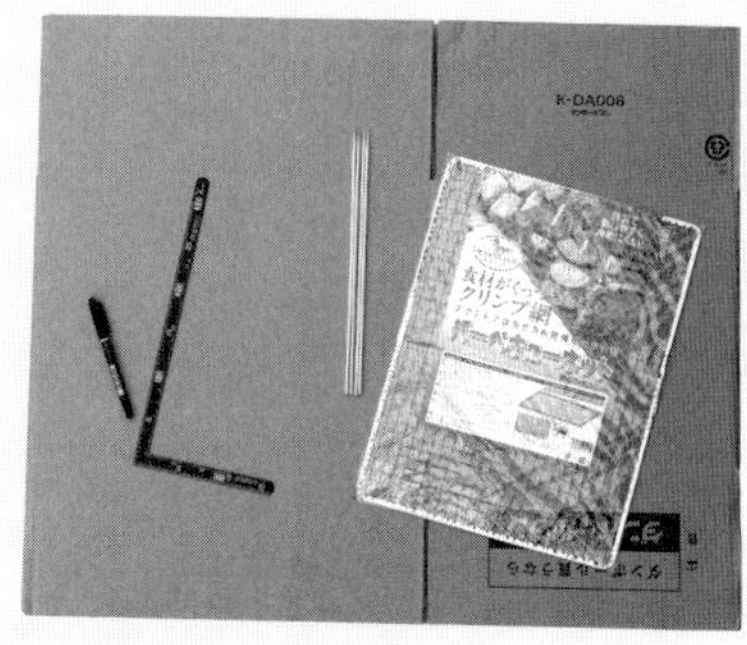

材料と道具

- 120サイズ程度の段ボール箱（ここでは外寸の長さ460×幅360×高さ320㎜のものを使用）1個
- 竹串（30㎝程度）4本
- 焼き網（段ボールサイズに合わせる。ここでは約400×300㎜のものを使用）1枚
- 定規
- 筆記用具

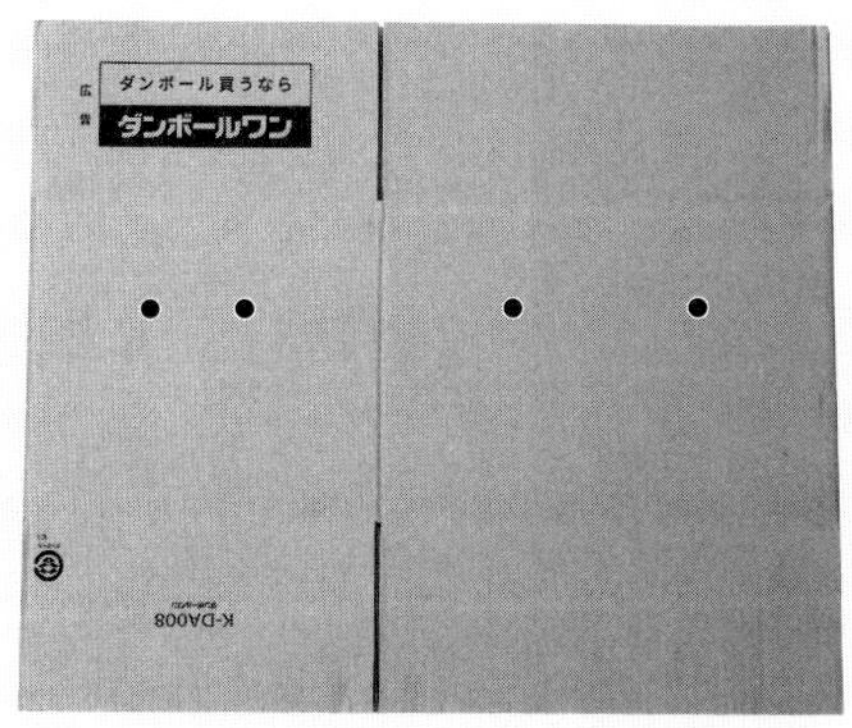

つくり方

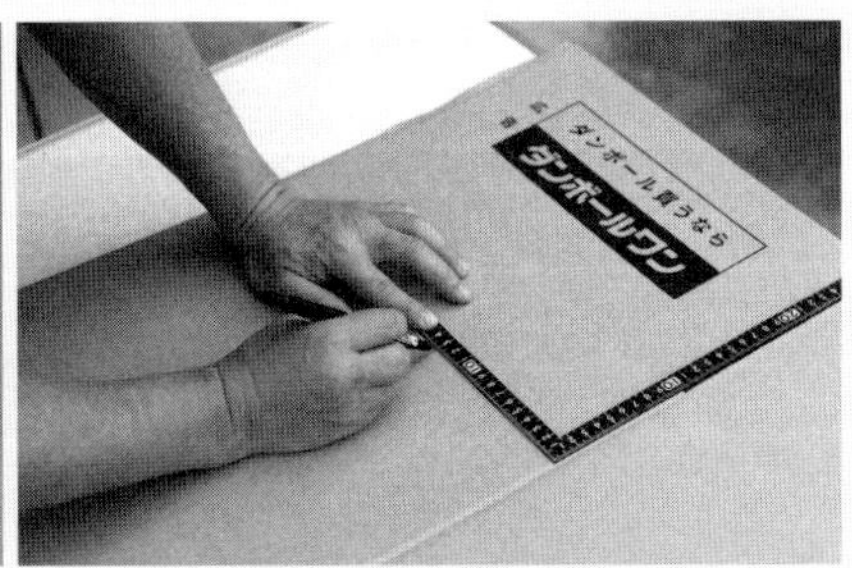

1 図面の●の位置に印をつける。4面それぞれ、端から14㎝、上から10㎝を目安に、段ボールのサイズに合わせて、任意の位置でかまわない。

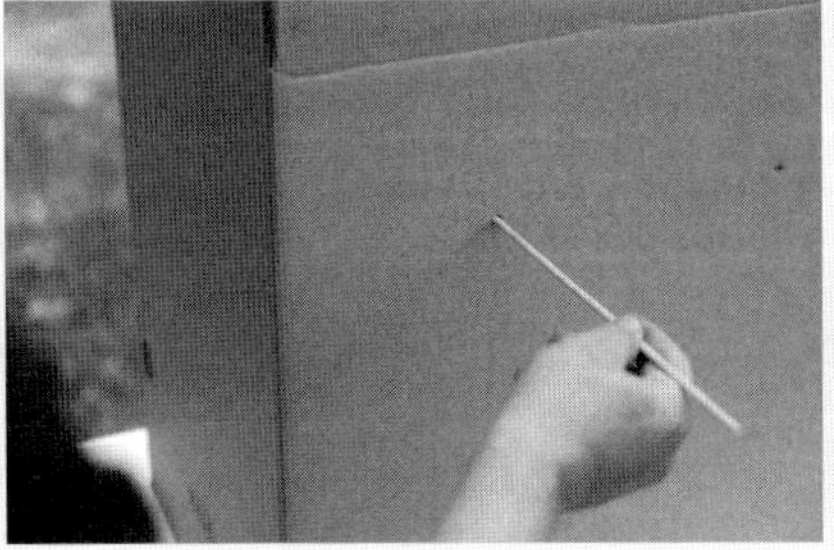

2 印の位置に竹串を使って穴をあける。ここでは、まだ穴をあけるだけ。8か所すべてに行う。

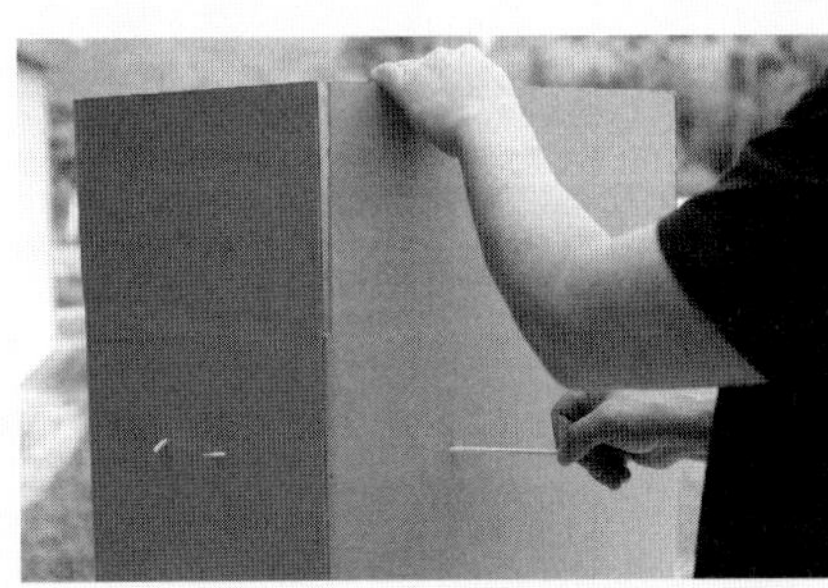

3 箱の角に対して斜めに竹串を通す。4か所すべて差したら完成。竹串の先端が鋭いので、切るか丸めておくと安全。

使い方

1 段ボール燻製器の熱源にはスモークウッドを使う。バットの上でウッドに着火する。バーナーを使ってしっかりあぶるのがコツ。

2 あぶった所が黒く焦げ、端が白くなるくらいが目安。このくらい燃やしておかないと、途中で火が消えやすい。

3 スモークウッドをのせたバットを地面に置き、竹串を差した側が上になるようにして、段ボール燻製器をかぶせる。

4 金属バットに置いていても地面に熱が伝わるので、燃える心配のない安全な場所で行う。

5 竹串の上に網をのせ、燻製にしたい食材をのせる。ここではスナック菓子を入れたざるを網にのせた。

6 上ぶたを閉じ、重石をのせる。段ボールが風で飛んでしまうことがあるので、ある程度の重さがあるものを使う。

段ボール燻製器の注意点

☑ 熱源はスモークウッド限定

火が壁に触れていなければ大丈夫だろう、と思ったら大間違い。中の温度が高くなれば、段ボールは燃えます。電気コンロやガスコンロの使用は絶対にやめてください。

☑ 段ボール燻製器での冷燻は冬季限定で！

スモークウッドを使っていても外気温が高いと、燻製器内の温度は冷燻で求めるよりも高くなってしまいます。中途半端に温度が上がると雑菌が繁殖しやすくなるので、スモークウッドで冷燻をするなら外気温10℃以下が適しています。もっと温度が上がる時期なら、この組み合わせで温燻をつくることもできます（124ページ）。その場合は温度計で燻製器内の温度をチェック。安全のため65℃以上にならないように注意します。

☑ 重石は必ず使う

段ボール燻製器は、非常に軽いので、風が吹くと動いたり倒れたりします。そうすると、スモークウッドに触れて燃えるおそれもあります。上記の1号機では、上のふたを閉じる役割も兼ねて重石をのせています。段ボールが耐えられる、かつ風で動かない適度な重さの重石を使ってください。2号機は脚となる部分に重石を置くので、レンガなどの重いものを使っても大丈夫です。あまりにも風が強い日は、燻製をしないほうが安全です。

☑ すき間は空いているのが正解

とくに1号機は、下部のふたのあたりがすき間だらけで、これで大丈夫なの？と思うかもしれませんが、このすき間がないと、燻製器内に新鮮な空気が入らず、スモークウッドが消えてしまいます。一度組み立てた段ボールだと、折り目がついていて自立しづらい場合があります。そのときは、すき間を残しつつ安定するようにガムテープで補強します。2号機のように、通気口を開けるのもいいです。

2号機のつくり方と使い方

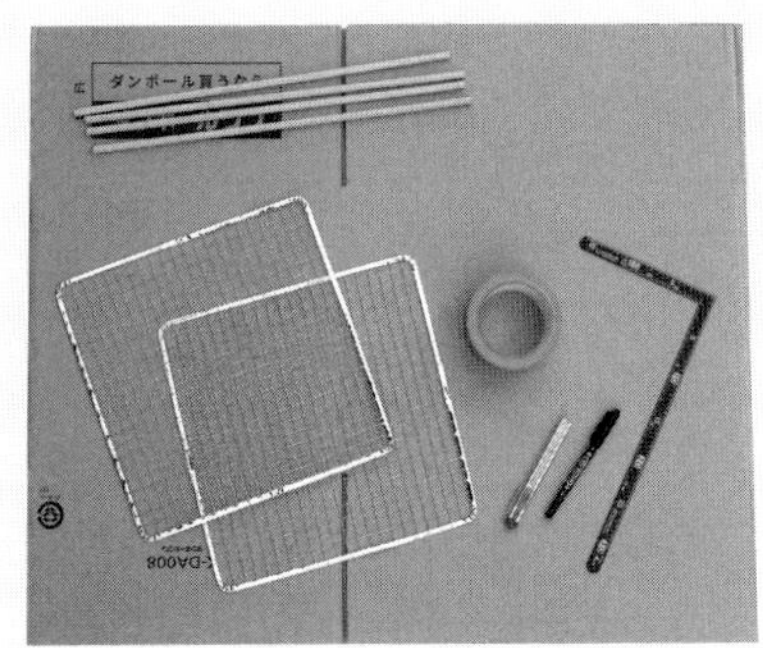

材料と道具

- 120サイズ程度の段ボール箱（ここでは外寸460×360×320㎜のものを使用）1個
- 丸棒φ10㎜（段ボールの短辺の長さに合わせる。ここでは約400㎜のものを使用）4本
- 焼き網（段ボールサイズに合わせる。ここでは300×300㎜のものを使用）2枚
- 定規
- 筆記用具
- カッターナイフ
- ガムテープ

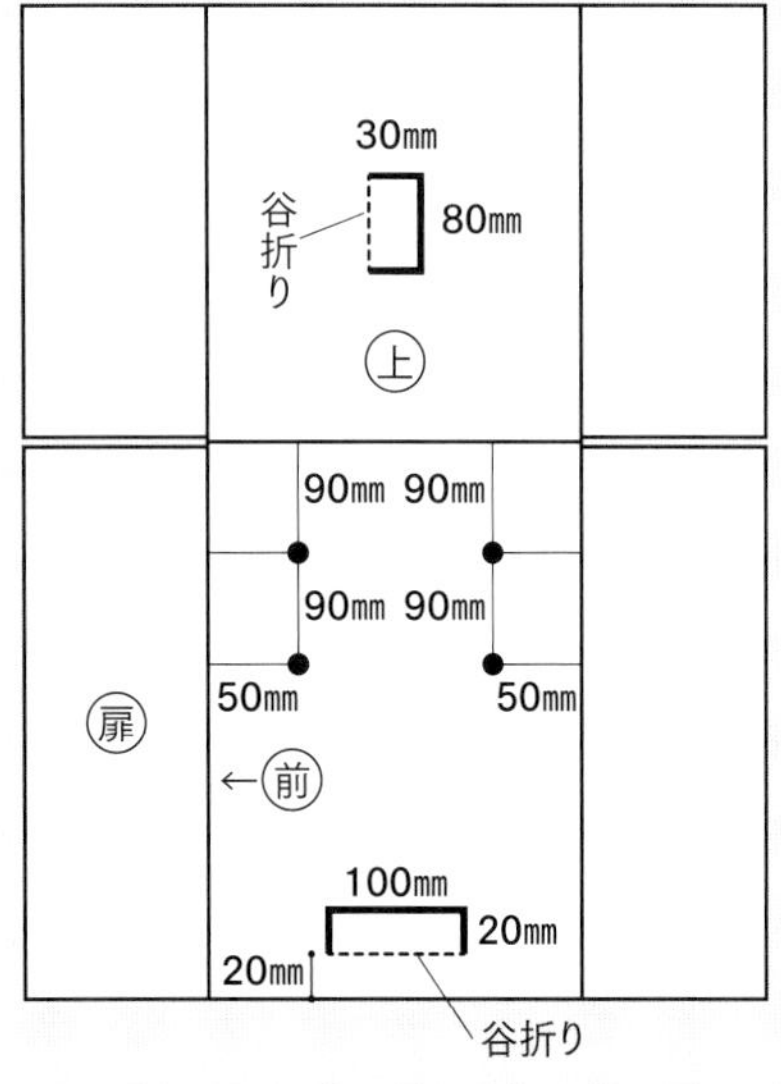

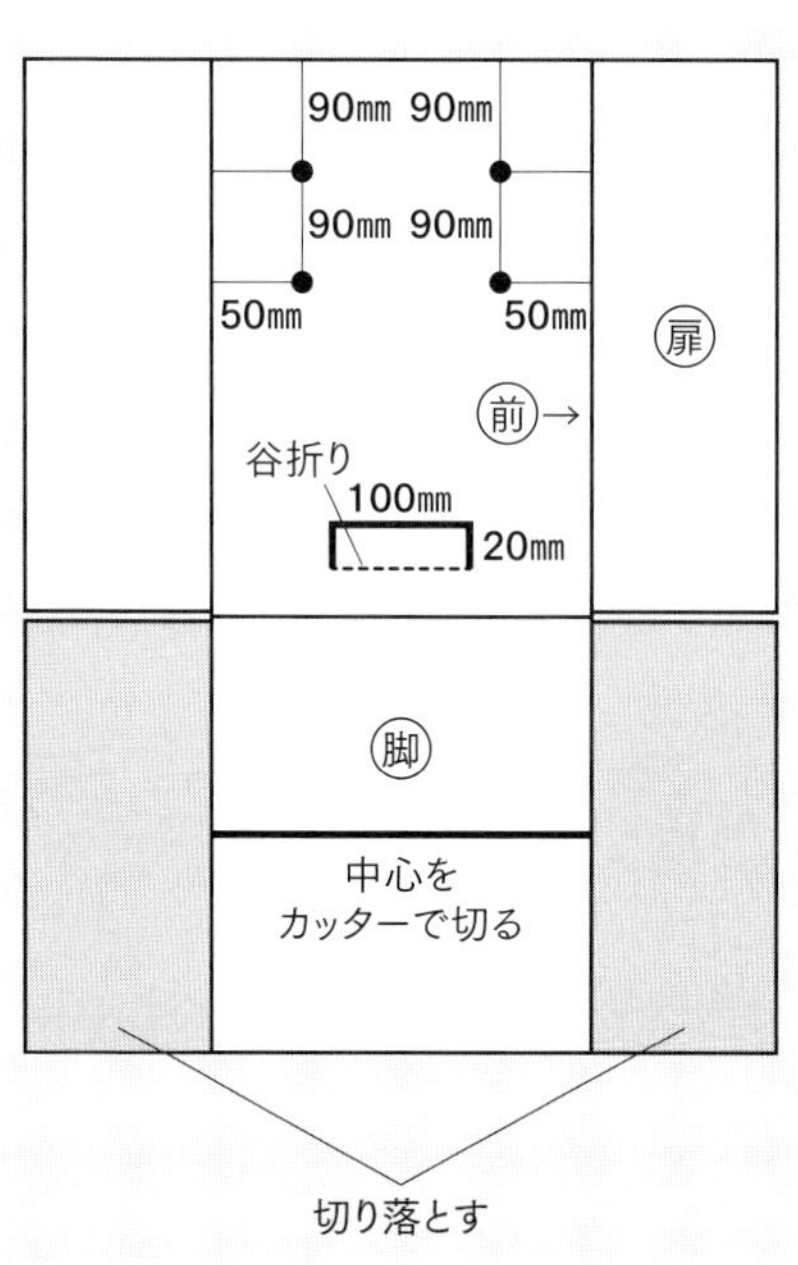

●＝丸棒を通す穴の位置

━＝カッターで切る

つくり方

1 図面の●の位置に、丸棒を通す印をつける。組み立てたときに上になる面から、10㎝前後間隔が目安。食材と熱源が近くなりすぎない高さにする。

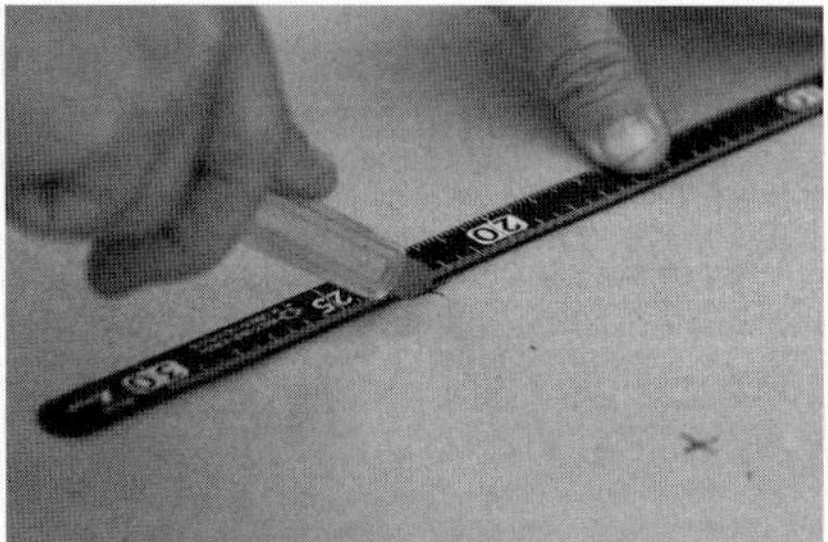

2 印の位置にカッターナイフで十字に切りこみを入れる。大きさは1㎝程度。切り込みが貫通するように、カッターの刃を深く差しこむ。このとき別の面まで切れてしまわないように、カッターマットなどをはさむ。

3 図面のグレー部分（組み立てたとき地面側になる短辺のふた）は、折り目から切り落とし、残りの部分は図面を参考に中央で切り開く。

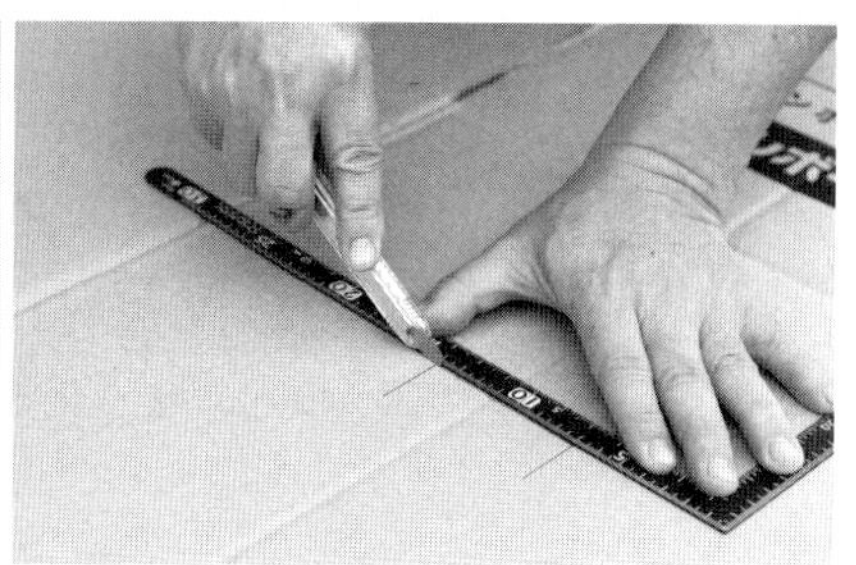

4 煙抜きの窓をつくる。組み立てたときに上になる面の中央あたりに3×8㎝の長方形を描き、長い一辺を残して切り込みを入れる。

5 残した一辺に浅い切りこみを入れて谷折りにする。同じ方法でに底面近くの壁には2×10㎝の窓をつくる。こちらは、スモークウッドの燃焼空気の通気口になる。

6 背面になる面(長辺の一方)のふたをガムテープで閉じる。ふたを切りおとした地面側は、内側にガムテープを巻きこむようにする(写真右の端)。

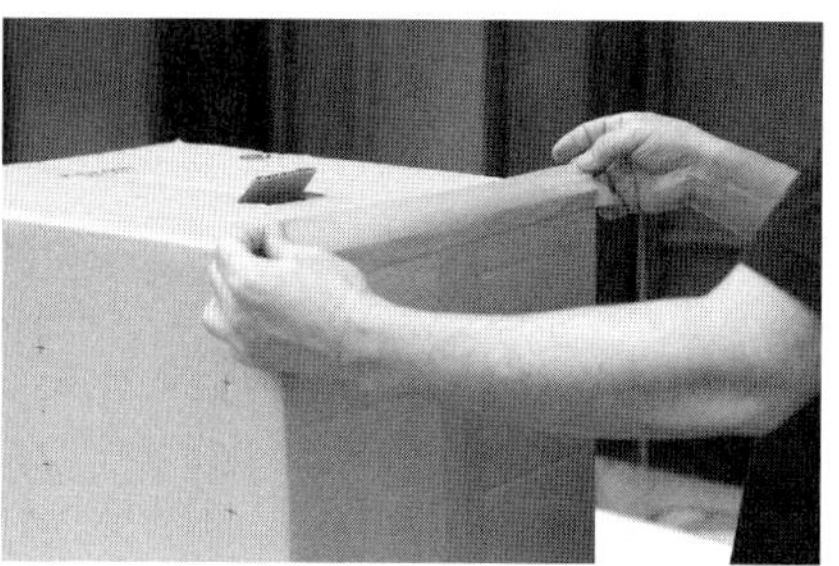

7 角の部分もガムテープで閉じる。もう一方のふたが扉になる。この時点では前後は問わないので、どちらかの長辺を閉じればいい。

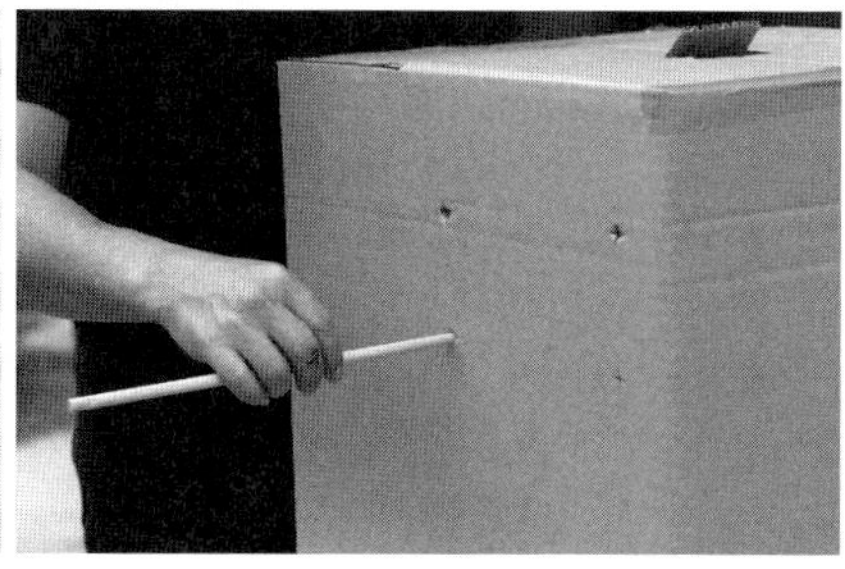

8 2で入れた切りこみに丸棒を通す。はじめに全部の穴に、外側から丸棒を差して穴をつくってから、通したほうがきれいに確実に通せる。

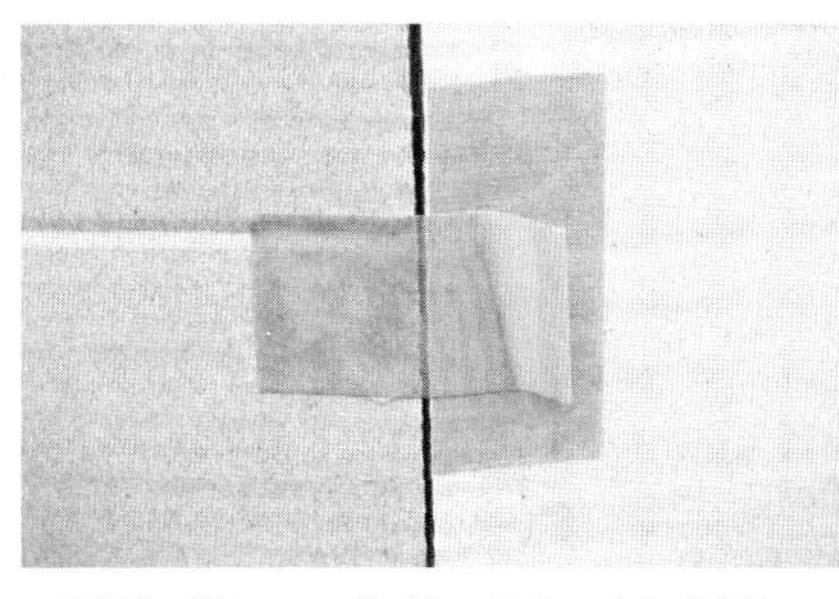

9 扉にテープで取っ手をつくる。写真のようにしておくと、開けたり閉じたりできるので便利。横向きのテープの端を折っておくのもポイント。

使い方

このようにして、網を丸棒の上にのせる。高さのある食材には向かないが、手軽かつ本格的な燻製器が完成した。

熱源はスモークウッド。横に渡した丸棒に食材を網をのせ、扉を閉めたら燻製スタート。網や食材が重い場合は、丸棒の数を増やしてもいい。

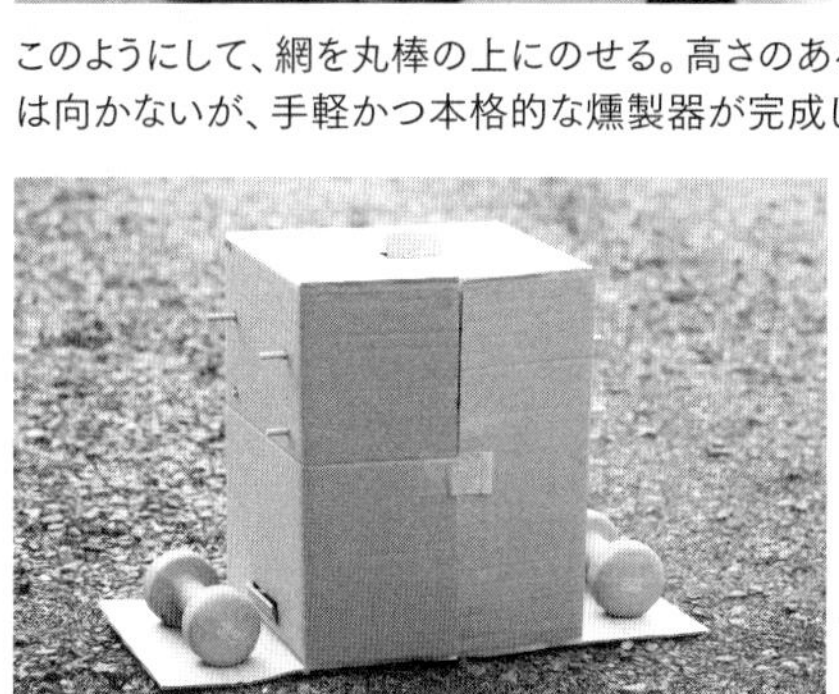

工程③で切り開いた面を左右に開いて重石をのせる。風で飛ぶと燃える危険もあるので、必ず重石で押さえる。

燻製器DIY②
バケツ燻製器をつくる

バケツでつくる縦型燻製器。ふたはステンレスボウルに取っ手をつけて使い勝手をよくしています。金属用のドリルを使うため、難易度が高く感じますが、家に電動ドリル（インパクトドライバーでも）があれば、思ったよりも簡単です。網はバケツのテーパーを生かしてセットします。ガスコンロ、電気コンロともに対応し、底面近くに通気穴を開ければ、スモークウッドや炭を使うこともでき、あらゆる燻製に対応する汎用性の高い、おすすめ燻製器です。

材料と道具

- 亜鉛メッキ鋼板のバケツ（φ300㎜程度）1個
- ステンレスボウル（φ300㎜）1個
- 鍋用取っ手1個
- 丸網（φ280㎜）1枚
- 電動ドリル＋金属用ビット（φ3,4,6㎜があると便利）

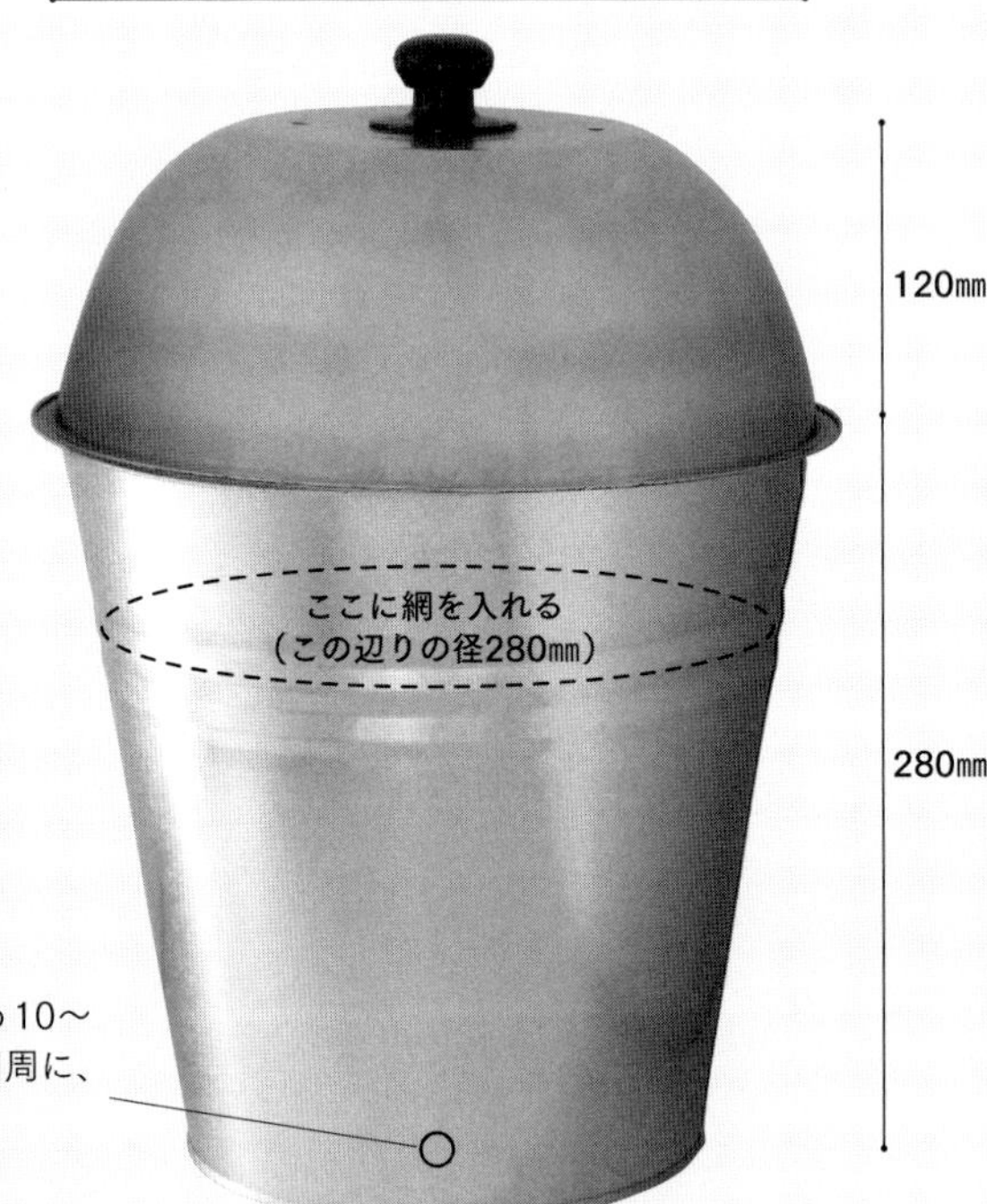

つくり方

1 バケツの取っ手は、ふたをするのに邪魔になるのでこの部分を取り外す。

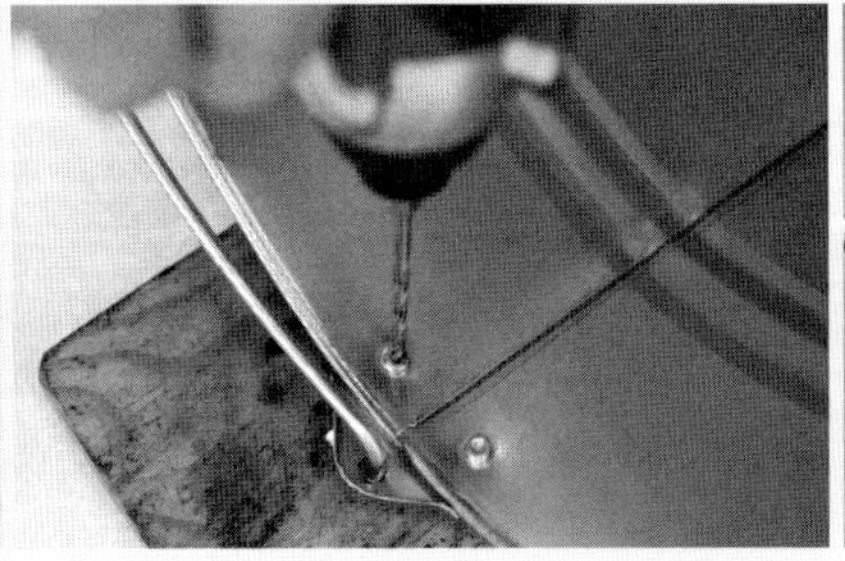

2 リベットをドリルで削る。ある程度削っていくと、リベットが外れる。ドリルビットはリベットの大きさに合わせる（通常3〜4㎜）。

3 ドリルを使った直後は金属部が高温になっているので、素手で触らないように注意する。

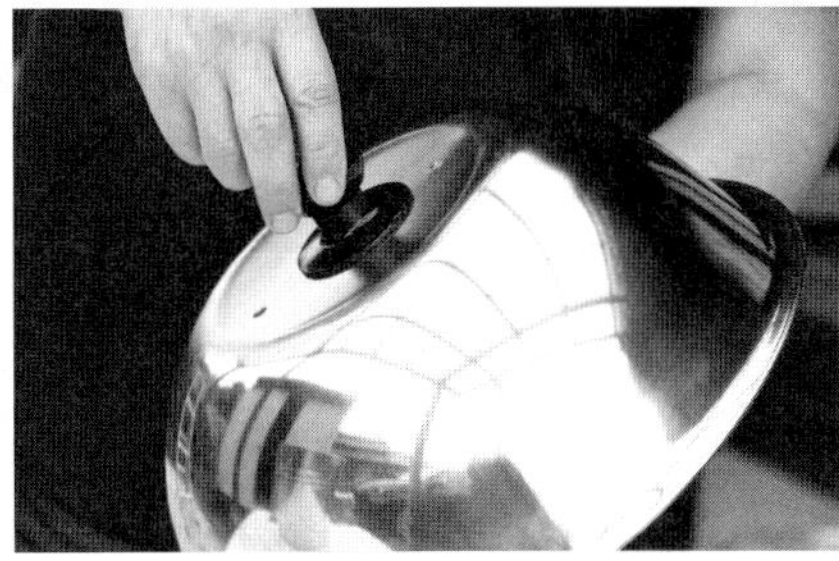

6 中央の穴に取っ手を取りつける。このような取っ手は、100均でも手に入る。

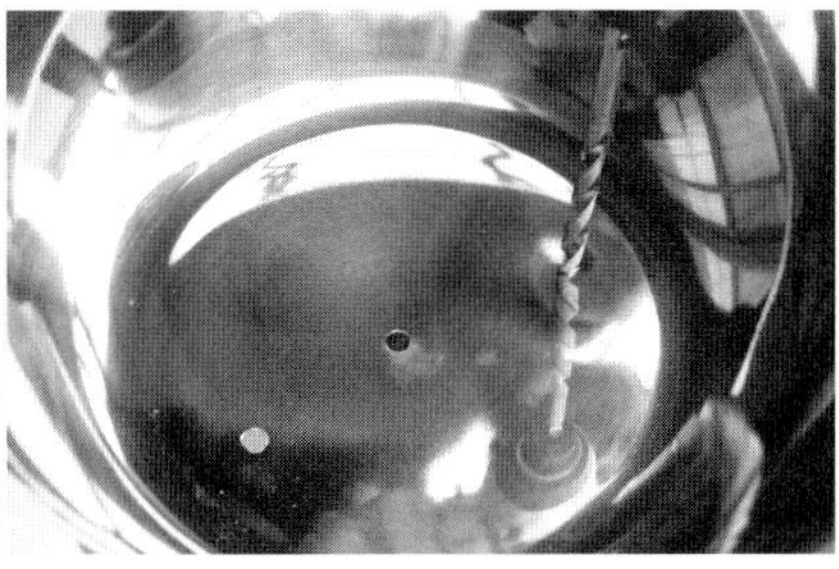

5 中心から左右5cmほどの位置に、2か所φ6mmの穴をあける。温度計用、煙抜き用として使う。

4 ふたをつくる。ボウルの中心に取っ手をつけるための穴をあける。穴の大きさは取っ手のネジ径に合わせる。

使い方

〈上右〉バケツ燻製器はガスまたは電気コンロに向く。スモークウッドを使いたい場合は、底付近に燃焼のための空気を取り入れる穴をあける（右ページ写真参照）。〈上左〉取っ手の横に開けた穴には、温度計やサーモスタットのセンサーが入れられる。〈右〉スモークチップは、コンロの火の当たる部分にピンポイントに入れるようにする。

バケツのテーパーを利用して網を入れる。バケツ上端から5〜6cm下がったところの直径の網があるとベストサイズ。数cmくらいの誤差はまったく問題ない。

〈左〉加熱後、熱い網を取り出すのが難しいので、網取り用のハンドルを用意しておくといい。100均でも手に入る。〈右〉ボウルのふたの代わりに、アルミホイルでふたをしてもいい。加熱後、はがすときは火傷に注意。

燻製器DIY③

一斗缶燻製器をつくる

一斗缶でつくる燻製器です。仕様としては市販の筒形燻製器に近く、網をセットでき、吊るしの燻製も可能です。バケツ燻製器同様、穴あけ作業がありますが、板厚0.4㎜ほどと、それほど分厚くもかたくもないので道具があれば簡単に穴が開けられます。むしろドリルを強く当てすぎると、テンションで凹んでしまうので注意が必要です。

ガスコンロ、電気コンロはもちろん、下部にも穴を開けるのでスモークウッドも使えます。サーモスタットで温度コントロールをしながらの温燻にも十分対応できる、なかなか優れたDIY燻製器です。

材料と道具

- ふたつき18ℓ一斗缶1個
- 角網220×220㎜1枚
- 六角ボルト(M6×40)、ナット、平座金各4組
- 電動ドリル
- 金属用ビット(φ7㎜)
- 定規
- 筆記用具
- スパナ(10㎜)2本

正面/背面

側面

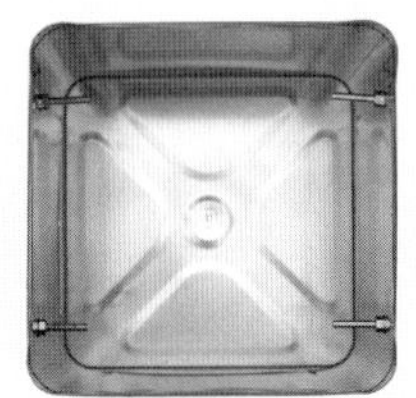

天面(開)

天面(閉)

つくり方

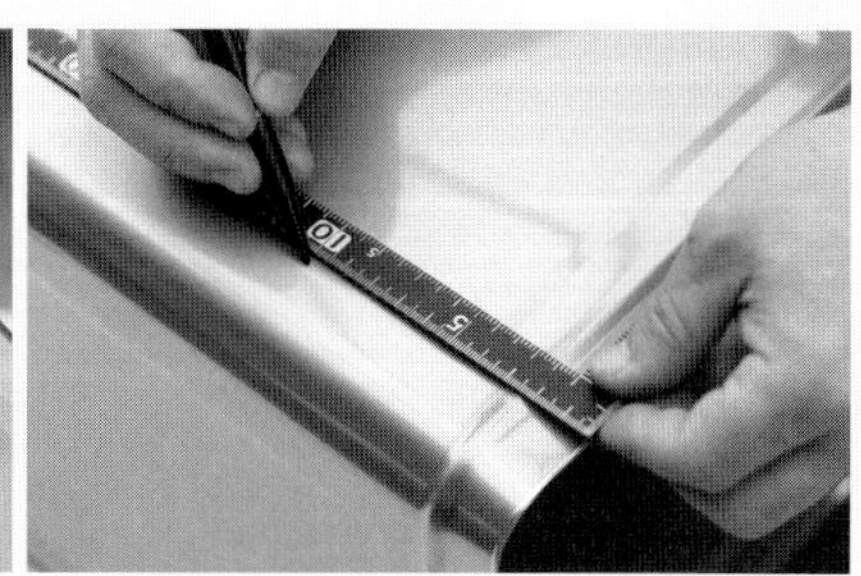

1 図面の●印の位置に印をつける。向かい合う2面が同じ印になる。一斗缶への印つけには油性ペンを使う。

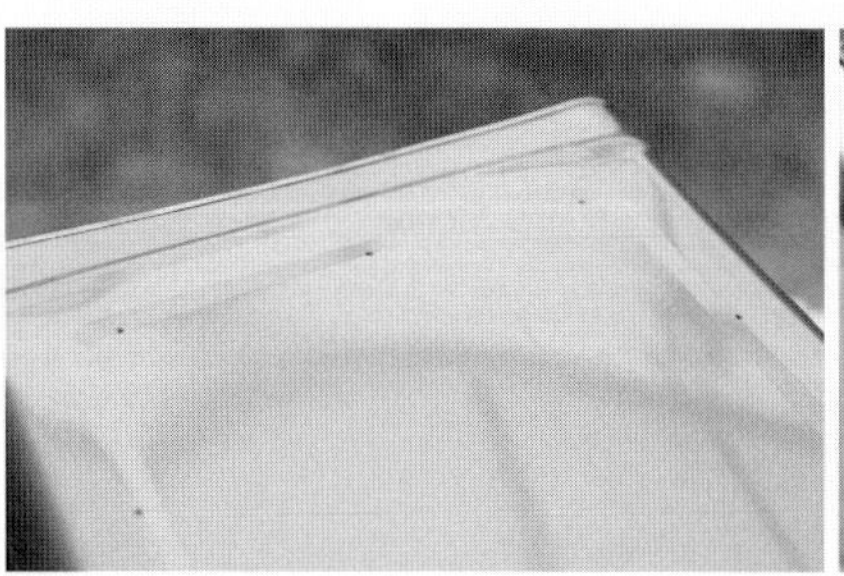

2 上から、竹串取りつけ用穴3か所、ボルト用2か所、スモークウッド用通気口3か所となる。

3 印の部分に貫通穴をあける。ドリルを当てるのと反対側から板を持ち上げるようにして、たわみを押さえながら行う。

4 一面につき8か所、全部で16個の穴をあける。すべて同じサイズでよい。いずれも下からテンションをかけながら行う。

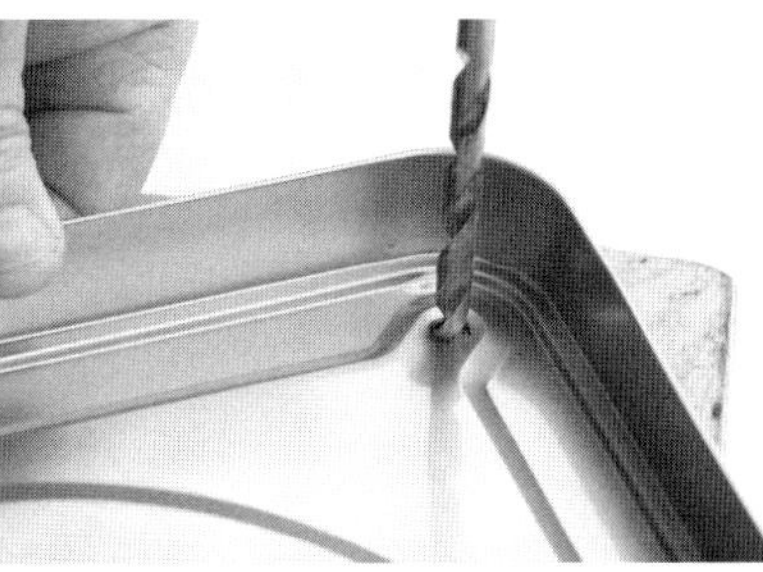

5 ふたには2か所、図面の位置に貫通穴をあける。このときは下に端材などで当て木をして行う。

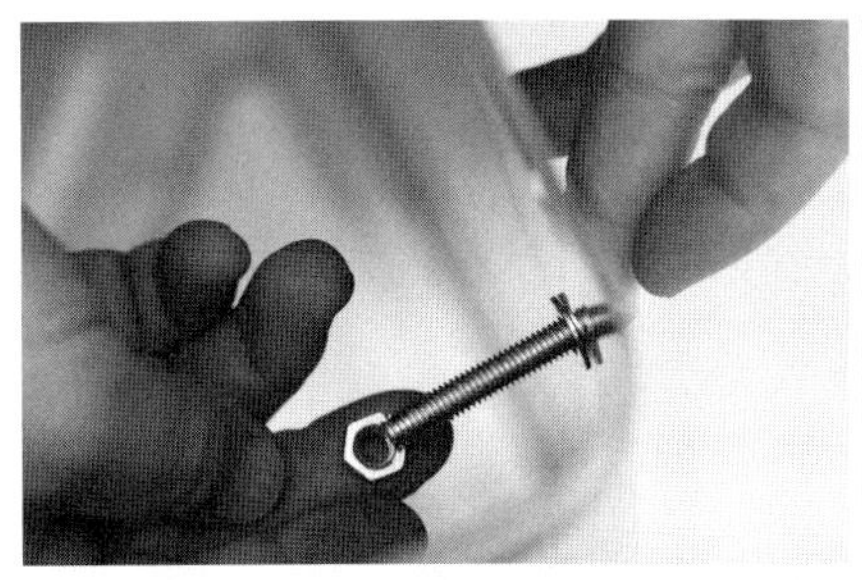

6 ボルトとナットのセットを用意し、中段の穴にボルトを取りつける。

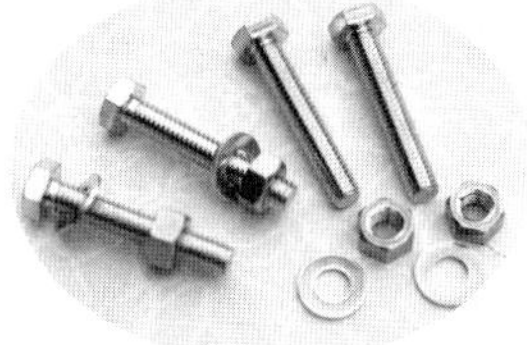

6角ボルトを長さ80㎜のものに代えると、φ200㎜の丸網に対応できる。

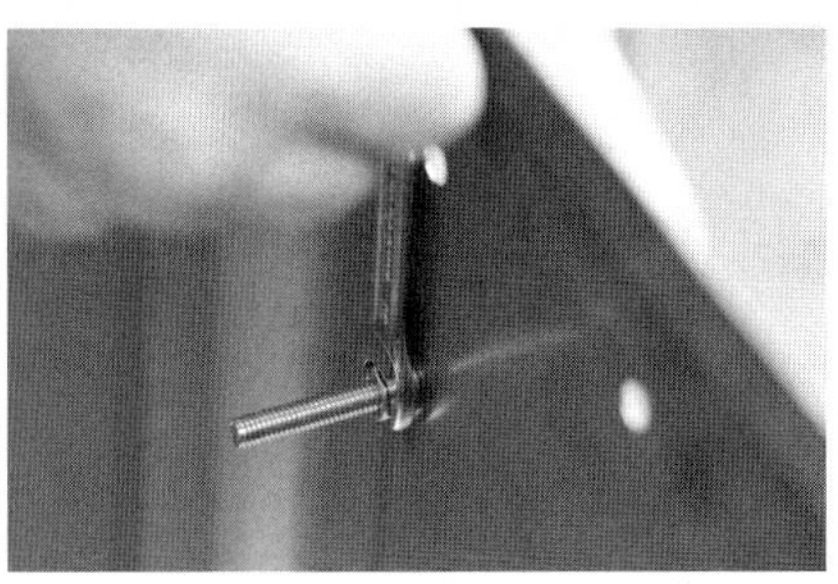

7 ある程度まで手で締めたら、最後にスパナで回転が止まるまでナットを締める。キツく締めすぎなくても大丈夫。

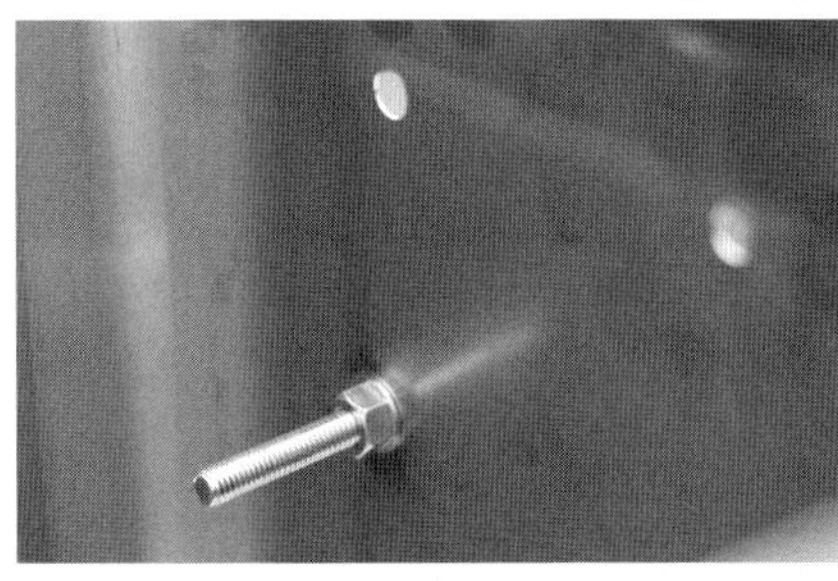

8 取りつけ完了。そのほかの穴はそのまま使うが、バリが気になるようなら、やすりをかけるなどして処理する。

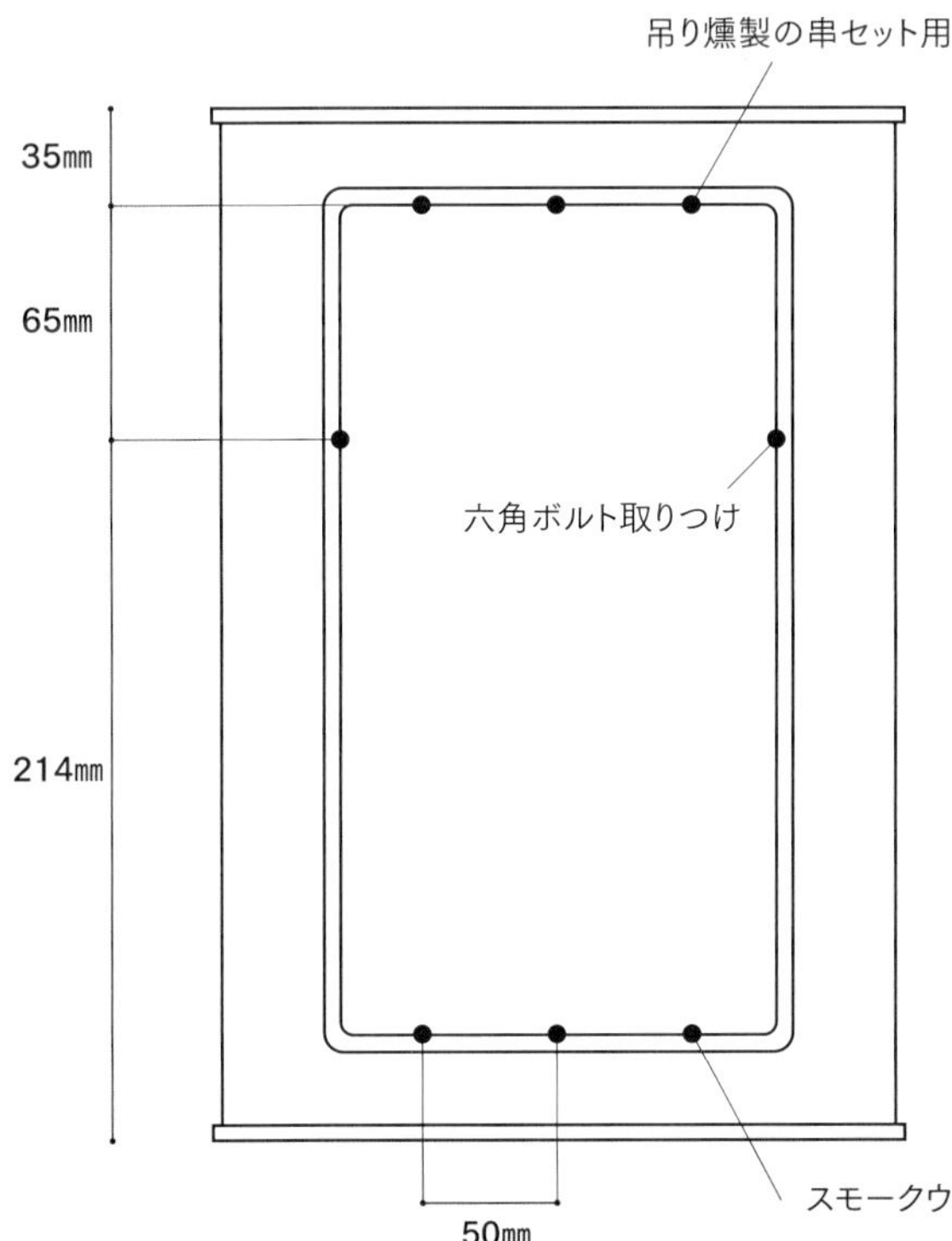

使い方

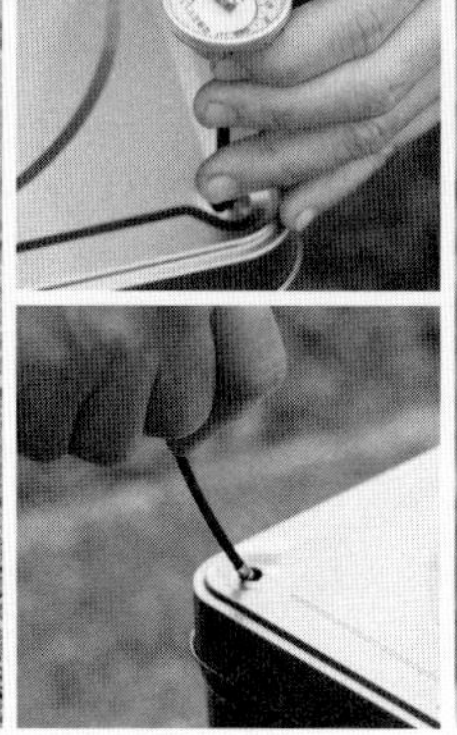

左、一斗缶燻製器は、ガスコンロ、電気コンロ、スモークウッドと、熱源を選ばずに使えるのも大きなポイント。右2点、ふたに開けた穴には、温度計やサーモスタットの温度センサーを差しこんで使う。

上の穴3個は、食材を差した串をセットする穴。網に並べるよりも一度にたくさんの食材を調理することができる。使う串は、30㎝程度のものがちょうどいい。

スモークウッドは、着火してからトレーにのせて、一斗缶の底へ置く。下部に通気口があるので、ウッドも使用可能。

スモークチップは一斗缶の底に直接入れるか、あるいはホイルをしいてから入れれば、後始末が楽になる。

網を使う場合は、ボルトの上にのせる。220㎜角の網がぴったりサイズ。こちらも網取りホルダーがあると便利。

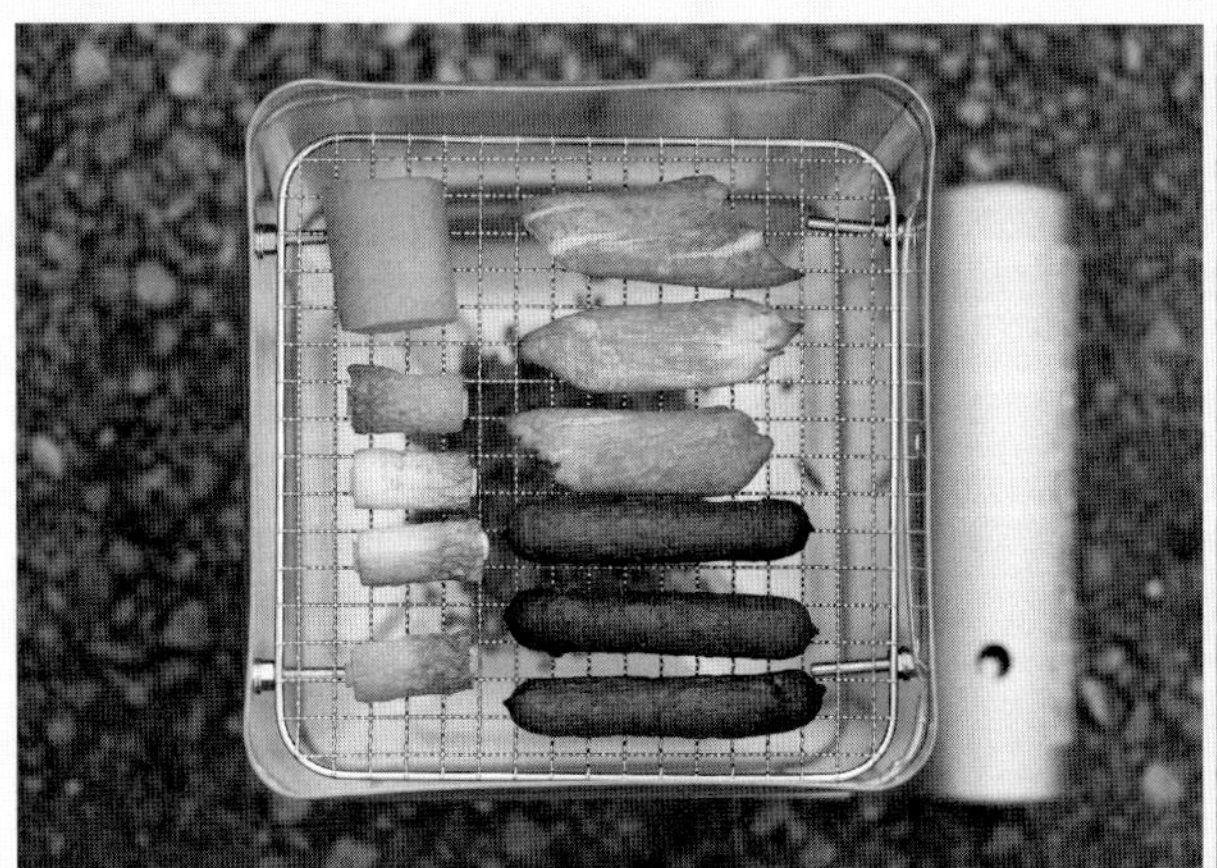

一度に調理できるのはこのくらいの量。1～2個ならベーコンやハムも十分に入れられる面積。高さ10㎝弱くらいの食材までなら、ふたがきちんと閉められる。

竹串を使うとこんな感じ。ソーセージやささみジャーキー、イワシやししゃもなど、細長い食材に向く方法。写真は2本だが、竹串は3本セットできる。

鍋でつくる燻製器

燻製器DIY番外編

材料と道具

- ステンレス両手鍋φ20㎜1個
- ロストル（丸網）φ190㎜1枚
- 六角ボルト（M8×80）4本
- ナット（M8）8個
- ワッシャー（M8）4～8枚
- スパナ2本

つくり方

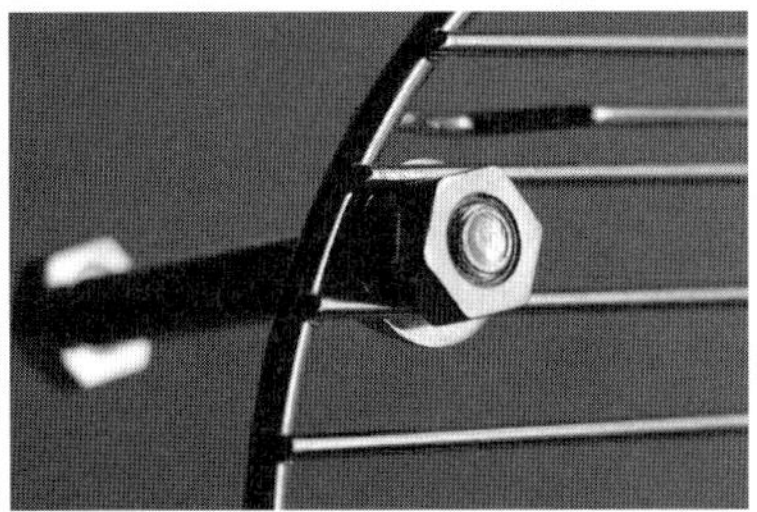

1 網にボルトを差して、上下からナットで締めつける。ボルトは網に差しこめる太さで、鍋の高さを超えない長さのものを選ぶ。

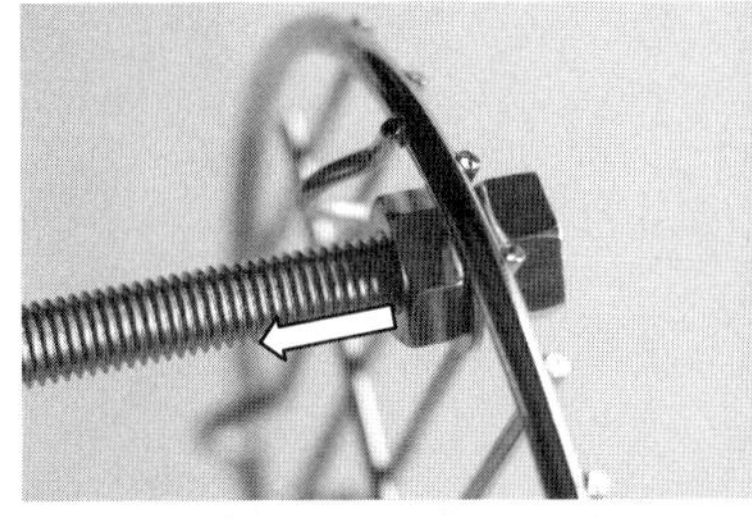

2 下のナットを矢印方向に移動させることで、網の高さが調節できる。高さを調節する場合は、4本の脚の長さをそろえる。

使い方

1 熱源にカセットガスコンロを使用して、スモークチーズをつくる。スモークチップをひと握り入れ、平らにならす。

2 弱火でチップをあぶり、煙が出たら火を止めてチーズをのせた網をセットして、ふたをする。これを数回繰り返す。

3 チーズが溶けそうになったら、いったん冷ましながら、今回は開始から40分で完成。色づき具合はお好みでOK。

市販の燻製器には、いろいろな工夫がされていて便利ですが、いきなり購入しなくても、家にある鍋で燻製は楽しめます。網がセットできて、ふたができる深型の鍋が燻製に向いています。

ここでは直径20㎝のステンレス両手鍋と、脚をつけたロストル（丸網）を組み合わせた自作燻製器を紹介します。

市販の鍋型燻製器のように使えますが、基本的には短時間で煙をかける熱燻向き。30分程度の燻製に使用してください。強火や長時間の燻製には、あまり向きません。

燻製に向く鍋

サイズ＝直径20～30㎝、深さ10㎝以上のものが使いやすいです。

材質と板厚＝ステンレス製で、厚さ1㎜程度のもの。底面が多重構造などで分厚いタイプだと煙が出るまでのレスポンスが悪くなります。

注意点

市販の鍋の多くは基本的に空焚きが禁止されています。負担をかけないよう短時間の燻製に使っていますが、安全性を重視するなら市販の燻製器を使ってください。土鍋やアルミ鍋、銅鍋、テフロンなどの加工がされている鍋は使用不可です。

Smoke Column

06

製品としてのスモークチーズを量産する

毎日のように晩酌用に自分で食べるための燻製をつくっていますが、それとは別に製品として販売するスモークチーズもつくっています。そこで、自家消費用ではない、製品としての燻製づくりについても、少し触れておこうと思います。

「燻製って、どうやって製品化して販売するの？」と質問されることがよくあります。これは、ほかのどんな食品でも同じですが、保健所の営業許可証の交付を受けた施設で製造し、販売は小売店や通販で行なっています。取得する営業許可の種類は、製造する食品の種類によって異なるので、燻製の製造販売を考えている方は所轄の保健所に相談してみるのが確実です。

販売するためのチーズづくりに取り組みはじめた当初は、市販のプロセスチーズを燻すだけなので、加熱処理も気にしなくていいし、簡単にできるだろう、と思っていました。しかし実際にやってみると、そんなに簡単なことではありませんでした。製品化するには量産しなければなりませんが、大量のチーズのすべてを同じ品質に燻すのが、とても難しいことがわかりました。同時に効率化を考えて、時短でつくることも試しました。短い時間でも見た目は同じような色づきになるのですが、味がまったく違ってしまうことにも気づきました。日が経てば経つほど味の変化が大きくなり……当時は「なぜ？」の連続。納得できるようなスモークチーズは、なかなかできあがりませんでした。

ようやく製品化できたのは、試作開始から半年ほど経ってからでした。最終的に辿りついた製造方法は、本書でも繰り返している「やわらかい煙」を「じっくりかける」方法です。燻製時間は8時間。ある程度の自動化もしていますが、それでもアナログな部分が多く、毎回現物を見ながら、微妙な温度調整やチップの量の調整をしています。

そうして製品化したスモークチーズをつくりつづけて7年になります。この経験から得たものは非常に多く、今回本書で紹介することになった「服部式燻製」のノウハウの多くは、この7年間の実務経験があったからこそ生まれたものといえます。

僕が初めて燻した食材はプロセスチーズで、いまでも一番好きな燻製はスモークチーズです。今後も、スモークチーズの製造に、取り組んでいきたいと考えています。

1個55gのスモークチーズ（黒こしょうトッピング）。1回で5〜6kgのスモークチーズをつくります。

製造の流れ

①**チーズのカット**：プロセスチーズを製品サイズに合わせてカットし、網にセットする。

②**燻製開始**：最初の1時間は徐々に温度を上げつつ、軽めの煙で燻す。

③**結露の拭きとり**：燻製中、結露によってチーズに付着する水分を、30分おきに拭きとる。チーズの温度が燻製器内の温度と同じくらいになると結露はおさまる。

④**網のローテーション**：その後、8時間ほど燻す間に、定期的に上下の網をローテーションする。そのタイミングはアナログ的で、経験に基づいて行っている。

⑤**仕上がりの判断**：時間ではなく、見た目で判断する。たとえば、8時間燻しても色づきが悪いと感じれば延長するなど。

設備と条件

- 室温管理：エアコン使用で室温を一定に保ち、外気温によって仕上がりが変わることを防ぐ。
- 燻製器の仕様：安定した条件で量産に対応するため、専用の大型ステンレス燻製器（高さ1700×幅500㎜）を使用。
- 温度管理と自動化：サーモスタット使用で温度を管理、シーケンサーにより時間や温度を制御することで、半自動化している

第7章 燻製づくりの総まとめ

最後に、服部式燻製のノウハウを、深掘りしながらまとめました。
知っていること、知らなかったことがある思いますが、
押さえておけば燻製づくりの幅が広がるはず。
しかし、燻製づくりに絶対的な正解はなく、
この本を参考に、みなさんがそれぞれ工夫とアレンジをして、
自分だけのレシピをつくるきっかけになれば、と思います。

燻製の仕組みと工程

時間はかかるが、すべての工程に意味がある

燻製は、塩漬けにした食材を煙で燻してつくる保存食です。現在は、保存食としての要素は重視されませんが、服部式の燻製は、燻製の原点でもある「保存食」という側面も失わないようにつくっています。どうして燻製が長持ちするのか?というと、塩による効果、燻煙による効果、さらに乾燥させることによるトリプルの効果があると考えられます。

塩による効果――塩には食材の水分を抜く作用（浸透圧）があり、脱水されることで細菌が活動しにくくなります。食材に含まれる水分には、たんぱく質や糖質と結合して離れない「結合水」となんらかの作用によって離れる「自由水」があり、細菌は食材内の「自由水」を利用して活動します。塩漬けにすることで、この自由水が少なくなる（水分活性が下がる）ので、細菌の繁殖が抑えられます。さらに細菌自体の水分も奪い、これが殺菌や静菌になる、という仕組みです。

煙による効果――煙に含まれる、フェノール系化合物に抗菌・殺菌効果があるといわれています。煙（熱）を当てることで食材表面の細菌が死滅、さらに煙の成分が食材表面に膜をつくり、それが細菌が内部に侵入するのを防いでいます。また加熱によって脱水が進み、さらに水分活性が下がります。

乾燥による効果――塩漬け、燻製の工程で食材の水分活性はかなり下がっていますが、冷蔵庫や外干し（冬季限定）で乾燥させることで、水分が抜け、保存性がアップします。

以前、脱水をしない燻製をつくったことがありますが、煙の効果も虚しくふつうに腐ってしまったので、保存性の向上にいかに脱水が大事かがわかりました。

現代の燻製では、そこまで保存性を高める必要はありませんが、それぞれの効果を知ると、ある程度の時間がかかるのも納得でき、自分なりのレシピを組み立てていくときの参考にもなります。

燻製ができるまで

完成までには、右下の図のような工程があります。

服部式燻製工程

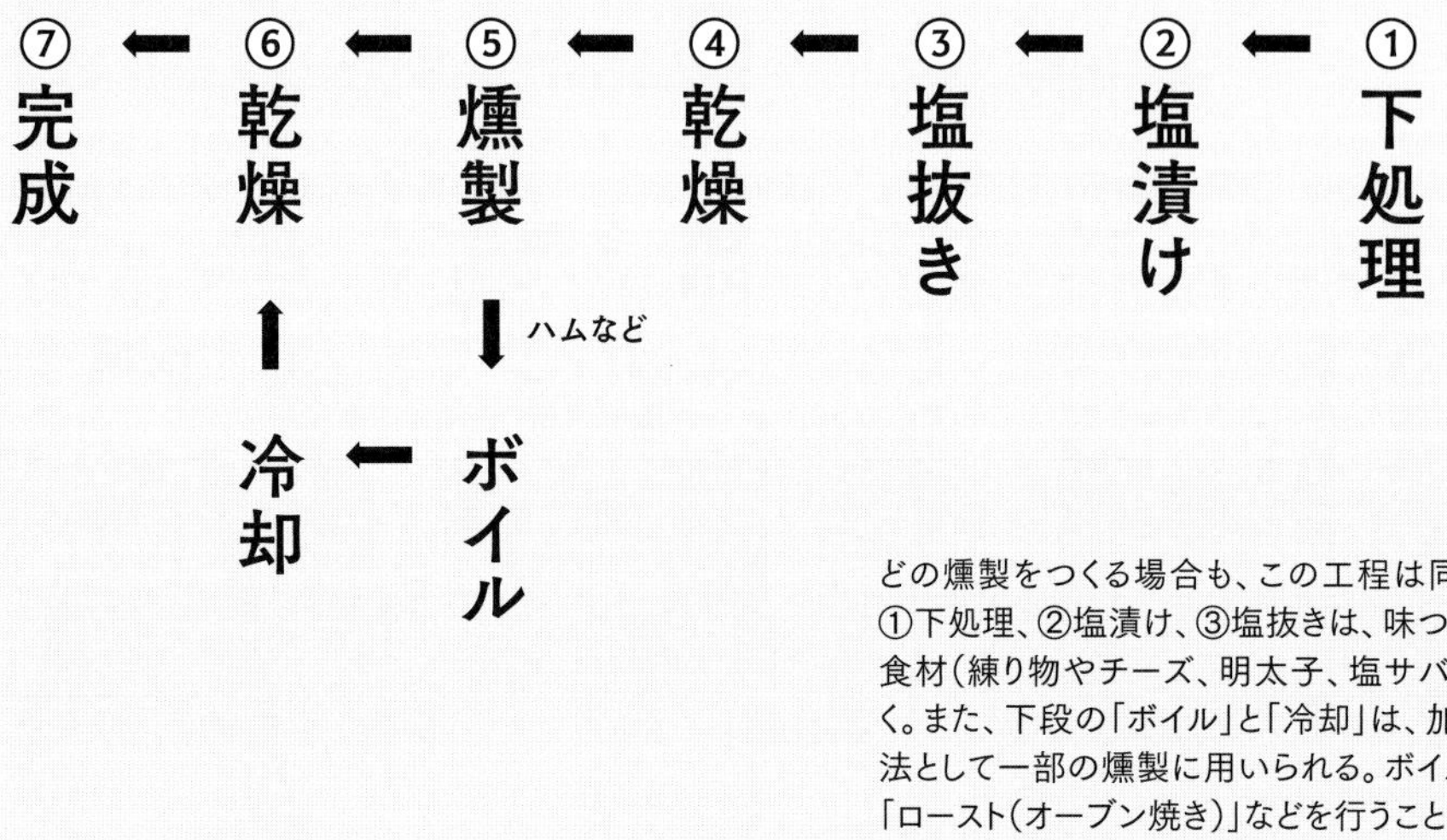

①下処理 ← ②塩漬け ← ③塩抜き ← ④乾燥 ← ⑤燻製 ← ⑥乾燥 ← ⑦完成

⑤燻製 ↓ ハムなど ボイル ← 冷却 ↑ ⑥乾燥

どの燻製をつくる場合も、この工程は同じ。ただし、①下処理、②塩漬け、③塩抜きは、味つけがしてある食材（練り物やチーズ、明太子、塩サバなど）では省く。また、下段の「ボイル」と「冷却」は、加熱処理の方法として一部の燻製に用いられる。ボイルの代わりに、「ロースト（オーブン焼き）」などを行うこともある。

①下処理――肉の余分な脂を取りのぞく、魚をさばくといった調理前の処理や、食材によっては、あらかじめゆでて火通しを済ませておくこともあります（卵をゆでる、イカを下ゆでする、など）。

②塩漬け――燻製の味を決め、脱水を促す工程です。食材や使う調味料によって、数時間から数日かけて行います。塩漬けをしないで燻す燻製もあります（練り物や菓子、塩サケや塩サバなど）。

③塩抜き――表面についた塩や調味料を洗い流し、浸透した塩分を水につけるなどして抜き、適切な塩味にする工程です。塩抜き後は切れ端を焼いて味見をし、塩辛ければ塩抜きを延長。保存性を重視する場合は、やや塩辛いくらいがベストです。

④乾燥――食材の表面を乾燥させて、煙ののり、浸透をよくするための工程です。レシピではキッチンペーパーで拭いていますが、時間があれば、冷蔵庫（冬なら外でも）において数時間、乾燥させてもよいです。

⑤燻製――食材に燻煙材を熱した煙をかけながら、加熱処理を行う工程です（加熱処理が必要ないレシピもある）。温度や時間は、目的により異なり、香りをつけるだけなら15分程度から、長いものでは5時間以上かけて燻し、加熱処理と脱水をじっくり行うこともあります。レシピによっては、燻製のあとにボイルの工程で加熱処理するケースもあります。

⑥乾燥――煙を浸透させ、脱水を進めるための工程です。保存性を求めない場合でも、できたてよりも半~1日おいたほうが、煙がなじみおいしく食べられます。燻製後の食材を網つきバットにおいて冷蔵庫に入れるか（ラップは不要）、冬季ならバットごと干しかごに入れるか、フックなどで吊るして屋外の風通しのよい日陰に干します。乾燥中は様子を見ながら、食材の上下を入れ替えると均等に脱水が進みます。長期間熟成する場合は、湿度の管理なども必要になります。

⑦完成――上手に仕上がっていれば無事完成です。仮に仕上がりが微妙だったとしてもリカバリーができます。たとえば加熱処理をしたつもりが中が生っぽかったら、腐っていないかどうかを確認したうえで、焼いたりゆでたり調理をして食べます。塩辛すぎたら少しずつ食べたり、チャーハンやスープなどの具に使えます。

次のページから、各工程について の詳しい解説をしていきます。

服部式燻製の食材選び

日常的な燻製づくりでは、基本的にスーパーで手に入る食材を使っています。ブロック肉を使うベーコンでも、家庭でつくるくらいのサイズなら、ばら肉のブロックがスーパーに並んでいます。肉なら1kg以下が目安。本書のレシピも特別なものを除いて、1kg以下の肉を使っています。それ以上大きいと、塩漬けや加熱、乾燥が難しくなります。家庭料理向けにそのまま使えるように売っている肉なので、気になるようであれば、余分な脂を取りのぞく程度で特別な下処理をしなくても使えます。

魚も同様。スーパーなら鱗や内臓が取りのぞいてあるものが手に入るし、三枚おろしになっているものもあります。刺身は、さくを買ったり、切ってあるものを買ったり、つくるものによって使い分けます。また魚コーナーで下処理をしてくれる所もあるので、そうしたサービスを利用し、家での下処理の手間を少なくすると、燻製へのハードルが下がります。

完成までに少なくとも数日かかるので、保存性は求めないという場合でも、肉、魚とも新鮮なものを選ぶのもポイントです。値引き品を使ってコスパよく燻製づくりをするのも楽しみのひとつだったりします。

また調味済みの食材（塩サケや塩サバ、干物各種など）、加熱処理済みの食材（ボイルホタテやゆでダコ、冷凍枝豆など）、そのまま食べられる食材（チーズや練り物、スナック菓子など）は、手軽に燻製にすることができるので、初めての燻製づくりにはおすすめの食材といえます。

燻製の味つけ方法

はじめはシンプルに。あとは自分好みの味を追求

工程の名前では、ひと口に「塩漬け」と呼んでいますが、本書で紹介する燻製の塩漬けには、塩以外に、しょうゆや麺つゆ、白だし、焼肉のタレなども使っています。

一般的に燻製の塩漬けには「乾塩漬法」と「湿塩漬法」の2タイプがあります。乾塩漬法は食材に塩を直接すりこむ方法で、湿塩漬法は塩水につける方法。しょうゆや麺つゆ、タレを使った味つけは湿塩漬法になります。

乾塩漬法――手軽で簡単。ブロック肉や大きめの魚にはこの方法で。食材重量の4～5％前後の塩を、ムラが出ないように均一にすりこみます（長期熟成するなら8～10％）。数日漬けると、食材から水分が出て脱水が進んでいることがわかります。1日1回、上下を反転させると均一に漬かります。

湿塩漬法――塩分濃度10％程度の調味液に食材をつける方法で、この調味液をソミュール液といいます。ささみやビーフジャーキー、ホタテなどバラバラの食材に一気に塩漬けでき、塩けが均一に浸透します。

一般的な燻製では、スパイスやハーブを使うレシピが多いですが、少量のために種類をそろえるのは大変で、香りの好みも人それぞれ。なるべくシンプルに手軽に塩漬けをするのが服部式のモットーなので、本レシピではあまり使いません。スパイスやハーブをきかせたい方は、好みの量を加えてください。

調合済み調味料を利用する

服部式の燻製でソミュール液によく使うのが、麺つゆや白だしです。すでに味が整っているので失敗が少ないのがおすすめポイント。単体でも使えるし、調味料やスパイス類を足して味を調整したり、塩を足して塩分量を調節してもいいです。正確な塩分量は、商品に添付されているラベルに塩分相当量が記されているので、そこでわかります。浅漬けの素、焼肉のタレ、すき焼きのタレなどを使うこともあります。いろいろ試してみるのも楽しいです。

乾塩漬法でも、市販のハーブソルトを使うと、また違った風味に仕上がります。使用量は、やはり塩分相

燻製づくりに使う調味料

服部式の燻製でよく使う調味料。基本はもちろん塩で、すべてのレシピを塩だけでつくるのでもOK。レシピでは岩塩と海塩を使い分けている。ソミュール液は、服部式では手っ取り早く、麺つゆ（2～3倍濃縮）や白だし、しょうゆを使うことが多い。塩や砂糖、スパイス類を配合して、1からつくることもできる。

定番の黒こしょうをはじめ、スパイスやハーブには抗菌などの作用もある。辛みや香りがあるので、好みで加える。

市販の調味料の塩分濃度は、食塩相当量の欄でチェック。濃すぎても塩抜きで調整できるので、それほど気にしなくてもOK。

当量の表示を参考に、塩分量が4〜5%になる量を使います。

レシピに「しょうゆと三温糖のソミュール液に漬ける」と書かれていても、塩だけで漬けてもいいですし、その逆だってかまいません。レシピに記載されている味つけは、ひとつのアイデアとして、オリジナルの味つけに挑戦してみるのも楽しいです。

塩抜きの必要性とコツ

塩漬けの段階では、食材の内部にまで塩を浸透させて味をつけるためと脱水を促すため、そのまま食べるには塩辛い塩分量になっています。それを食べごろの塩かげんにするのが塩抜きです。服部式の塩抜きは、大きな鍋やボウルに水を張り、そこに食材を入れて、いい塩かげんになるまで冷蔵庫に入れておく方法で行っています。流水に当てる方法もありますが、かたまり肉でも1kg以下のものなら、たっぷりの水につけるだけで、十分塩抜きができます。途中、塩が抜けていないようなら水を替えます。

4%の塩に3日間漬けたベーコン用の豚ばら肉なら、3〜4時間が目安。しょうゆベースのソミュール液に1日漬けた牛もも肉（ジャーキー用）なら、さっと水洗いをするか、たっぷりの水につけて30分ほどが目安となります。塩抜きの時間は、いずれも目安で、味の好みも人それぞれなので、時間になったら切れ端を焼いて味見をして、好みの味になるまで塩抜きをします。

塩抜きをするくらいなら、最初からちょうどいい塩かげんで漬ければいいのでは？　そのほうが時短にもなるのでは？と思うかもしれません。前述のように、塩漬けには保存性を高める目的もあります。また、かたまり肉では、塩の量が少ないと内部まで味が入らないので、十分な量の塩を使います。さらに、数日つけている間に食材が傷むのを防ぐ、浸透圧で肉から水分が出ることで臭みが取りのぞけるという効果もあります。

とはいえ、冷蔵庫もある時代です。食材が傷まないように管理ができ、完成後はすぐに食べてしまうから保存性は求めない、ということなら、塩分量を少なめにして塩抜きをしないでつくるのでもOKです。逆に保存性をより高めるのなら塩分量は高めにしておきたいので、塩抜きの時間を短くして、塩分が高めのまま仕上げます。市販の生ハムくらいの塩辛さが目安です。

表面の水けは厳禁

燻製工程に入る前に、もうひとつしておきたいことがあります。それが塩抜きを終えた食材の表面の水けを取ることです。レシピでは、「キッチンペーパーでしっかり拭きとる」と書いてあるものの、それほど大事な工程とは思わないかもしれませんが、おいしい燻製をつくるためには、この工程がとても大切です。食材に水分が残っていると煙ののりがムラになり、酸みの原因にもなってしまいます。水が滴り落ちない程度にサッと拭くのではなく、食材の隅々まで、ていねいに水けを拭きとります。触れたときに水けがないけれど、しっとりした状態がベストの状態です。

一般的なレシピには、塩抜き後の乾燥工程として「風乾燥」をするものもありますが、塩抜きに数時間、さらに乾燥に数時間をかけてしまうと、燻製のスタート時間が遅くなり、完成はいつになることか……。貴重な休日に効率よく燻製をつくるためにいろいろ試した結果、キッチンペーパーでしっかり拭く方法に落ち着きました。時間に余裕があるなら、冷蔵庫にラップなどをかけずに1〜3時間おいてもいいです。ここで乾燥しすぎてしまうと、煙が浸透しにくくなってしまいます。冷蔵庫においた場合は、室温に戻してから燻製をはじめます。冷たいままはじめると、結露がひどくなり、また食材の表面が水っぽくなってしまうので注意してください。

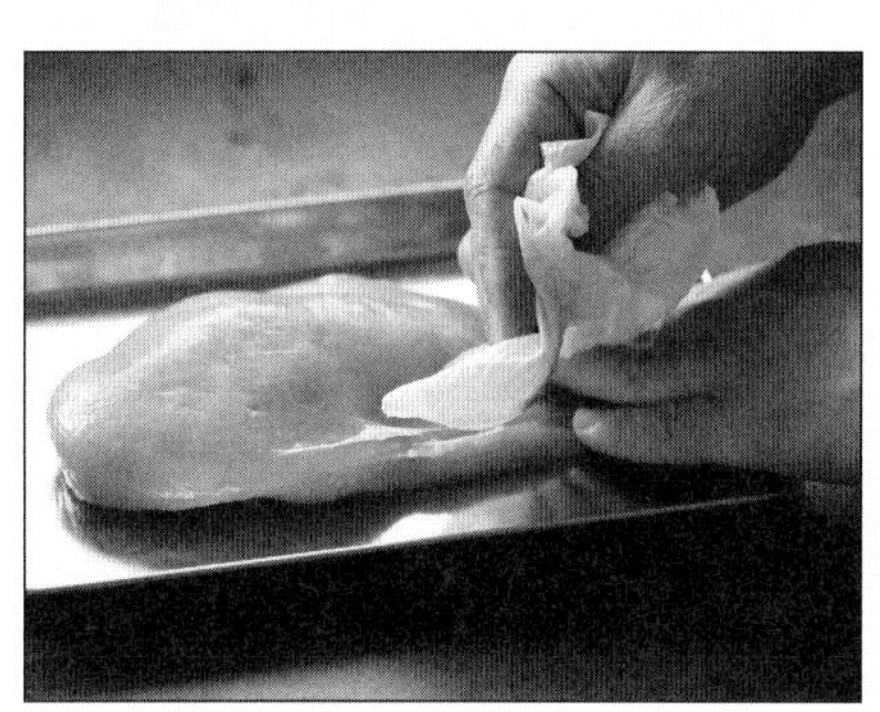

表面の水気をしっかり拭きとると同時に、ぬめりや薄い皮なども取りのぞく。鶏肉や魚は、とくにていねいに。

水は多いほど塩抜きの効率はいい。寒い時期以外は冷蔵庫に入れて、雑菌が繁殖しないように気をつける。

燻製工程の手段と考え方

温度と煙をコントロールして、燻製の達人に！

一般的な燻製の種類には、「熱燻」、「温燻」、「冷燻」の3タイプがあります。これらは一般的に温度帯で区分され、資料により多少の差はありますが、熱燻＝80℃以上／温燻＝21～79℃／冷燻＝20℃以下、といった具合です。温度が高いほど、食材に早く火が通るので、燻製時間では熱燻が最も短く、冷燻は長時間になります。

服部式燻製の3タイプ

数多くの燻製をつくってきた経験から定義した、服部式の燻製を改めて解説します。

熱燻――温度を気にしない、香りづけがメインの燻製。ガスコンロを熱源として、小型の燻製器で30分以内で行います。おもに加熱処理済みの食材に向きます。

温燻――保存性の向上、加熱処理、煙によるコーティング、香りづけを行う燻製。電気コンロを熱源としてサーモスタットで温度管理をしながら30分以上行います。ベーコン、ハムをはじめ、ほとんどの燻製がこれにあたります。

冷燻――低温で食材に火を通さない、香りづけがメインの燻製。あえて火を通さない燻製なので、生食できる食材（刺身など）に向きます。燻製後に乾燥させることで、保存性も高められます。

本書のレシピを見てもわかるとおり、燻製のメインスタイルは、やっぱり温燻。温度管理が必要で、食材にきちんと火を通したいので、服部式の熱燻、冷燻に比べると、少しテクニックと経験が必要で、上手につくるためには、電気コンロとサーモスタットが不可欠になります。

燻煙をコントロールする

燻製は、味つけをした食材を煙で燻す、とてもシンプルな手順でつくることができます。煙の香りのおかげか、わりとザックリつくっても、十分おいしくできあがりますが、さらに燻煙の効果を知ることで、燻製の完成度を高めることができます。

服部式燻製の3タイプの用途と条件

	用途とおもな食材	燻製時の温度	熱源	時間
熱燻	サクッと香り・色づけを行う手軽な燻製 ●チーズ　●練り物　●スナック菓子　●ナッツ　など加熱不要な食材	60～90℃	ガスコンロ	30分程度
温燻	保存性向上、加熱処理、香り・色づけを行う本格燻製 ●ハム　●ベーコン　●ビーフジャーキー　●スモークチキン　など ワンランク上の香り・色づけをする燻製 ●チーズ　●ナッツ　など香りや色づきにこだわる食材	60～80℃	電気コンロ ＋ サーモスタット	30分以上
温燻	アウトドアなどで手軽につくる燻製 ●チーズ　●練り物　●スナック菓子　●ナッツ　など加熱不要な食材	60～70℃	スモークウッド （外気温の目安20℃以上）	2時間程度
冷燻	火を通さないで、香り・色づけを行う燻製 ●スモークサーモン　●刺身　など生食可能な食材	20℃以下	ガスコンロ	30分程度
冷燻		20℃以下	スモークウッド （外気温の目安10℃以下）	2時間程度

燻煙がもたらす効果である、「色づき」と「香り」は、次の4つの条件で、それぞれの強弱、長短で仕上がりが変わります。

①燻製温度―温度が高いと燻煙効果が増す
②煙の流量―煙の流量が多いと燻煙効果が増す
③煙の密度―煙の密度が高いと燻煙効果が増す
④燻製時間―燻製時間が長いと燻煙効果が増す

このうち温度と煙は連動していて、強い火力でチップを熱すると、①温度が上がる→②勢いのいい煙が充満する→③煙の密度が高くなる、となり、さらに④の時間を長くするほど、色づきが濃く、香りが強くなります。当然、温度を低く、時間を短くすれば燻煙効果は低くなります。

目指す仕上がりに対して、温度と、それによる煙の流量、密度、時間はどのくらいが最適か?を見極めてレシピを組み立てます。

服部式の燻製方法では、この4つの条件をコントロールして、次のような方法にたどりつきました。

熱燻の場合

加熱処理は不要で、食材にほどよく香りをつけたいので、

①チップを燃やす量を少なめにすることで、温度をなるべく上げない
②火を消すので、煙の流量は徐々に弱くなる
③火を消すので、煙の密度は徐々に少なくなる
④1セット15分程度の短時間

温燻の場合

保存性の向上やワンランク上の燻製食に仕上げたいので、

①電気コンロとサーモスタットで「温度」と「煙」をデジタルにコントロールし、精度を高く仕上げる

冷燻の場合

食材になるべく火を通さずに香りをつけたいので、短時間で燻すなら

①遮熱皿で食材のある燻製室の温度を下げる
②遮熱皿で煙の勢いが弱まり、やわらかい煙になる
③煙の密度も低くなる
④30分程度の燻製

といった具合です。レシピには燻製時の温度や時間が示されていますが、実際には、燻製器の種類、気温や湿度、食材の状態などによって臨機応変な対応が必要です。そして、この4つの条件を理解できれば、燻製器の種類を問わず、熱燻も温燻も冷燻もつくることができるようになります。色や香りのつき方をコントロールでき失敗も回避できます。

熱と煙をコントロールする方法の一例

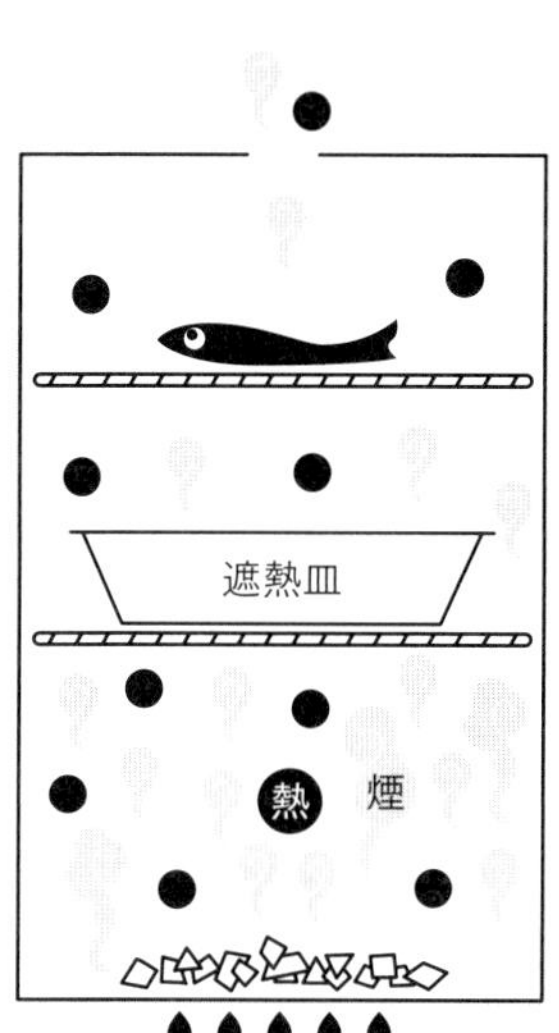

遮熱皿を使うと、そこで熱や煙がある程度遮断されて、食材に当たる煙や熱が少なくなる。食材に熱を通したくないときに有効。

火力別・燻製器内のイメージ

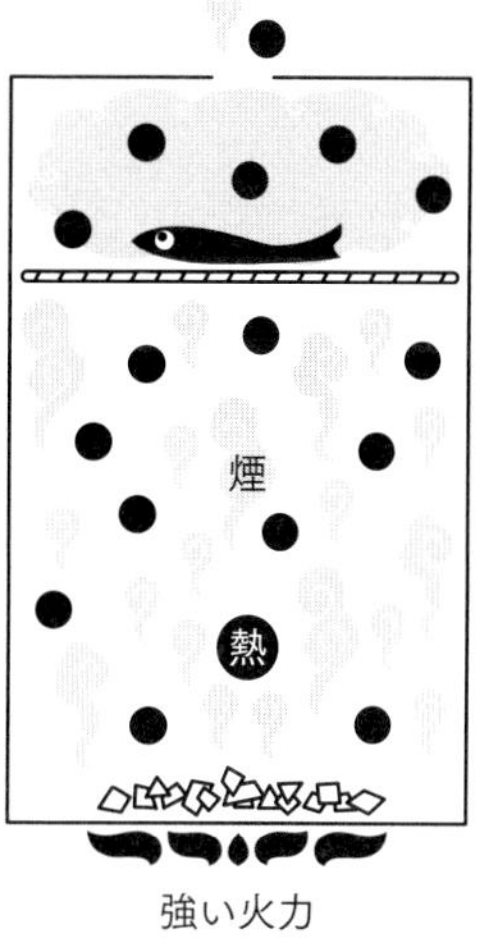

強い火力

温度が高く、煙の流量も密度も多くなる。

↓

色と香りがつくのに、短時間で済むが、煙の効果が強く、酸みやエグみ、色ムラが出やすい。

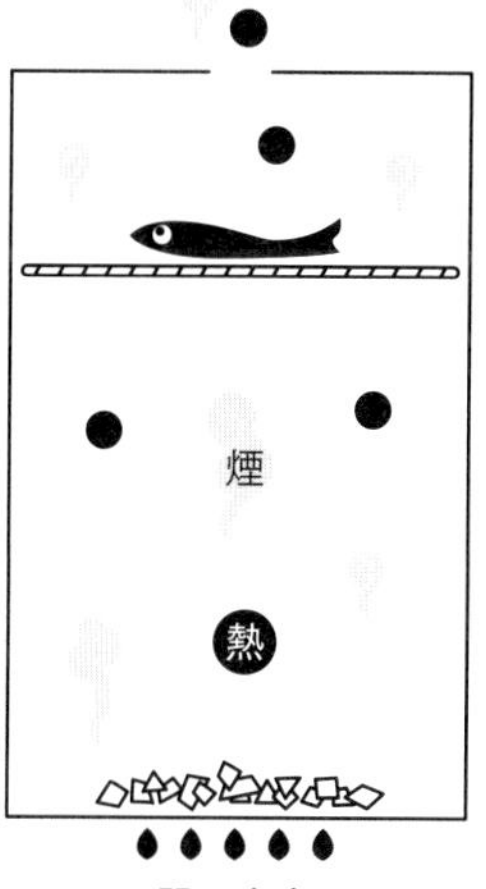

弱い火力

温度が低く、煙の流量も密度も少なくなる。

色と香りがつくのに時間がかかるが、やわらかい煙がかけられる。

燻製づくりを成功させるためのおすすめ実践テク

熱や煙をコントロールする……少し難しく感じてしまったかもしれませんが、まずは、このような仕組みで、燻製の仕上がりをコントロールできる、ということを知るだけでも十分です。何度かつくっていくうちに自然と実感できてくると思います。初めてでも取り入れやすい、おいしくて色づきのいい燻製づくりのための、テクニックを紹介します。これらを頭の片隅に置いて、燻製づくりを実践してみてください。

technic 01
食材表面の水分を最適にしてから燻製をする

やわらかい煙でじっくり燻しても、食材の表面が水分や脂でベタベタだと、きれいな色づきになりません。本レシピでは、時短のためキッチンペーパーでしっかりと拭きとる方法を推奨していますが、時間があれば冷蔵庫や外干し（冬季限定）で数時間、外干しするのもおすすめです。

表面に水分が多すぎると、水が膜になり煙がのりません。しかし乾燥しすぎると煙が付着しにくくなります。触ったときに水けはないが、しっとりした質感、ゆで卵やプロセスチーズの表面を触ったときのような感じが理想です。

technic 02
やわらかい煙でじっくり燻す

煙のかけ方はイメージ的には塗装と同じ、いきなり濃くするのではなく2度塗り、3度塗りできれいに仕上げるように、やわらかい煙で少しずつ煙の粒子を食材に重ねて、色づきをよくしていきます。これにより、酸みやエグみを抑えた深みのある香りに仕上がります。とくにスタートから1時間ほどは温度を上げすぎないで煙の量の少なめにします。

technic 03
燻製中も食材についた水分を拭きとる

燻製をはじめると、食材と燻製器内の温度差で結露が起こり、食材に水分が付着します。食材が温まる1時間後くらいまで続くので、30分に1回くらい様子を見て、表面の水分を拭きとります。よりきれいな色づきを目指すなら、はじめの1時間はチップを入れずに食材を温める、表面の水分をなくす「熱乾燥」を行います。

technic 04
煙の下地をしっかりつくれば、燻煙コントロールを開始

01〜03を行い食材が温まるころには、うっすらと煙の色がついてきます。ここまできてから、やわらかい煙からやや強い煙にしたり、前述の方法で本格的に燻煙をコントロールしていきます。レシピ内には、そこまで触れられていませんが、とくに燻製時間が長い温燻では、最初の1時間は準備の時間といえるかもしれません。理想的な完成をイメージして温度管理で煙をコントロールしながら、色づきにムラが出ているなら、必要に応じて食材の位置や向きを移動して、なるべくムラがないように、目指すべき状態まで燻していきます。

基本を知ればアレンジ自在

ここまでいろいろな解説を重ねてきましたが、実は燻製づくりはとても自由です。目的に応じたつくり方の基本パターンさえ覚えてしまえば、味つけは自由、熱燻、温燻、冷燻、どの方法で行ってもかまいません。「火を通すべき食材か？」、「保存性は必要か？」などの目的を考えると自然と適した燻製法が決まります。いっぽうでしっかり加熱したい食材でも、熱燻や冷燻で香りづけだけして、加熱処理はボイルやグリルで行うこともできます。食感や保存性に違いは出ますが、ベーコンは温燻でしかつくれない、ということでもありません。本当に自由です。ま

熱乾燥は必要か？

燻製のレシピに「熱乾燥」という工程が出てくることがあります。実は、温燻の工程を細かく分けると、①燻製前の熱乾燥、②燻製、③燻製後の熱乾燥の3工程があります。

①燻製前の熱乾燥——チップを入れない燻製器で加熱による乾燥を行います。温度を上げて食材の表面を乾燥させ、食材を燻製に最適な状態にするのが目的です。70℃前後30分〜1時間が目安となります。

②燻製——チップを使って適切な温度と時間で行います。

③燻製後の熱乾燥——加熱は続けたいがこれ以上、煙はかけたくないときに、チップを取り出した燻製器で行います。

しかし燻製で、温度が70℃以上に上がるのはチップが燃焼するからで、チップを入れないと、そこまで温度を上げるのは困難、冬だとまず無理です。そのため、基本的には熱乾燥は行わず、②の工程だけで、①と③を行ったのと同様の仕上がりを目指します。食材の拭きとりや燻製温度や時間の設定、脱水などでこれをカバーしています。

た、同じ温燻でも最後の30分だけ、温度を上げてあえて強い煙をかけたり、違う種類のチップを入れて香りを重ねたり、といったアレンジもできます。

燻製においてレシピに示されている温度や時間は、あくまで目安です。燻製器のサイズや食材の重量・厚さ、温度、気温など、あらゆる条件によって加熱の具合が変わるので、そのつど、見極めていくことになります。塩漬けや塩抜きの時間についても同様です。そして、塩抜きをしたら切れ端を焼いて味見をしたり、燻製後は食材の中心部の温度を測ったりして、実際に確かめてみるのが、成功の秘訣です。

燻製づくりの理想と現実

やわらかい煙でじっくり燻すとおいしく仕上がる……は、正解ではありますが、これは、あくまで理想です。

気温の低い冬季だと、チップの量が少ないといつまでも温度が上がらないから温度を上げるためにチップをたくさん使い、結果煙が強くなるということは、よくあります。じっくり燻したかったのに気温が高いために、思ったよりも温度が上がり、煙は強くなるし、火が通り過ぎてしまったということも、よくあります。

また多くの人は、仕事が休みの1～2日の間に燻製を仕上げたいところです。となると、じっくり燻したいけど、明日は仕事だし燻製に当てられる時間は2時間しかない、こともあるかもしれません。

だからといって、それだと、おいしい燻製はつくれないのか?というと、けっしてそんなことはありません。2時間しか時間がなければ、その時間内でできる最適な方法で燻せばよいだけです。煙と温度をコントロールできるようになれば、それが可能になります。

たとえば燻製の時間がとれなければ香りづけ程度にして、ボイルやオーブンで加熱処理をするとか、少し温度を高めにして加熱処理をし、乾燥工程を長くして煙をなじませるとか……工夫次第で方法や対策はいろいろあります。

燻製の温度や時間に影響する気温や食材の状態、取り組める時間などは、つくるたびに違うもの。すべてが同じ条件の日は、まずありません。そのため、基本的には自分の環境や目的に合った方法で、折り合いをつけてレシピを確立していくのがベストです。本書に記載されているレシピやノウハウは、燻製の物差しや知識として使い、最終的には、ほかにはないオリジナルの燻製をつくってください。

小さなハウツー集

食材のセット

燻製は、燻製器のタイプや容量、食材の形によって、網にのせる、吊るす、を基本に行います。一般的には、網にのせることが多いですが、ビーフジャーキーや、ささみジャーキー、魚など細長い食材は吊るしたほうが一度にたくさん燻せます。

スモークチップの使用量

チップの適量は、本書の温燻の基本となる70～75℃、3時間前後の燻製で、ふた握りが目安。気温や湿度、燻製器のサイズなどの条件で燃え方が変わるので、この量は目安ですが、寒くて温度が上がりにくいときなどに、早く温度を上げるためにチップを入れすぎると、酸みが出たりエグくなったりしてしまいます。多すぎるよりは、少なめからはじめて足していくほうが失敗を回避できます。

サーモスタットのセット

電気コンロのコード(プラグ)はサーモスタットにつなぎ、サーモスタットのコードをコンセントに差しこみ、オンとオフの温度をセットします。この設定方法は機種により異なるので、取扱説明書を確認してください。サーモスタットの温度センサーは、燻製器の穴に入れます。できれば、センサーが食材の近くにあるとベターです。穴のない燻製器の場合は、ふたのすき間から入れる、ドリルを使って自分で穴を開けるなど、それぞれ工夫してください。

電気コンロの出力

電気コンロのスイッチは、300Wと600Wの2段階、とろ火～強火の4～5段階など、機種により違います。火が強すぎると酸みやエグみが出やすくなるので、300W前後の火力を選び、ゆっくり温度を上げるのを基本とします。

燻製時間の測り方

時間を測るのは、サーモスタットに設定した最低温度に達してから。70～75℃設定なら、70℃になったところから、レシピを参考に2時間なり3時間なり燻します。燻製中は、チップの追加や水分の拭きとり、燻し具合の確認などでふたを開けることがありますが、外気温によっては一気に温度が下がります。すると、3時間で終わる燻製が5時間もかかってしまったということは、よくあります。とくに慣れないうちは、中の様子を何度も見たくなりますが、ふたを開けるのは最低限にします。

温度管理と適切な加熱処理

安全に燻製をつくるために知っておきたいこと

燻製のレシピを見て、多くの人がとまどってしまうのが、○℃で○時間、という表記ではないでしょうか。おかずのレシピで見る「中火で20分」、というのは、まだわかりやすいですが、○℃を○時間保つにするのはどうすればいいの？　まったく、そのとおりだと思います。

そこで登場するのがサーモスタットです。サーモスタットとは、温度を感知してスイッチのオンオフを調整する機械のこと。燻製づくりでは、電気コンロにつないで目指すべき温度を保つために使います。本書のレシピでは、５００g～1kgの肉の温燻なら、サーモスタットの設定は、オン70℃、オフ75℃で、3時間前後の燻製を基本にしています。ジャーキーなどの薄切り肉なら適宜短縮します。

この設定だと、燻製器の中の温度が75℃になると、電気コンロのスイッチが切れます。しかし、チップが燃えているので温度はしばらく上がりつづけます。外気温やチップの量によっては、コンロが消えているのに１００℃にまで上がることもあります。このような季節は温度が上がり切ってから再びスイッチが入る70℃まで温度が下がるまでにも時間がかかるので、70℃以上を長時間保っている状態になります。逆に冬は、設定した最低温度の70℃まで温度が上がるまでに1時間以上かかることもあり、75℃でスイッチが切れても、夏ほど温度は上昇せず、あっという間に70℃に戻ってスイッチが入りますが、すぐには温度は上昇せず、しばらく温度は下がりつづけます。

というように、たとえ温度を設定しても、完璧な温度コントロールができるわけではありません。さらに燻製器内に温度のばらつきがあるので、センサー（温度計）のある場所と食材のある場所の温度が同じとも限りません（下図）。サーモスタットはあくまで目安としての、便利なお助けアイテムです。

そこで、サーモスタットの温度設定や条件は、レシピの温度と時間を基本に、気温や肉の大きさなどを考慮して、そのつど、調整するのが正解です。たとえば、

- ●今日は暑いから温度設定を60～65℃にしよう。
- ●今日は寒いから温度設定を75～80℃にしよう。
- ●先週は4時間ではイマイチだった

燻製器の中の様子

サーモスタットを「70℃でオン、75℃でオフ」と設定したら、燻製器内の温度も、そのように庫内が均一に推移するのが理想。しかし現実は、そううまくはいかない。コンロがオフになっても、余熱で温度はまだまだ上がりつづけ、外気温やチップの量によっては、75℃でスイッチが切れても100℃まで上がることも!!

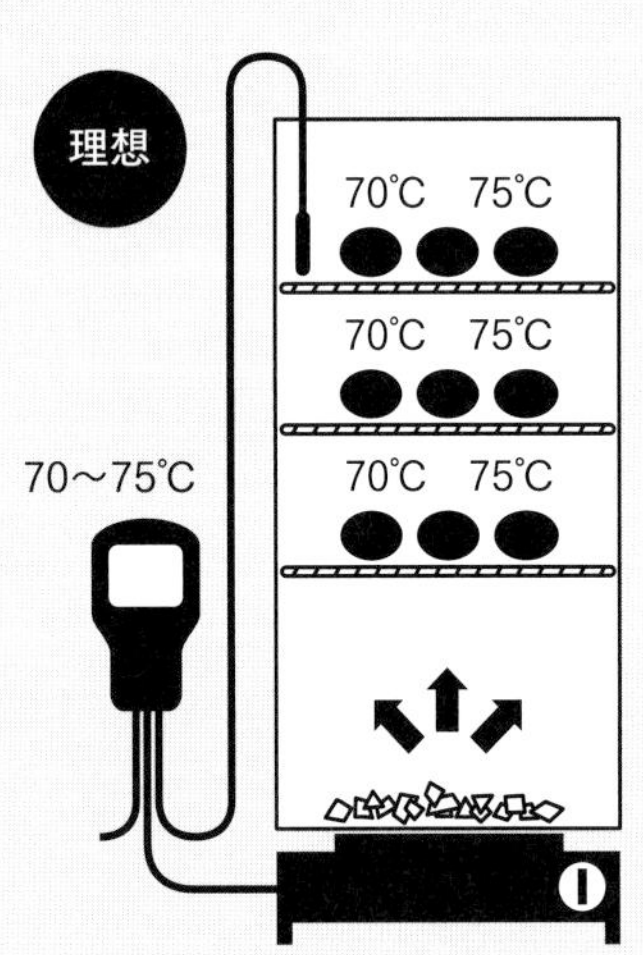

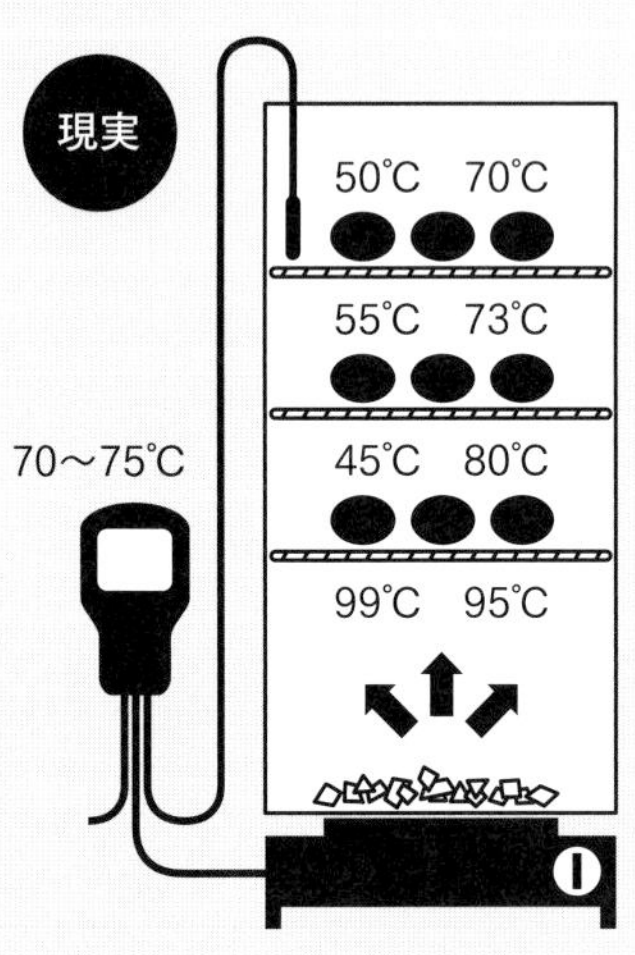

理想とは異なり現実は、熱源に近いところは温度が高く、遠いところは低い、など、庫内での温度差は意外に大きい。さらに反射熱や外気温・日当たりの影響もあり、庫内の温度は思った以上にランダムに変動する。必要に応じて、網を回転して食材の位置を変えたり、上下を入れ替えたりして対応する。

から1時間短縮しよう。
●今日の肉は厚みがあるから、30分延長しよう。
●今日は寒いから食材を熱源近くにしてみよう。
●前回、火が通りすぎて、かたくパサパサになったから、熱源から離して置いてみよう。
●前回、2時間では十分に火が通らなかったからサーモスタットの設定を上げよう。
●前回酸みが強かったからチップの量を減らそう。
●うまく温度制御ができなかったから温度センサーの位置を変更してみよう……

などなど。

温度設定を変えてみる、時間を変えてみる、置く位置を変えてみる、チップの量を変えてみるなど、調整の仕方はさまざまです。上手に燻すには、状況に応じた設定や判断が重要になってきます。

適切な加熱処理で安全に

……とここまで読んで「なぜ、そんなに温度管理が必要なの?」、「ガッツと熱して食材に火を通して、香りもつけたらいいんじゃないの?」と思った人いませんか? 温燻の80℃未満って、いったいなんなの?と思いますよね。これこそ、燻製の奥深いところといえるかもしれません。

温度を上げすぎないのには、いくつかの理由があります。温度を高くする燻製は熱燻ですが、ベーコンやハム用のかたまり肉の中心までしっかり火が通るほどの高温で燻すと、煙が強くかかりすぎ、肉表面には火が通りすぎ、かたくなってしまいます。脱水も進みません。

高温で加熱すると肉はかたくなります。ハムやベーコンなどは、できればやわらかく、しっとり仕上げたいものです。加熱により肉がパサパサするのは熱することでたんぱく質が凝固して肉汁が流出していくからです。肉汁の流出は65℃くらいから顕著になります。肉をしっとり仕上げるには、65℃程度で加熱したいところですが、そうすると今度は、肉の内部にまで火を通すのが難しくなります。

肉の生食は食中毒の危険があるので要注意です。O157やサルモネラ、カンピロバクターをはじめとする食中毒の原因菌や魚に寄生するアニサキスなどの多くは、加熱することで死滅するので、適切な加熱が食中毒を防ぐ一番の対策です。厚生労働省の指針では、食肉の加熱は、中心部の温度を63℃で30分以上、または、これと同等以上としています。温度が高くなるほど加熱時間は短くすむので、70℃なら3分、75℃なら1分間の加熱(14ページ)となりま

加熱の方法3パターン

Ⓐ燻製時に燻製機内の温度を基準に加熱処理をする

【メリット】

◎ミートサーモ(温度計)がなくてもできる
◎そもそも加熱できていなければ焼くなり再度加熱処理をして食べればOK

【デメリット】

×確実に加熱処理ができたかわからない
×ある程度の経験値が必要となる

Ⓑ燻製時に肉の中心部の温度を基準に加熱処理をする

【メリット】

◎目指す温度帯で確実に加熱処理ができる

【デメリット】

×計測器を扱うスキルが必要になる
×より正確な計測をするなら、燻製器内の肉の中心温度をリアルタイムに測れる専用の機器が必要になる

Ⓒ燻製前後にボイルやオーブンで加熱処理をする

【メリット】

◎確実に加熱処理ができる
◎燻製工程と加熱工程を分けられるので燻製時間が短縮できる

【デメリット】

×手間が増える
×風味が変わる
×食材が大きくなると、大きな鍋が必要になる

す。いずれも、肉の中心部が指定の温度に達してから、この温度を指定の時間保つ必要があります。

75℃は、肉が白っぽくなる温度で、ここまで温度を上げると目指したいしっとり感よりも加熱が進んだ状態になります。そしてこの温度は、燻製器内の温度とはまったくの別物で、サーモスタットを75℃に設定して1分間ということではないので、注意が必要です。

肉がかたくパサパサになるのはできれば避けたいけれど、食中毒は絶対に避けたい。確実に加熱処理をしながら、しっとりやわらかいベーコンやハムをつくるには、ギリギリのラインを狙うことになります。

一番確実なのは、肉の中心部の温度を測りながら燻製をする方法です。しかし、燻製器内にある肉の温度を外から確認するためには、コードつきのミートサーモなど特別な道具が必要になり少し面倒です。そこまではしなくても、燻製後の肉の中心温度を温度計で測るだけでも、安心感が違います。いわゆるハム類は、「ボイル」の工程を行いますが、その場合も、中心温度が63℃なら30分~加熱するのは同様で、やはり中心部の温度を測ってみるのが確実です。

いずれの場合も、切ってみて生っぽければ加熱して食べること。このとき、肉がまだ赤いから、ピンク色だから生、というわけでもなく、色だけでは判断できないのも難しいところです。いっぽうで、市販のハムやベーコンのピンク色は、そのような色を出すような別の製法でつくられているものなので、同じくらいの色なら大丈夫、というわけではありません。この辺りの見極めが正しくできることは、とても大切です。

燻製だけで加熱する場合もボイルで加熱する場合も、慣れないうちは、少しパサついてしまっても、火を通しすぎるくらいのほうが安心です。燻製づくりを続けていくと、燻製器内の温度で、肉の加熱具合の予想がつくようになってきます。また肉を触った感触（弾力）や脂の様子でも、火の通り具合がわかるようにもなります。

こうした試行錯誤は、燻製づくりの楽しみでもあります。あまり難しく考えすぎても燻製づくりがつまらなくなってしまうので、失敗をおそれずつくってみてください。加熱が足りなければ、焼いて食べればいいだけです。トライ&エラーを繰り返し、経験が積み重なっていくと、どんどん自分なりのレシピができあがっていきます。そんな自由度の高さも、また燻製づくりの醍醐味です。

数値で温度を管理する

燻製後の肉はもちろんハム類のボイルも、予定の時間経過後に、肉の中心温度を測って、加熱の具合を確認することが望ましい。

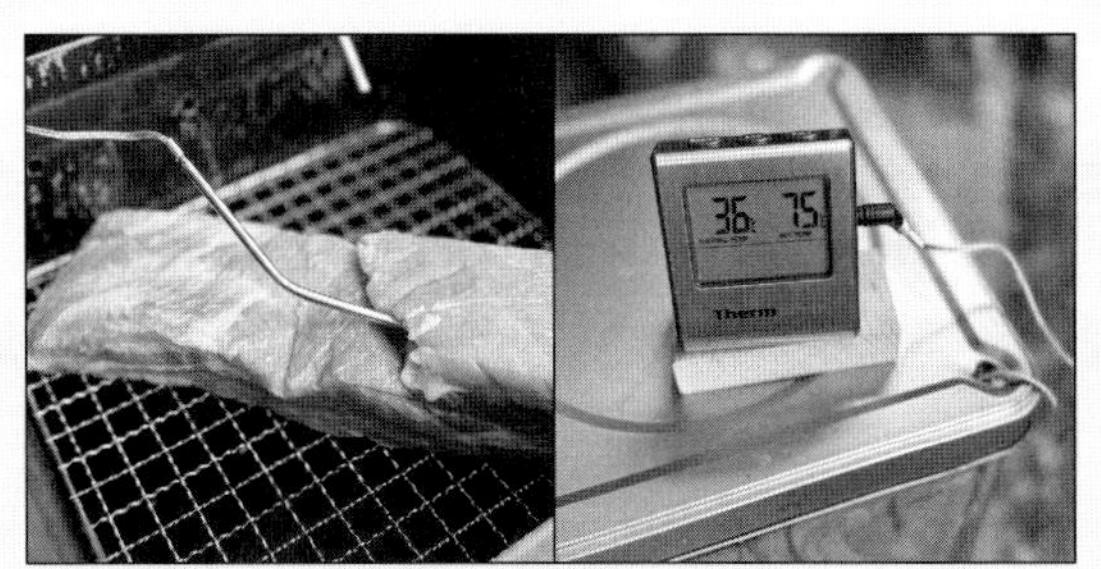

ワイヤープローブ（長いコードつき温度センサー）で、燻製中の肉の温度を計測中。ここまでできれば完璧！

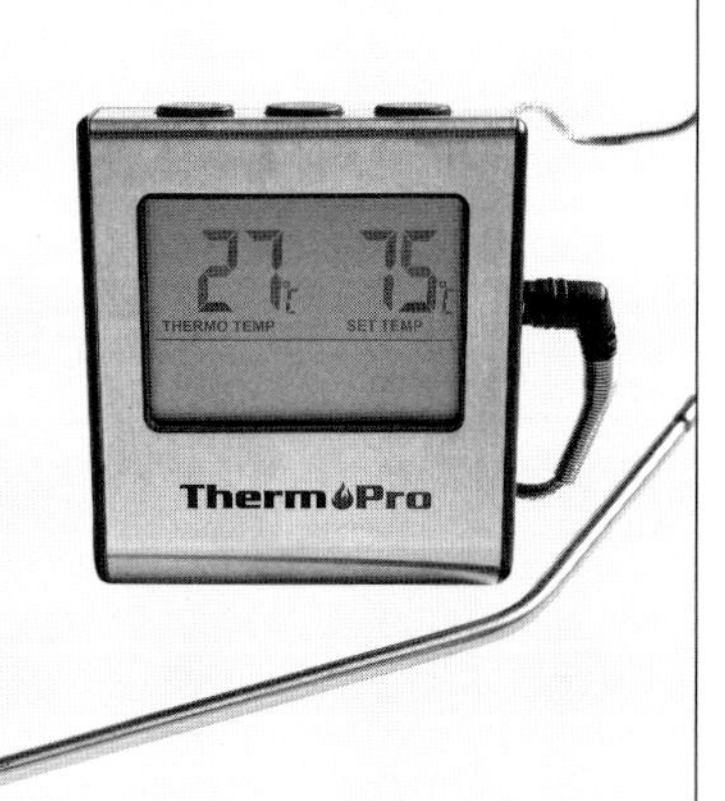

温度計各種

上：バイメタル式温度計。燻製器のふたの穴に刺して、内部の温度を測るのに使う。中：デジタル温度計は、レスポンスが早いのがメリット。加熱後に肉の中心温度を測るのに必須。下：ワイヤープローブつきのデジタル温度計。温度センサーを燻製器や鍋の中の肉に刺せば、ふたをしたままでも、肉の温度が確認できる

乾燥・脱水・熟成でうまみをアップ

ただ時間をおくだけのようで意味のある大事な工程

ふだんの料理は、できたての熱々がおいしい場合が多いですが、燻製は少し時間をおいたほうが、おいしくなります。服部式のレシピでは、少なくとも1日は冷蔵庫におくか冬季なら外干しをします。大きな理由としては、保存性を高めるために脱水をしたいこと。またできたてでは煙の成分は表面付近についていて、食べると煙くさく、エグみを感じますが、時間をおくと浸透して香りがなじみ、おいしくなっていきます。食べ比べてみると、違いがよくわかります。

この工程で一番のおすすめは、屋外で風に当てる方法です。風に当てる一番のメリットは、食材の脱水が早く進む点です。乾燥の最初の段階で表面をある程度乾燥させることができると、保存性が一気に向上します。その後は冷蔵庫でじっくり熟成させる方法もあります。また、科学的な理由はわかりませんが、外干しのほうが、断然おいしく感じます。天日乾燥と温風乾燥のスルメを使った官能評価では、天日乾燥のほうが評価が高かったという実験もあるそうですから、気持ちの問題だけではなさそうです。

外に干すのは、気温の低い冬季のみ。ミートフック（先がとがったS字フック）を使ったり、干しかごを使ったり、方法はお好みで。風通しのいい陰干しが基本です。カラスや野良猫、野生動物に狙われないように気をつけます。

冬季以外は、この工程は冷蔵庫を利用します。燻製終了後、粗熱がとれたら冷蔵庫に入れます。脱水を進めるためにラップはかけません。すると冷蔵庫に煙の香りが広がってしまいます。気になる人は、ほかの食品に香りがつかないように燻製以外のものにラップをかける、使用する棚だけは燻製専用棚にするなどして、煙臭から守りましょう。本格的につくるなら、燻製専用の小型冷蔵庫を導入するのもおすすめです。

こうして時間をおいて、脱水が進めば進むほど水分活性が低くなり、保存性は高まります。そのぶん当然、燻製はかたくカチカチになっていきます。たとえば鶏ハムは、1日おいただけのしっとりしたものが一般的な完成形ですが、もっと長くおいて、ギリギリ手で裂けるか裂けないか、くらいにまでかたくなったものは、それはそれで別のおいしさがあります。「これが凝縮した旨みか」と感じられる味わいです。食べ物としては、本当にかたいのですが、噛めば噛むほどうまい！

どこまで脱水を進めて、どのタイミングで食べるか？は好みでかまいません。外干しの場合でも、目指すかたさにまで脱水できたら、真空パックにする（イチオシ）、ラップに包む、チャックつき保存袋に入れる、などになるべく密閉して、冷蔵庫で保存します。塩漬け、燻製、脱水を経て、保存性は高くなっていますが、何日までは大丈夫とは一概にはいえないので、完成後はなるべく早く食べるのが安心です。個人的な最長記録は、乾燥・熟成期間で1年以上（冬は外干し、それ以外は冷蔵庫で）、完成後の保存期間だと、ジャーキーなどカラカラの干物状態にしたものなら、半年たったものでも余裕で食べています。ただし、とくに長くおいたものは、食べる前に再度加熱処理をすると、より安心して食べられます。

燻製後に時間をおくのには、熟成させるという目的もあります。ただし熟成となると、ある程度脱水をしながら湿度も保ちながら、じっくり寝かせる……そう簡単ではありません。僕自身もまだ模索中です。現在は、最初にある程度脱水をして保存性を高めてから、ガーゼで軽く包んで冷蔵庫で寝かせる、という脱水と熟成の中間のようなスタイルを実践しています。熟成にこだわる人のなかには、熟成庫を自作するほど熱心な人もおり、その奥深さがうかがえます。

Q おすすめの燻製器を教えて？

A 目的に合った燻製器を選んでください。

大量に燻したり、5kg以上など大きな肉や魚を燻さない限り、本書でいうところの鍋型燻製器か縦型の中型サイズの燻製器でOKです。本書のレシピも、このいずれかでつくれます。お金をかけずにはじめるなら、DIY燻製器がおすすめ！　家にある鍋を燻製用にすることもできます。すでに燻製器を持っていれば、それに合わせたレシピを選んだり、つくり方をアレンジすれば、どんな燻製器でも、いろいろな燻製をつくることができます。

Q おすすめのスモークチップは？

A 市販のチップなら、なんでもOK。

市販のチップならなにを使っても間違いないです。とりあえず使うならサクラかブナがおすすめです。僕は、ほとんどの燻製をサクラのチップでつくっています。いろいろ試して好きな香りを探してください。スモークウッドも同様です。

Q どうして燻製はおいしいの？

A 煙の香りとぎゅっと詰まった旨みのおかげ。

煙の香りがおいしさのポイントであることに加えて、塩漬けや乾燥で脱水をしているので、旨みが凝縮していることも、おいしさにつながっていると考えられます。冬季限定ですが、外干しにすると、よりおいしく感じられます。

Q どんな食材でも燻製にできる？

A 水分の多い食材は燻製に向きません。

水分が多いと酸みが強く出てしまいます。そのため肉や魚でも、塩漬けや拭きとりで、燻製前に水分を取りのぞいています。豆腐やこんにゃくの燻製が難しいのもそのためです。そのほか、煙の香りとの相性が悪い食材は燻製に向きませんが、ここは好みの問題もあるため、一概にはいえません。これまでいろいろな食材を燻してみましたが、糖質をメインに含む食材は、だいたいイマイチで、マシュマロ、砂糖、バナナの燻製は、本気でマズかったです。

Q 水分活性ってなんですか？

A 水分活性は、食品内の自由水と結合水の割合を表したものです。

自由水と結合水の割合を、0～1の範囲で表します。数値が高いほど自由水が多く、微生物が増殖しやすい（保存性が低い）ということになります。食品に塩を入れると脱水作用でこの水分活性が低くなり微生物が増殖しにくくなります。また燻製による脱水、外干しによる脱水でさらに水分活性が下がります。保存中も脱水をさせることで、どんどん水分活性が下がり保存性が上がっていきます。

Q 完成した燻製の保存方法は？

A 冷蔵保存してください。

保存食とはいえ、基本的には冷蔵庫に保存します。このとき、ラップで包んで保存袋に入れるか脱気シーラーでパッキングすれば、におい漏れなく、完成時の味が保てます。ラップもパッキングもしないでおいておけば、どんどん脱水が進んで、水分活性が下がっていきます。風味も変化するので、そうした過程を楽しめるのも燻製のおもしろさです。

Q 燻製の賞味期限はどのくらい？

A 保存方法次第です。

燻製は正しくつくれば保存性を高められますが、使う食材の状態やつくり方によって、仕上がりにばらつきがあり、ひとくくりに「〇週間日持ちします」、ということはできません。基本的には自己責任で、正しく保存し、食べる前に傷んでいないかそのつど確認してください。また慣れてきたら、どれくらい日持ちをさせたいかを決めて、それに合わせた塩漬けであったり脱水をしてつくるようにしてください。

Q 燻製後、すぐ食べてはダメなの？

A 基本は時間をおきますが、できたてがおいしい燻製もあります。

燻製したては、煙の粒子が食材の表面にのっかっているだけの状態です。時間をおくと、煙の成分が食材全体にしみこみ、ちょうどよい香りに仕上がります。ただ食材によっては、できたてをすぐに食べてもおいしいものもあります。たとえばスモークチーズ。これはトロトロでおいしいです。

Q 家のキッチンで燻製はできる？

A 市販燻製器であれば、取扱説明書の内容に従ってください。

基本的には換気扇の下で鍋型燻製器を使用し、30分以内の簡易的な燻製にしておくのがよさそうです。また、使っているガスコンロによっては安全装置が働くので燻製が難しいケースもあります。

Q 食べてみたら酸っぱかった

A 酸みの原因の多くは水分です。

酸っぱくなってしまう原因は、燻しすぎというのもありますが、水分が大いに関係しています。燻製前の拭きとりか風乾燥、燻製開始から1時間ほどの結露の水分の拭きとりを徹底してみてください。十分乾燥させたジャーキーに強い酸みを感じたことはないので、酸みがあったら、さらに乾燥を進めると酸みが緩和します。

Q エグみが出てしまった

A 煙が強すぎたかもしれません。

エグい場合は煙が強すぎたか燻製時間が長すぎて、煙がかかりすぎた可能性があります。これも同じくさらに乾燥を進めることで緩和します。

Q 腐っているかもしれない

A 怪しいと思ったら、潔く廃棄してください。

塩漬けから燻製、乾燥で水分活性が下がり、冷蔵庫保存をしていれば、経験的にもそうそう腐ることはありません。ただその間の温度管理が甘ければ、完成までの間に腐ってしまうことがあります。とくに燻製時、きちんと温度が上げられないまま数時間、放置すれば当然腐ります。燻製づくりでは、20〜50℃の温度帯にある時間をできるだけ短時間にすることが望ましいとされています。温度をあまり上げない冷燻を短時間で終わらせるのもそのためで、数時間おくスモークウッド使用の場合は、気温10℃以下で行います。嫌なにおいがする、ぬめりが出るなど、怪しいサインが出ていたら、躊躇せず廃棄してください。

Q 完成した燻製肉を切ったら火が通っていなかった

A かたまり肉ではよくあること。落ちこむことはありません。

腐っていないことが確認できれば、煮るなり焼くなり加熱処理をして食べればOKです。次回は、温度を少し上げてみる、燻製時間を延長してみる、などの調整をしてみましょう。

Q 寒くて燻製時の温度が上がらない

A 熱源の出力やチップの量で調整します。

チップを少し増やしたり、熱源の出力をあげてみてください。寒いとなかなか温度が上がりませんが、屋外に長時間おいても食材が傷みにくい冬季は、燻製のベストシーズンでもあります。段ボール燻製器とスモークウッドで行う冷燻や、長めの外干しなど、寒い冬しかできない燻製を楽しむのもいいですよ。

Q 段ボール燻製器は燃えないか？

A 燃えます。

段ボール燻製器は手軽に使用できる半面、燃えるおそれがあります。熱源に触れていなくても内部温度が上がれば燃えます。また風で吹き飛んで燃えたという事例もあるので十分注意してください。

Q はじめてつくった燻製。あまりおいしくありません

A 懲りずに、またつくってください。

最初から100%おいしく仕上がらないのが燻製です。とくに酸みやエグみが出てしまうケースが多いです。失敗の原因が何だったのかわかれば、次はそれを改善すればいいだけです。おいしく仕上がるまでトライしてください。

Q チーズが溶け落ちそう

A いったん燻製器から取り出し、冷蔵庫で冷やしてください。

かたまったら再度燻製します。今度は少し温度を下げるかチップを減らしてみましょう。プロセスチーズでも、とろける系や口当たりのやわらかいチーズは溶けやすいので、溶けにくいチーズを燻すのが必須です。おすすめは雪印の「6Pチーズ」。

Q 大きい肉を使ったら、火が通る前に日が暮れてしまった

A 食べるときに加熱すればOK。

こういったとき、僕は「個人消費前提」ですが、そのまま次の工程へ進みます。つまり冷蔵庫で寝かせます。そして食べる前に「腐ってないことを確認して」、問題なければ、焼くなり煮るなり加熱処理をして食べます。塩漬けで水分活性を下げて、さらに燻製をしているので、水分活性自体は下がっています。これまでの経験上、このパターンで腐っていたことはありません。時間が許すなら、一旦冷蔵庫に保存して翌日、追加の燻製をしてもいいです。本格的な燻製をするようになると、このようなイレギュラーなことは、よく起こるので臨機応変に対応する必要があります。

Q 遮熱用の皿がなくても冷燻はできますか？

A ちょっとした工夫でできます。

遮熱用の皿は、チップやウッドが燃焼して発する直熱を防ぐためのものです。そこに氷や水を入れることで、さらに遮熱性をもたせています。ただ、絶対必要というわけではなく、同じような状況をつくれればよいので、食材を熱源に対して真上に置かず、ずらしてセットするとか、高さ1m以上の段ボールを使用して、スモークウッドと食材の距離を1mほど離すとか、食材に熱が入らないような燻製ができればOKです。

Q 野菜や果物の燻製でおすすめは?

A 正直、おすすめできるものは、あまりありません。

野菜や果物の燻製で有名なものは、ダイコンを燻した「いぶりがっこ」くらいです。あまりおすすめできる野菜や果物はないのですが、豆類、根菜類は比較的、煙と相性がいいと思います。基本的に水分が多い食材は燻製にあまり向いていないので、もし野菜や果物を燻製にするなら、ある程度水分を抜いた状態で燻煙したほうが失敗なく燻せます。たとえば、干し柿の燻製などは市販もされています。

Q スモークチーズやナッツの燻製は温燻でもつくれる?

A 時間があれば、そちらもおすすめです。

熱燻でつくる方法を紹介しているレシピでも、温燻でじっくりいぶしたほうがおいしく仕上がります。また燻製工房などで市販されている燻製ミックスナッツはほぼ温燻で仕上げています。本書の熱燻は時短で手軽に燻せる方法です。煙が強くなりすぎないように余熱の煙を使って短時間で仕上げていますが、やはり温燻で、やわらかい煙を時間をかけて重ねる方法が最強です。

Q 魚のエラやワタは取らないとダメ?

A 腐りやすい部位は、取りのぞくのが基本です。

えらや腹わた、血合いが残っていると魚が傷みやすくなるので、丸ごとの魚から燻製をつくるときは、取りのぞいて、腹の中まできれいに水洗いします。スーパーで処理済みの魚を買ってくれば、さっと水洗いする程度で済むので簡単です。えらは頭ごと落としてもいいのですが、ニジマスやアユのように、ひもで吊るして燻製したい場合は頭を残しておきます。また、三枚おろしの魚なら火の通りが早く、ジャーキー仕上げに最適です。皮も取ったほうが脱水が早く進みます。

Q 燻製でアニサキスは死にますか?

A 70℃以上で死滅します。

アニサキスは魚介類につく寄生虫。生きたまま食べると胃壁や腸壁に刺入して、強い痛みを生じます。眼に見えるサイズの虫なので、まずは目視で確認し、発見したら取りのぞきます。70℃以上の加熱(60℃なら1分以上)、マイナス20℃以下で24時間以上の冷凍で死滅します。

Q 網にのせるか吊るすかはどうやって決める?

A 食材の形や大きさ、つくる燻製の量などによって決めます。

特にルールはなく、使っている燻製器にもよります。ジャーキーや魚など細い食材や、網の跡をつけたくない食材は吊るしが向いています。軽いものなら串に刺し、肉にはS字フックを使います。先の鋭い専用のフックも市販されています。

Q 剪定した桜の木や、ブナやナラの薪で燻しても大丈夫?

A 大丈夫です。おいしい燻製がつくれます。

剪定枝は乾燥をさせてから使うといいです。僕は皮つきのまま使いますが、皮は取ったほうがいい煙が出るそうです。

Q 使用後の燻製器は洗ったほうがいい?

A 洗えるものは洗う、面倒ならそのままでも

鍋型燻製器ならキッチンで洗えますが、中~大型になってくると洗うのも大変です。僕は毎日燻製をすることもあり、洗わないで使いつづけている燻製器もあります。1回燻製しただけでも内壁にかなりヤニがつくので、洗うのが大変なら燻製後に拭きとるだけでも、それなりにきれいになります。汚れがなかなか落ちないときは、油汚れ用のクリーナーでつけおき洗いをするとピカピカになります。ふだんは軽く汚れを拭きとり、定期的につけおき洗いをするパターンもおすすめです。

服部 弘（はっとりひろし）

1973年、岐阜県生まれ。名古屋での会社員生活後、燻製好きが高じて43歳で株式会社スモーキーフレーバーを設立。現在の事業内容は燻製アイテムの設計開発（2020年度には燻製器でグッドデザイン賞を受賞）のほか、燻製教室の開催、スモークチーズの製造販売、燻製情報の発信と多岐にわたる。今後はチップとしての間伐材の可能性やジビエ問題（猪肉や鹿肉の有効利用）などにも手を広げ、燻製を通じての社会貢献もめざしている。SNSでの情報発信も活発に行っており、その総フォロワー数は約17万人（2024年9月現在）。とくにYouTubeのチャンネル登録者数は11万人、燻製レシピ動画数は1400以上となっている。趣味はお酒（甲類焼酎が好物）

SNSまとめ　linktr.ee/smokyflavor
燻製レシピのHP　https://www.peatshop.com/smoke/smoke-recipe.htm

2024年11月15日　初版第1刷発行

著　者　　服部 弘
発行人　　川崎深雪
発行所　　株式会社 山と溪谷社
〒101-0051
東京都千代田区神田神保町1丁目105番地
https://www.yamakei.co.jp/

■ 乱丁・落丁、及び内容に関するお問合せ先
山と溪谷社自動応答サービス
TEL.03-6744-1900　受付時間／11:00〜16:00（土日、祝日を除く）
メールもご利用ください。
【乱丁・落丁】service@yamakei.co.jp【内容】info@yamakei.co.jp

■ 書店・取次様からのご注文先
山と溪谷社受注センター
TEL.048-458-3455　FAX.048-421-0513

■ 書店・取次様からのご注文以外のお問合せ先
eigyo@yamakei.co.jp

印刷・製本　TOPPANクロレ株式会社

＊定価はカバーに表示してあります
＊乱丁・落丁本は送料小社負担でお取り替えいたします
＊禁無断複写・転載

Printed in Japan ISBN978-4-635-45074-4

写真：鈴木真貴、服部 弘
アートディレクション＆デザイン：吉池康二（アトズ）
編集：たむらけいこ、稲葉 豊（山と溪谷社）